RÉPERTOIRE GÉNÉRAL

DES

CAUSES CÉLÈBRES

ANCIENNES ET MODERNES.

IMPRIMERIE DE FÉLIX LOCQUIN,
rue N.-D.-des-Victoires, 16.

RÉPERTOIRE GÉNÉRAL

DES

CAUSES CÉLÈBRES

ANCIENNES ET MODERNES,

RÉDIGÉ PAR UNE SOCIÉTÉ D'HOMMES DE LETTRES,

SOUS LA DIRECTION

DE B. SAINT-EDME,

AUTEUR DU DICTIONNAIRE DE LA PÉNALITÉ, ETC. ETC.

Membre de l'Institut historique, de la Société française de Statistique universelle, de l'Académie de l'Industrie, etc.

TROISIÈME SÉRIE. — TOME I.

PARIS.

LOUIS ROSIER, ÉDITEUR,
19, RUE GUÉNÉGAUD.

—

1834

RÉPERTOIRE GÉNÉRAL

DES

CAUSES CÉLÈBRES.

DAUTUN et GIROUARD.

Dautun : ce nom rappelle un de ces crimes qui, pour l'honneur de l'humanité, sont rares ; un de ces crimes dont le récit frappe d'abord d'étonnement et ensuite d'épouvante. Puis on se demande comment la nature a pu produire de pareils monstres.

Dans le procès dont nous allons rendre compte, deux victimes d'une horrible cupidité périrent : l'une était la tante de l'assassin ; l'autre, son frère, son propre frère ! Mais ce qui n'est pas moins surprenant, c'est que l'assassin avait appartenu, pendant un assez long espace de temps, à une classe d'hommes chez lesquels l'honneur est ordinairement le guide : l'armée française l'avait compté dans ses rangs, et au nombre de ses officiers.

Ce fut à Sedan que naquit, en 1780, Claude-Jean-Charles Dautun, fils d'un honnête industriel de cette ville, qui, à force de travail et à l'aide d'une sévère économie, avait amassé une petite fortune, au moyen de laquelle il donna une sorte d'éducation à ses deux fils, Charles et Auguste : le nommé Girouard était leur cousin.

Envoyés dans le même pensionnat, Charles Dautun et Girouard formèrent entre eux une liaison assez intime, basée sur les liens de parenté, et une sorte de sympathie qui tend presque toujours à réunir les jeunes gens de même âge et de même caractère.

Charles Dautun était jeune encore lorsque la mort lui enleva ses parens. Un conseil de famille le confia aux soins de M. Vaume, son oncle, qui, depuis plusieurs années, exerçait à Paris la médecine avec succès. M. Vaume enseigna les préceptes de son art au jeune Dautun. Celui-ci se montra d'abord docile aux leçons de son protecteur, et il n'eût tenu qu'à lui de se frayer une carrière honorable ; mais il était né avec des passions vives : il s'y livra avec toute l'ardeur de son âge et l'impétuosité de son caractère, préférant une oisiveté coupable à l'assiduité d'un travail, peu agréable sans doute, mais dont il devait un jour recueillir les heureux fruits. A partir de cette époque, M. Vaume lui retira ses bonnes grâces, et renonça aux projets qu'il avait formés pour son avenir. Ainsi, Charles Dautun creusa lui-même l'abîme qui devait un jour l'engloutir, et dont il n'apercevait pas encore toute la profondeur.

Ayant quitté la maison de son oncle, que va-t-il faire ? à quel parti s'arrêtera-t-il ? Il s'en présente une foule à son esprit inquiet ; mais il les rejette l'un après l'autre, comme indignes de lui. Cependant les jours s'écoulent et sa bourse se dégarnit. M. Vaume, en homme prudent et sage, ne se hâte point de la remplir. Il connaît le penchant de son pupille pour le jeu, et il ne veut pas concourir à sa perte, en lui fournissant les moyens de satisfaire une passion funeste.

Eh bien ! dit Charles Dautun, je serai soldat. En effet, à quelques jours de là, il s'enrôla dans un régiment d'infanterie.

Nous ne le suivrons pas dans toute sa carrière militaire ; nous nous bornerons à dire qu'il paya plus d'une fois de sa personne dans les nombreuses et glorieuses campagnes de l'armée française.

Depuis long-temps il avait perdu de vue son cousin Girouard. Il le retrouva dans les camps, et renouvela avec lui son ancienne intimité. Séparés de nouveau, ils se rencontrèrent en 1814, lors du licenciement de l'armée. L'un et l'autre déploraient les événemens funestes qui, en mettant la patrie à la merci des étrangers, leur ôtaient à tous deux les moyens de suivre l'état qu'ils avaient embrassé. Dautun était lieutenant, et Girouard, qui avait déserté ses drapeaux, avait acquis dans l'administration des postes, un emploi assez lucratif. Il venait de le perdre.

Réduits à l'oisiveté, Dautun et son cousin se lièrent plus étroitement encore : le malheur rapproche les hommes. Leurs dernières ressources furent bientôt épuisées. Il ne leur restait qu'un faible patrimoine : ils le vendirent. Tout alla s'engloutir dans les maisons de jeu. Plus d'espoir : leur détresse était à son comble.

Peu après, on apprit dans Paris les deux assassinats dont nous allons retracer les horribles détails.

La dame Dautun, femme du docteur Vaume et tante de Charles Dautun, était séparée de son mari depuis plusieurs années. Elle avait, à cette époque, cinquante-trois ans, et occupait, seule, sans domestique, un petit appartement dans la rue Grange-Batelière, n° 7. Elle vivait très-retirée, la crainte et le soupçon formant la base de son caractère.

Dans la matinée du 19 juillet 1814, le portier de la maison qu'elle habitait se rappela qu'elle n'avait point paru depuis trois jours. Il en conçut de l'inquiétude, et, comme les croisées de l'appartement étaient ouvertes, il l'appela à plusieurs reprises. Ne recevant aucune réponse, il applique une échelle à une des croisées, monte, et voit étendu, dans la cuisine, le cadavre sanglant de la dame Vaume. Cette vue le glace d'abord d'effroi ; puis il court avertir le commissaire de police du quartier. Le magistrat arrive sur les lieux, et trouve la victime en déshabillé du matin, ayant la poitrine percée de plusieurs coups. Elle

tenait encore à la main une petite tabatière,
ce qui semblait annoncer qu'elle n'avait offert aucune résistance aux attaques du meurtrier.

Derrière un buffet on trouva un cordon ensan-
glanté, et cependant aucune trace de strangulation
ne se faisait remarquer sur le cadavre.

Des bijoux et quelques couverts d'argent avaient
disparu : on n'avait nullement touché à l'argent ni
à une reconnaissance d'une assez forte somme.

Le 15 juillet au soir, la dame Vaume, qui, à ce
qu'elle avait annoncé, devait avoir du monde à
déjeûner le lendemain, demanda une plus grande
quantité de lait que celle qu'elle prenait habituellement. Le 16 au matin, la laitière monta chez elle.
Il était près de neuf heures ; elle frappa à sa porte :
personne ne répondit.

Cependant, vers les premiers jours du même
mois, Auguste Dautun, receveur de l'enregistrement de Bruxelles, était parti pour cette ville, et
Charles Dautun avait rencontré, dans le courant
du mois d'août, une ancienne domestique de sa
tante, nommée *Calamar*, qui à cette époque exerçait l'état de blanchisseuse. Cette femme lui avait
parlé de la mort de la dame Vaume qu'il assurait
avoir ignorée, et qui parut lui causer une grande
surprise, ainsi qu'une douleur extrème. La femme
Calamar le pressa d'assister à la levée des scellés ; il
ne voulut pas y être présent, alléguant pour raison
qu'il éprouverait une peine trop vive de s'y trouver avec son oncle, qu'il supposait être l'auteur du
crime.

Les choses étaient dans cet état, lorsque, le 9 novembre suivant , des bateliers qui descendaient la Seine, trouvèrent auprès de l'escalier du quai Desaix une tête d'homme enveloppée dans une serviette marquée A D. Un peu plus loin ils pêchèrent deux autres serviettes ayant pour marque les lettres L S et D. Cette tête, portant quelques contusions , paraissait avoir été fraîchement coupée. Il était environ onze heures. Le soir du même jour , entre huit et neuf heures, on trouva également devant les planches qui , à cette époque , formaient une sorte de mur devant la colonnade du Louvre, un tronc d'homme ayant la poitrine percée de plusieurs coups , qu'enveloppaient deux draps marqués P C, A D, et une chemise marquée A D. Dans la même soirée, deux heures plus tard, on découvrit , non loin des fossés qui entourent la place Louis XV, deux cuisses et deux jambes. Elles étaient contenues, ainsi qu'une redingote noisette, percée de plusieurs coups et deux serviettes tachées de sang, dans un drap marqué A D. On reconnut que ces restes appartenaient au même individu , et que cet individu devait boiter; mais on ne recueillit , du reste, aucun renseignement qui pût mettre sur les traces de l'assassin, ou faire découvrir quel était l'infortuné tombé sous ses coups. On sut seulement que, le 9 novembre au soir, un homme, portant un gros paquet, s'était reposé sur les marches de l'église Saint-Germain-l'Auxerrois. Le buste de la victime fut modelé en plâtre, et exposé pendant plusieurs jours à la Morgue.

Plus d'un mois s'était écoulé. La femme Calamar, retenue chez elle par une indisposition assez
forte depuis la mort de son ancienne maîtresse,
fut on ne peut pas plus étonnée de ne voir aucun
des frères Dautun ; Auguste surtout, qui avait été
contraint de revenir à Paris par suite des événemens de la guerre, et qui se trouvait sans emploi.
Entendant parler du crime affreux qui occupait
alors tous les esprits, elle prit des informations, et
sut que l'individu dont on exposa le buste à la
Morgue avait une verrue au menton, et qu'il avait
dû boiter; elle s'écria : *Ah ! vous me faites le portrait d'Auguste Dautun.*

Sans perdre une minute, elle se rend dans la
rue Saint-Germain-l'Auxerrois, n. 79. C'était dans
la maison portant ce numéro qu'Auguste Dautun
avait loué un modeste logement proportionné à
ses faibles moyens d'existence. Le propriétaire,
qu'elle interroge, lui répond que la personne qu'elle
demande n'a pas reparu depuis long-temps, et que
l'on ne sait à quoi attribuer une si longue absence.
Peu satisfaite de cette réponse, la femme Calamar,
inquiète au dernier point, veut s'assurer par elle-
même de la vérité : elle monte, frappe plusieurs
fois à la porte, appelle, mais inutilement. Elle
court alors à la Morgue, dépeint Auguste, et ne
doute plus, d'après les renseignemens qu'on lui
donne, que le portrait qu'elle vient de faire ne soit
celui du malheureux dont on cherchait le nom. De
la Morgue elle se traîne à la préfecture de police.

Là, on lui montre le buste de la victime : elle n'a

pas de peine à le reconnaître : c'est celui du malheureux Auguste Dautun.

La police ne tarda pas à se transporter au domicile de celui-ci. La porte de la chambre fut enfoncée. Tout était dans le plus affreux désordre : partout on remarqua des traces de sang. Quelques voisins déclarèrent que, depuis la disparition d'Auguste Dautun, une assez grande quantité d'effets avaient été successivement enlevés de cette chambre. Le 16 décembre, un commissaire de police constata l'état des lieux. Tandis qu'il verbalise, Charles Dautun se présente et joue la surprise : il feint d'ignorer le meurtre de son frère. Conduit à la préfecture de police, il y est interrogé. Il dit qu'il demeure rue de la Montagne-Sainte-Geneviève ; il ajoute : « Je suis à Paris avec mon régiment, depuis le mois de mai ; j'ai vu plusieurs fois madame Vaume, ma tante. Auguste est venu dîner chez moi avec Girouard et la femme de ce dernier, à la fin d'octobre ou de novembre 1814. J'ai vu mon frère une seule fois ; je suis retourné chez lui ; mais ne l'ayant pas rencontré, j'ai pensé qu'il était parti pour la campagne. »

On se transporta à la demeure de Charles : on y fit les perquisitions les plus exactes ; mais on n'y trouva rien qui pût fournir le plus léger indice contre lui.

La justice, qui était déjà sur la trace du crime, et qui croyait pouvoir en saisir bientôt l'auteur, fut singulièrement désappointée en voyant l'infructuo-

sité des recherches faites chez l'homme sur la tête
duquel planaient de graves soupçons. Elle·hésitait
à le retenir plus long-temps prisonnier, lorsque,
le lendemain de ce premier interrogatoire, Charles
Dautun, soit qu'il y ait été poussé par ses remords,
ou qu'il fût tombé dans un piége tendu à son
inexpérience par la police, avoua qu'il avait commis le crime le 8 novembre, à huit heures du matin, et de complicité avec Girouard. « Celui-ci
était venu le trouver, s'était exhalé en imprécations
contre son frère, et lui avait proposé de l'assassiner. Lui, Charles, avait eu le malheur d'accom-
pagner Girouard, qui était assisté d'un autre
individu; c'était à sa voix que son frère avait ouvert la porte de sa chambre; Girouard avait pris
Auguste à bras-le-corps, et l'avait frappé d'un
coup de couteau; son frère était tombé mort à
l'instant : c'était enfin Girouard qui avait séparé la
tête du tronc; lui, Dautun, avait porté cette tête
sur le quai Desaix, et l'avait jetée dans la rivière.»·

On arrêta Girouard, qui nia tous les faits
odieux qui lui étaient imputés. « J'étais couché
avec ma femme, dit-il, au moment de l'événement.
Ce n'est que vers le 15 ou le 16 novembre que mon
épouse, avec qui je vivais en mauvaise intelligence, ayant déménagé furtivement, je me trouvai dans la nécessité d'aller demander un asile à
mon cousin Charles. »

Dautun subit plusieurs autres interrogatoires.
Dans le dernier, il rétracta tout ce qu'il avait dit
relativement à Girouard, et s'avoua seul coupable.

Quant au meurtre de la dame Vaume, sa tante, il avait constamment nié en être l'auteur, et avait même cherché, ainsi que nous l'avons déjà dit, à élever des soupçons sur le sieur Vaume. Mais le 24 décembre, il convint tout-à-coup que, le 16 juillet, vers onze heures du matin, il avait assassiné sa tante chez elle. Il ajouta qu'elle n'avait pas jeté un seul cri après avoir été frappée; qu'en commettant ce forfait, son intention était de voler l'argent et les effets qu'elle possédait; qu'il n'avait pris cependant qu'une petite montre en or, une cuillère à ragoût, deux couverts, deux cuillères à bouche, deux cuillères à café, parce que, saisi de remords, il n'avait eu ni la force ni le courage de s'emparer d'autre chose.

Il avoua également avoir vendu la montre pour soixante-neuf francs, plus une fleur de'lis. Il ne put se rappeler le nom de l'orfèvre qui les lui avait achetés; mais il y conduisit les officiers de justice. Il fit ensuite connaître le bijoutier auquel il avait vendu les effets précieux volés à son frère, après qu'il lui eut arraché la vie. Il n'en avait tiré qu'une modique somme de cent quatre-vingt-quatorze francs.

On soumit Girouard à divers interrogatoires. Dans tous il protesta de son innocence. Les rétractations de Charles Dautun semblaient appuyer ce système de dénégation. Le jugement rendu par la Cour d'assises du département de la Seine prouva qu'effectivement Girouard n'avait pris aucune part au crime atroce dont il était accusé de complicité avec son cousin.

Tel est l'exposé des faits qui amenèrent Charles Dautun et Girouard sur le banc des accusés. Le plan de défense adopté par le premier paraît surprenant, après les aveux qu'il avait d'abord faits. Ainsi, pendant tout le cours du procès, il persiste à dire que la clé de l'appartement de son frère lui a été remise par Girouard. Tantôt il l'accuse, tantôt il le disculpe, selon qu'il s'imagine que cela peut servir sa cause ; mais la vérité sait se faire jour à travers cette multitude de contradictions, et Girouard sort victorieux de la position dangereuse où Dautun l'avait placé.

Ce fut le 23 février de l'année 1815, que le tribunal criminel, présidé par M. Bastard de l'Estang, s'assembla pour juger ce sanglant procès. Bien avant huit heures du matin, toutes les issues du Palais-de-Justice étaient déjà assiégées, et, lorsque les portes furent ouvertes, un grand concours de dames et de personnages de distinction se disputèrent les places réservées. Celles livrées au public furent envahies en quelques minutes.

Un amas d'objets effrayans se faisait remarquer sur la table où l'on dépose ordinairement les pièces de conviction. C'étaient les vêtemens ensanglantés dont les membres épars de la victime étaient revêtus ; un vase de grès dans lequel le sang du malheureux Auguste Dautun avait été recueilli par l'assassin, avec l'eau dont il avait fait usage pour laver la chambre ; enfin, le modèle en plâtre de la tête trouvée le 9 novembre 1814, au bas de l'escalier du quai Desaix.

'Tous les regards se portèrent avec avidité sur les accusés quand ils parurent devant le tribunal. Charles Dautun, alors âgé de 35 ans, affectait une tranquillité qui donnait aux traits de son visage, naturellement durs, une impression désagréable. Une douleur profonde était empreinte sur la physionomie de Girouard, âgé alors de 32 ans. Il pouvait à peine avancer : deux gendarmes le soutenaient.

Les questions d'usage ayant été adressées aux deux prévenus, le président ordonne la lecture de l'acte d'accusation. Cet acte reproduit tous les faits dont nous avons raconté les détails. Il en résulte que Claude-Jean-Charles Dautun et Louis-Claude-Charles Girouard sont accusés d'avoir, le premier, assassiné, le 16 juillet 1814, la dame Vaume, sa tante, demeurant rue Grange-Batelière, n° 7; et tous les deux, d'avoir assassiné, de complicité, le 8 novembre 1814, Auguste-Pierre-Charles Dautun, ci-devant receveur de l'enregistrement à Bruxelles, et de s'être ainsi rendus coupables du crime prévu par les articles 295, 296, 297, 302 et 304 du Code pénal.

La lecture de l'acte d'accusation étant terminée, M. Girodet, avocat-général, prit la parole :« Messieurs les jurés, dit-il, la foule remplit cette enceinte, autant par la singularité de la cause, que par l'atrocité du crime. Vous verrez, Messieurs, dans cette déplorable affaire, les liens du sang méprisés,

la cendre des morts profanée, les coupables long-
temps ignorés, mais non pas tranquilles, car ils
sont toujours courbés sous le poids du remords.
Vous avez entendu le récit de l'assassinat de madame Vaume. Auguste Dautun, qui était revenu
tout récemment de la Belgique, et qui aimait tendrement sa tante, reçut, peu après, la visite de la
femme Calamar. Il lui dit qu'il espérait bien découvrir les auteurs du meurtre : il n'en fallut pas
davantage pour que sa mort fût jurée ; et le meurtrier de sa tante devint le sien. Girouard nie et a
toujours nié qu'il en ait été le complice, quoique
la police ait déclaré qu'il a déjà été arrêté pour
vol ; quoiqu'il soit prouvé qu'il a été condamné au
boulet comme déserteur ; et enfin, quoique sa
moralité soit plus que suspecte. Ce sera à vous,
Messieurs, à pénétrer dans ce dédale d'horreurs,
armés du flambeau de la vérité, et à profiter du
jour salutaire que les débats vont jeter sur cette
horrible cause. »

Par ordre du président, les témoins et Girouard
quittent le tribunal, et l'on procède à l'interrogatoire de Charles Dautun.

Il résulte des réponses de l'accusé qu'il a été
élevé dans le même collége que son frère Auguste
et Girouard ; qu'à l'âge de treize ans, et après la
mort de son père, il a été recueilli par le docteur
Vaume, son oncle et son tuteur, lequel lui avait
alors enseigné les premiers principes de son art ;
enfin, qu'il a dissipé une rente de 600 francs, pro-
venant de l'héritage de son père. Interpellé par le

président s'il est vrai qu'il ait joué cette somme, il le nie, quoique ce fait ait été certifié par des témoins qui ont déclaré le tenir de madame Vaume elle-même.

Le Président. Votre tante vous aimait-elle beaucoup?

Dautun. Oui, monsieur.

Le Président. Quel est celui qui vous a fait passer plusieurs fois de l'argent à votre régiment, quand vous étiez en Espagne?

Dautun. Mon frère, Auguste Dautun.

Le Président. A votre arrivée à Paris, êtes-vous allé voir votre tante?

Dautun. Oui, monsieur, trois ou quatre fois. Lorsque j'y allais, elle me faisait toujours prendre quelque chose. J'ai appris sa mort par la femme Calamar. La douleur que j'ai ressentie m'a empêché de me trouver à la levée des scellés.

Le Président. Quand vous avez connu l'horrible attentat commis sur elle, qui en avez-vous accusé?

Dautun. Son mari.

Le Président. Comment! votre tuteur, votre oncle, qui vous avait comblé de soins et de bienfaits! Mais qui a pu vous faire penser?....

Dautun (vivement). Parce qu'il avait souvent maltraité ma tante.

Le Président. Vous avez nié une première fois avoir assassiné votre tante; une deuxième fois vous avez avoué l'assassinat de votre frère, et nié celui de votre tante; enfin, une troisième fois vous avez avoué ce dernier. A quelle déclaration vous en te-nez-vous?

Dautun. Je ne persiste pas dans l'aveu fait à la police.

Le Président. Vous avez fait cet aveu détaillé, plusieurs jours après votre arrestation, et à deux reprises.

Dautun. J'ai tout avoué, sans doute ; mais mon esprit était en désordre. J'avais voulu me charger de tout pour éviter à mon cousin une poursuite criminelle. Je voulais lui conserver une place qu'il était sur le point d'obtenir ; et puis j'étais sensible aux larmes de son épouse.

Le Président. Vous avez fait différentes dépo-sitions, tantôt vous accusant ainsi que Girouard, tantôt vous accusant seul, tantôt enfin, accusant seulement Girouard : dans laquelle de ces dépo-sitions persistez-vous?

Dautun. Je persiste à dire que je ne suis pas coupable, et je soupçonne que c'est Girouard.

Le Président. Connaissez-vous les circonstances de la mort de votre tante?

Dautun. Non, monsieur.

Le Président. Si l'on vous prouve que les détails vous sont parfaitement connus, messieurs les jurés seront convaincus que vous êtes complice du meurtre, si vous n'êtes pas vous-même le meur-trier. Vous avez dit à la police que, le jour de l'as-sassinat, vous aviez vu votre frère couvert d'une redingote et d'une chemise, et c'est vêtu de la sorte qu'on l'a retrouvé après sa mort. Vous avez désigné le nombre de serviettes dans lesquelles vous aviez enveloppé sa tête, et c'est ce nombre juste qui renfermait cet horrible dépôt. De toutes parts, vous le voyez, les preuves vous écrasent : vous ne sauriez résister à leur évidence. Qu'avez-vous à répondre ?

Dautun. Je persiste à dire que je ne suis point coupable.

Le Président. Lorsqu'on vous a demandé à quel orfèvre vous aviez vendu la montre, vous avez dit que vous ignoriez son nom; cependant vous désignez la boutique, le nombre de marches qu'il faut monter pour y arriver. On vous y conduit. Le marchand ouvre son registre : on y lit que, le 16 juillet, jour où l'assassinat paraît avoir été commis, un nommé André (c'est le faux nom que vous prenez), a vendu, pour soixante-quatre francs, une montre en or et une fleur de lis. Auriez-vous la prétention de faire croire que le hasard vous ait fourni des renseignemens aussi précis?

Dautun. C'est Girouard qui m'avait raconté lui-même tous ces détails. Ils me sont revenus à l'idée, et c'est même ce qui me l'a fait croire coupable de l'assassinat de ma tante.

Après cette réponse, le président ramène Charles Dautun sur ses fréquentes contradictions; il lui demande quelle est enfin sa dernière résolution. « Persistez-vous à dire que Girouard est l'auteur du crime, ou avez-vous agi de complicité ? »

Les questions pressantes du président embarras-

sent Dautun : il est facile de s'en apercevoir à ses
hésitations continuelles. Il répond d'une manière
évasive à la dernière demande de ce magistrat, et
rejette sur la disposition d'esprit où il était les
nombreuses variations de ses déclarations. Pressé
de répondre sur la manière dont il s'est emparé des
effets de son frère, il dit que la porte avait été
probablement ouverte par Girouard, au moyen
d'un passe-partout; et il ajoute que c'est lui, Girouard, qui lui a remis la clé de la chambre. Du
reste, il ne cherche nullement à se disculper du vol
desdits effets.

Interrogé à son tour, Girouard, que l'on fait
rentrer, dit qu'il a été élevé dans la même pension
que Charles Dautun, mais qu'il l'a perdu de vue
de bonne heure. « J'ai été successivement employé,
continue-t-il, dans l'administration des postes à
l'intérieur, et plus tard employé à l'armée par la
même administration. Accusé d'un vol, je parvins
à prouver mon innocence, et, quelques jours
après mon arrestation, je fus mis en liberté. » Girouard confesse ensuite que, convaincu du crime
de désertion, un conseil de guerre le condamna à
dix années de boulet; mais, au bout de quinze
mois, une amnistie mit fin à sa peine. Parti ensuite pour l'Espagne, dans le 118e régiment, il
revint à Paris lors de la retraite de l'armée, et se
maria après avoir obtenu son congé. Puis, reve-
nant à Charles Dautun, il dit que celui-ci a fait
également la campagne de la Péninsule, et qu'à son
retour, retrouvant son ancien camarade d'études,

il avait renouvelé connaissance avec lui. « Je l'aimais comme mon frère, ajoute Girouard ; je lui prêtais souvent de l'argent. Ce fut à cette époque que je réalisai ma petite fortune. Je la dissipai en jeune homme qui aime trop le plaisir. »

Le Président. Quand avez-vous vu l'infortuné Auguste Dautun ?

Girouard. Le 6 octobre, au café de la Comète, au Palais-Royal. J'ai la vue très-faible, et je ne l'aurais pas reconnu. Il vint à moi, m'embrassa et me dit : Vois-tu mon frère? Je lui répondis : Non. — Il demeure, continua-t-il, rue de la Montagne Sainte-Geneviève. Allons-y déjeûner demain. Nous y allâmes; mais, au lieu d'un déjeûner, ce fut un dîner que nous fîmes. Quelques jours après, je me rendis chez Auguste pour le prier de me prêter quelque argent : j'essuyai un refus qui ne me découragea pas. J'envoyai ma femme lui faire la même demande elle ne réussit pas mieux que moi. J'affirme au surplus n'avoir pas revu Auguste Dautun depuis cette époque. L'état de gêne dans lequel je me trouvai, et qui s'accroissait de jour en jour, me détermina à m'adresser alors à Charles Dautun, qui était mon débiteur; mais ce dernier non-seulement me refusa, mais il me fit encore défendre sa porte. J'avais cessé enfin de le voir, lorsque, dans un état complet de détresse, par la situation où le brusque départ de ma femme m'avait réduit, je fus contraint, le 15 ou le 16 novembre, d'aller lui demander un asile. Je trouvai chez lui un M. Lenoble et la femme Garnier, qui peuvent attester ce que je dis en entrant, et démentir l'horrible propos qu'on m'impute : *L'affaire est faite.*

Le Président. Avez-vous dit que vous voudriez recevoir un coup d'épée qui vous tuât; que votre vie était dévouée à l'échafaud, et qu'il vous importait peu que ce fût un jour plus tôt ou plus tard ?

Girouard. Jamais je n'ai parlé d'échafaud. Je crois me souvenir d'avoir dit à M. Huet que j'étais las de vivre, et que je voudrais recevoir un coup d'épée qui me tuât sur-le-champ.

Le président adresse ensuite à Girouard d'autres questions d'une moindre importance. L'accusé y répond avec assez de franchise. Puis, en entendant la déclaration dans laquelle Charles Dautun l'accuse non-seulement d'être complice de l'assassinat d'Auguste Dautun, mais encore d'en être l'instigateur, il s'écrie avec force, et avec des signes de douleur et d'indignation : « C'est une infamie horrible et sans exemple : jamais, non jamais je n'ai conçu l'idée, ni donné le conseil d'un pareil crime. Que Dautun rende hommage à la vérité, qu'il cède aux remords qui doivent le dévorer, et qu'il dise si j'ai coopéré en rien à cet assassinat. »

Le Président. Dautun, qu'opposez-vous à cette dénégation?

Dautun. J'ai déjà dit que je rétractais la déclaration dans laquelle j'avouais le crime, et j'accusais

Girouard de complicité : j'en ignore absolument l'auteur. J'ai accusé Girouard et moi-même dans un moment d'effervescence.

Le Président. Il est absurde d'appeler effervescence d'un moment une disposition d'esprit, une suite d'idées qui se prolonge pendant toute la durée d'un interrogatoire, pendant un long récit dont les circonstances sont de la plus grande exactitude. Puis, s'adressant à Girouard, il ajoute : Vous êtes joueur : on sait trop quelles suites funestes entraîne cette passion.

Girouard. Jamais le jeu ne m'a dégradé au point de me faire commettre une bassesse, encore moins un pareil crime.

On entend les témoins.

Les premiers qui déposent sont les médecins qui furent appelés à constater l'assassinat commis sur madame Vaume. Les renseignemens qu'ils donnent s'accordent avec ceux fournis par Dautun dans l'un de ses précédens interrogatoires.

La femme *Calamar* succède à ces témoins. Il résulte de sa déposition , indépendamment des détails que nous avons déjà rapportés , qu'Auguste Dautun aurait particulièrement excepté Girouard du nombre des personnes qu'il voulait recevoir chez lui. Saisissant vivement cette circonstance, le président dit à Girouard : « Auguste Dautun vous craignait , vous fuyait; et nous sommes fondés à croire que vous n'avez pas dit la vérité quand vous avez annoncé que c'était lui qui , au café de la Comète, était venu vous embrasser, et vous inviter à déjeûner chez son frère. »

Girouard. Je persiste dans mes premières déclarations.

Dautun, cousin de l'accusé, dépose ensuite. Il dit ne pas connaître, même de vue, Charles; il ajoute qu'il avait des relations intimes avec Auguste, mais qu'il n'a pu le reconnaître à la Morgue. Invité par le président à bien examiner Charles Dautun, il lui trouve à peine quelque ressemblance avec son frère. Il n'a existé d'autre rapport entre l'accusé et lui qu'une lettre qu'il en a reçue, et par laquelle il l'invitait à retirer, à la levée des scellés de madame Vaume, son brevet de lieutenant qu'il avait laissé chez elle.

« Ainsi, fait observer le président, Charles Dautun craignait de revoir les témoins muets de son premier assassinat. »

La déposition de la femme *Leblond* est d'abord assez insignifiante : elle ne reconnaît pas l'accusé; mais les déclarations de Charles Dautun lui donnent ensuite de l'importance. Au commencement de l'instruction du procès, il avait dit que, fatigué du poids du tronc de son frère qu'il allait porter devant les planches du Louvre, il s'était reposé un instant sur les marches de l'église de Saint-Germain-l'Auxerrois, et dans la suite de sa déposition la femme Leblond déclare qu'à huit heures et demie du même jour, elle a vu un homme chargé d'un gros paquet, le placer pendant quelques minutes sur les marches de cette église : « Je craignais même, ajoute-t-elle, que cet individu n'eût l'intention de voler quelques livres de la boutique de la libraire chez laquelle j'étais employée comme domestique ; mais je fus rassurée en voyant cet homme reprendre son paquet, et continuer son chemin. »

Le président interpelle Dautun sur cette déclaration foudroyante ; mais celui-ci reste fidèle à son système de dénégation ; il répond : « J'ai dit tout cela à l'époque où j'avais la tête perdue, et que je faisais tout pour me charger. »

On fait observer à l'accusé qu'il ne pouvait pas deviner que, pour augmenter toutes les charges qui pesaient déjà sur lui , il fallait qu'il parlât d'une semblable circonstance , car il devait ignorer quel serait l'objet de la déposition d'un témoin.

Les jurés sont frappés de cette observation , à laquelle Charles Dautun ne réplique pas.

Le docteur *Dupuytren,* qui avait été appelé pour constater l'état du cadavre du malheureux Auguste Dautun, en fait une description des plus savantes, et de laquelle il résulte que le rapprochement des lacérations observées sur les divers lambeaux de redingote et de chemise qui recouvraient les plaies , prouve que la victime était au moins enveloppée dans ces deux vêtemens. « Des deux plaies principales situées à la gorge et à la poitrine, dit-il , le sang a coulé perpendiculairement, d'où l'on doit conclure que l'homme assassiné était debout quand il a reçu ces coups , dont le second seul a causé la mort. A l'ouverture du corps, on n'a pas trouvé de trace d'alimens dans l'estomac : ainsi on doit pen-

ser qu'il a été frappé à jeun , ou du moins long-
temps après le repas. »

  ' On n'a pas oublié que l'accusé, dans les interrogatoires où il racontait les circonstances de l'assassinat dont il s'avouait coupable , avait déclaré
qu'Auguste Dautun n'avait sur lui qu'une chemise
et une redingote, et qu'il avait reçu le coup mortel
à huit heures du matin , et étant debout.

  Sommé de répondre sur cette déclaration ,
Charles Dautun dit : Je n'ai pas connaissance de
tout cela.

  L'avocat-général demande à M. Dupuytren s'il
croit que les signes observés sur le cadavre puissent
faire présumer que la victime ait lutté contre une
ou plusieurs personnes.

  M. Dupuytren. Je prie le tribunal de ne pas
donner à mes conjectures plus de valeur qu'elles
ne doivent en avoir; mais je pense qu'il y a eu
lutte de l'individu assassiné contre plusieurs , et
voici sur quoi je fonde cette opinion, que je n'ai
garde d'avancer autrement que comme une pro-
babilité.

  On frappe un homme debout : les mains sont les
premières parties qu'il oppose aux coups. Les mains
de la victime n'offrent pas les moindres traces de
blessures : elles avaient donc été écartées du danger. Elles n'avaient pu être contenues par la même
personne qui portait les coups. On remarquait
plusieurs blessures à la tête: on peut présumer que,
par un mouvement naturel, la tête s'était opposée
au coup qui menaçait la poitrine. Toutes les bles-

sures ont dû précéder celle de la poitrine , qui a nécessairement fait tomber sur-le-champ , ou du moins presque aussitôt, celui qui l'a reçue, puisqu'on a trouvé dans sa poitrine une agglomération de quatre livres de sang. Ce coup mortel rendait les autres inutiles. La section des parties du corps était faite d'une manière trop inégale et trop grossière, pour qu'on puisse l'attribuer à un homme de l'art. D'ailleurs, Auguste Dautun étant boiteux , la disnodation devenait chez lui plus difficile.

Après cette déposition, on entend le propriétaire de la maison qu'avait habitée Auguste Dautun. Il rend compte seulement de la visite que vint lui faire Charles Dautun pour avoir des nouvelles de son frère.

Le Président à *Charles Dautun.* Pourquoi n'avez-vous pas déclaré au commissaire de police que vous trouvâtes dans la maison , l'intention dans laquelle vous vous étiez emparé des effets de votre frère?

Charles Dautun. Parce qu'il aurait fallu accuser Girouard qui m'avait remis la clé.

Le Président. Mais est-ce bien Girouard qui vous a remis la clé? Regardez-le bien.

D'après l'ordre qui leur en est donné, Charles Dautun et Girouard se regardent attentivement ; mais on remarque que le premier des deux accusés détourne presque aussitôt les yeux.

L'avocat-général. Dautun, vous paraissez envisager avec quelque frayeur celui que l'accusation désigne comme votre complice.

Dautun. C'est qu'il me fait horreur.

Girouard. C'est toi qui me fais horreur, monstre; et tu veux me perdre.

Le Président. Remarquez, Girouard, qu'en vous accusant il ne se sauve pas.

Girouard. Je jure devant Dieu et en face de la justice, devant qui j'ai la honte de paraître pour le forfait dont je suis innocent, que je ne lui ai jamais donné de clé. C'est un scélérat.

On ordonne pour la seconde fois à Dautun de regarder fixement Girouard.

Un Juré. Dautun, c'est toujours vous qui détournez les yeux.

Dautun. C'est, je le répète, parce que je ne puis le voir sans horreur.

Le Président. Comment pouvez-vous voir Girouard avec tant d'horreur, puisque vous n'avez contre lui que des soupçons qui ne vous ont pas empêché de coucher pendant un mois avec lui depuis la consommation du crime, et de vouloir vous dévouer pour lui?

Dautun. C'est un parent que je voulais sauver.

La femme *Garnier*, attachée au service de Dautun, est entendue. « Le 10 ou le 11 novembre, dit-elle, je vis rentrer M. Charles, à dix heures du soir, avec un commissionnaire chargé d'un paquet de linge; il partit après l'avoir serré dans un tiroir, et ne revint qu'à minuit. Alors il lut auprès du feu quelques papiers timbrés, et ensuite il les brûla. Le lendemain et les jours suivans, il m'occupa à substituer aux marques A D qui se trouvaient au linge qui lui avait été remis les lettres C D. Peu de jours après, M. Charles m'emmena avec lui, et me fit attendre à la porte d'une maison rue Mouffetard (1), et me remit un paquet de linge qu'il m'ordonna de porter rue Saint - Victor, chez une marchande à qui il le vendit. Je suis certain aussi que c'est le 16 novembre que Girouard vint demander asile à Charles Dautun. Le pauvre homme était plongé dans la douleur. On était à table quand il entra. Il refusa de s'y mettre avec nous ; il ne put pas même avaler un verre de vin. Du reste, je n'ai rien entendu dire à Girouard qui aurait annoncé une intention sinistre quelconque ; tout ce que je me rappelle de sa conversation se borne à ces seuls mots : « Je suis au désespoir : ma femme m'a quitté. » Je me souviens en outre avoir entendu demander à Girouard, par Dautun, s'il avait vu son frère ; et celui-ci lui répondre : « Oui, il est à la campagne. »

La femme Garnier ajoute que, quinze jours avant l'arrestation des accusés, Girouard apercevant dans la chambre une personne à peu près semblable à Auguste Dautun, dit à Charles : « Tiens, voilà ton frère. — Non, répondit Dautun, mon frère ne boite pas si fort. »

Le président interpelle le témoin sur les discours prêtés à Girouard par Charles Dautun. « Ils ne sont

(1) C'était la maison où Charles Dautun avait loué, sous un nom supposé, une chambre garnie.

point exacts, répond la femme Garnier : jamais Girouard n'a dit qu'il avait été à la Morgue, et ce dont je suis certaine, c'est qu'il n'était pas, comme on le croit, très-lié avec Charles Dautun; il ignorait même tellement sa conduite, qu'il ne savait pas que Charles eût loué une chambre rue Mouffetard. »

On entend ensuite M. *de l'Etang*. Cet ancien avoué avait été chargé de la direction des affaires de la famille de Girouard et de Dautun. Par ses dépositions, il confirme l'opinion assez peu avantageuse qu'on était en droit de concevoir sur les mœurs des deux accusés. Puis il ajoute : « La femme Girouard vint chez moi l'un des jours du mois de novembre dernier, et me pria de lui prêter cent cinquante francs, en me disant, avec le plus grand trouble : « Je ne puis rester avec mon mari, il faut que je le quitte. Je suis arrangée avec mon propriétaire, il est payé. Je n'ai plus que vingt-quatre heures à rester dans mon domicile; mais je ne sais où reposer ma tête. Je dois tout craindre de mon mari, il a commis un *acte infâme*. »

En entendant cette déposition, à laquelle le tribunal paraît attacher une grande importance, Girouard manifeste un trouble, une sorte d'effroi même, qui n'échappe point à la Cour. Afin d'atténuer l'effet que cette circonstance pourrait produire sur les juges, l'accusé prie le président d'ordonner que sa femme soit appelée pour déclarer si elle a tenu ce propos, et quel sens elle y a attaché.

« La détresse seule, ajoute-t-il, a pu contraindre mon épouse à se séparer de moi. »

La Cour se réserve de prononcer sur cette demande.

Camille Gabriac d'Agliez, ancien employé des domaines. Je rencontrai, dit-il, Girouard à sept heures et demie du matin, le 11 ou le 12 novembre; je crois pourtant que c'était le 11, et j'appuie mon souvenir sur la profonde impression que j'avais ressentie à l'aspect du cadavre d'Auguste Dautun que j'avais vu la veille à la Morgue, avant que les cuisses eussent été rapprochées du reste du corps; et dans ce cas, il est constant que ce ne peut être que le 11. Je payai un verre d'eau-de-vie à Girouard, et la conversation tomba naturellement sur cet assassinat. « Ce ne peut-être qu'une vengeance de famille, dit Girouard. — Il faut être bien cruel, repris-je, pour mutiler ainsi un homme. — Oh! continua Girouard, on ne l'a pas fait souffrir; on l'aura tué avant de le dépécer. »

Le témoin ajoute que Girouard lui dit qu'il venait d'être abandonné par sa femme, et qu'il se rendait chez son cousin qui avait bien voulu lui donner un asile.

Le président fait observer au sieur d'Agliez qu'à l'époque qu'il vient de citer, l'accusé n'était pas encore séparé de sa femme. Girouard se souvient parfaitement bien d'avoir rencontré le témoin; mais il fixe cette rencontre au 17 ou au 18 novembre... « Je revenais, dit-il, de la diligence de Senlis, voir si ma femme n'avait pas retenu une place pour cette ville. »

Girouard et d'Agliez ne peuvent s'accorder sur la date précise de ladite rencontre.

Noël Cellier, garçon du café de la Comète, dépose en ces termes : « Girouard parla un jour dans le café de la conduite de sa femme avec tant de vivacité, tant de colère même, qu'en frappant sur la table près de laquelle il était assis, il brisa un verre, et se fit une blessure assez grave à la main. Du reste jamais je ne lui ai vu faire aucune dépense exagérée; il m'a même dû six francs pendant l'espace de deux mois, sans être en état de me les rendre. »

Le sieur *d'Harcourt*, propriétaire de la maison habitée par les époux Girouard, rend compte des plaintes que la femme lui a faites plusieurs fois de son mari.

« Girouard, ajoute le témoin, était jaloux, emporté, violent, et se livrait envers sa femme à des excès qui ont bien pu être l'unique cause pour laquelle celle-ci l'a abandonné. »

Cette déclaration se trouve fortifiée par les dépositions de la femme Dunot, et du sieur et de la dame Cassard. Ces deux derniers ont entendu dire à Girouard le 17 novembre : « Si je trouve ma femme, je lui casserai les bras : je n'ai rien à craindre; ma tête est à prix et l'échafaud m'attend.» En outre, il leur avait appris antérieurement qu'ayant déserté il avait été condamné à mort.

Girouard nie tous ces étranges propos.

Les sieurs *Milan*, marchand de nouveautés au
Palais-Royal, et *Junot*, marchand de vins sur la
place de ce palais, sont entendus. Ces deux témoins
s'accordent à dire que Girouard, buvant un jour
un verre d'eau-de-vie dans la boutique de Junot,
déplora sa triste situation en ces termes : « Je
n'ai plus de place, et, pour comble de malheur,
ma femme vient de me quitter, en enlevant mes
meubles. »

On vint à parler ensuite du meurtre commis sur
la belle Hollandaise, fille publique, qui demeurait
dans la maison de Junot : on s'indigna contre le mi-
sĕrable qui l'avait si lâchement assassinée. « Ah !
s'écria Girouard, de la vertu au crime il n'y a
qu'un pas. J'en ferais autant : j'en prendrais où
j'en trouverais. » C'est Milan qui rapporte ce propos ; mais au lieu de ces mots *de la vertu au
crime*, Junot a entendu ceux-ci : *de la vie à la
mort*. Du reste, Milan et Junot ne varient nullement sur les autres parties de leurs dépositions.

Girouard répond par la plus formelle dénégation.

Mᵉ *Bexon*, son avocat, demande que la femme
de Girouard soit entendue. L'avocat-général y
consent, après toutefois avoir pris acte que
c'est à la réquisition de l'accusé que ce témoin est
appelé.

On introduit la femme Girouard. L'aspect de
cette malheureuse épouse, forcée par son mari lui-
même à venir le contempler sur le banc des accu-

sés, occasione un long murmure dans le tribunal.
Un profond silence lui succède.

La femme de Girouard nie le propos que lui a
prêté le sieur d'Harcourt, son ancien propriétaire.

Le Président. Quel motif vous a déterminée à
quitter votre mari?

La femme Girouard. Sa conduite irrégulière,
et le dénuement dans lequel il me laissait.

Le Président. Girouard vous a-t-il dit : Tu ne
périras que de ma main.

La femme Girouard. Il me le disait sans cesse.
Je me souviendrai toujours qu'une nuit (c'était
dans les premiers jours de novembre), il rentra
tout égaré, à une heure du matin : j'étais couchée.
Il se déshabilla, resta en chemise sur une chaise
pendant long-temps, et, me regardant d'un air
furieux, me menaça de me faire périr. J'ai bien
cru que c'était mon heure dernière.... J'étais en
proie à toutes les angoisses possibles, et je pouvais
craindre que ses débordemens ne lui fissent manquer à l'honneur; mais je n'ai jamais eu la pensée
qu'il se fût rendu coupable d'un *acte infâme* (1)
envers les personnes qu'il voyait habituellement.

La femme Girouard répète la plupart des faits
qui sont déjà connus du lecteur. Puis elle continue
sa déposition en ces termes : « Pendant les
dix jours qui précédèrent mon départ, mon mari
se levait de grand matin, pour aller, me disait-il,

---

(1) Voir la déposition de M. de l'Étang.

prendre au saut du lit Charles Dautun qui lui devait quelque argent. Il ne prenait plus aucun repas
à la maison, et quand je lui disais : — Comment
fais-tu donc pour vivre? il me répondait:—Quand
j'ai besoin de dix francs, je les trouve : il me reste
encore des amis.

Un jour, il m'avait raconté qu'il avait été condamné à mort, et une autre fois que je m'entrete-
nais avec quelques voisines de l'assassinat du malheureux dont on avait exposé le cadavre à la Morgue, il dit : J'y suis allé, je l'ai vu : c'est un
Anglais. Un peintre a été chargé de faire son portrait. — Je voudrais, répliqua une de ces femmes,
que le meurtrier fût coupé en morceaux comme ce
pauvre homme. — Taisez-vous, s'écria mon mari,
vous parlez comme des femmes. »

Le président demande à Girouard ce qu'il a à
répondre à ces faits et à ces propos : celui-ci les
nie tous.

On suspend la séance pendant deux heures.
Lorsque l'audience est ouverte, le président annonce qu'on n'a pu trouver le nommé Huet,
assigné pour déposer. La liste des témoins étant
épuisée (1), la parole fut donnée à l'avocat-général; mais un juré demanda à adresser à Dautun
quelques questions.

Le Juré. Charles Dautun, quelles paroles Gi-

---

(1) On en entendit trente-neuf : nous n'avons rapporté
que les dépositions les plus importantes.

rouard vous a-t-il adressées en vous remettant la clé d'Auguste, puisque vous persistez à dire que vous la tenez de lui ?

Dautun. Il m'a dit seulement : Voilà la clé de ton frère qui est à la campagne. Je la pris sans réflexion, et j'allai enlever le reste des effets.

Le Juré. Il n'est pas naturel que vous ayez reçu tranquillement cette clé, sans vous informer des moyens par lesquels Girouard se l'était procurée.

Dautun. Je fus étonné, sans doute; mais je craignais tout de Girouard; et si je ne l'ai pas dénoncé alors, c'est que j'ai voulu lui éviter des malheurs.

Après cette réponse, l'avocat-général se leva et dit :

« Messieurs les jurés,

« Dans une affaire où il est difficile de trouver le fil directeur. Je m'abstiendrai de tout détail odieux. Je n'examinerai point si la femme Vaume et d'autres sont morts assassinés : faire des recherches à cet égard, ce serait tenter d'obscurcir la vérité même. Il est impossible de douter de ce double crime; on ne peut douter non plus qu'il ait été commis volontairement et avec préméditation.

« Lorsque c'est pour voler qu'on assassine, lorsque la cupidité éveille le désir du gain, en couve l'espérance, en attend le fruit, il est impossible de ne pas croire à la préméditation. Une seule question doit vous occuper. Charles Dautun est-il coupable? Eh! messieurs, pouvez-vous hésiter à la résoudre? Les aveux sont positifs. Il a tout vu, tout dirigé; il est vrai que depuis il a tout nié; mais ses réponses, misérablement invraisemblables, ne font qu'ajouter à l'idée qu'il est coupable.

« Charles Dautun nous présente l'image du crime bourrelé par les remords, qui cherche à se fortifier, si je puis m'exprimer ainsi, de tous les remparts de l'imposture; mais bientôt tous ces remparts s'écroulent, et il s'offre à nos regards sans défense, et dans une honteuse nudité. Rien ne peut donc mettre en doute désormais la criminalité de Charles Dautun. Mais il est un autre adversaire plus digne de la sagacité des ministres de la justice. Son air de désespoir, vrai ou affecté, l'état de maladie dans lequel il se trouve, tout semble faire une loi de l'examiner avec plus de soin. Sous le rapport de la morale, il ne peut inspirer aucun intérêt : arrêté pour vol, et depuis condamné au boulet pour des désertions réitérées, il a depuis long-temps la plus mauvaise réputation. Un homme de l'art, dont la pénétration est presque divine, vous l'a dit, messieurs : c'est par deux personnes qu'Auguste Dautun a été assassiné. Charles Dautun est un des coupables : quel est l'autre? Je vois entre Charles Dautun et Girouard des liaisons établies : joueurs tous deux, tous deux élevés ensemble, ils n'avaient jamais été plus tendrement unis qu'à l'époque du meurtre. Girouard était sans place, sans espoir; et si je me laisse entraîner à l'idée que le crime a été conçu par ce dernier, c'est parce que le caractère de Charles Dautun est faible et incertain. Encore effrayé par l'ombre de sa tante, il craignait le spectre d'un frère: c'est Girouard qui doit avoir dissipé ses scrupules tardifs; Girouard, qui s'écria, quand Dautun refusa de lui prêter une somme : *Le boiteux me lepaiera ; il a de l'argent, il me le paiera.*

« Vous vous en souvenez, messieurs, Girouard veut que les lois du mariage, ces lois sacrées soient, sinon détruites (elles ne peuvent pas l'être dans cette auguste enceinte), mais au moins un moment suspendues.. Il demande que sa femme soit entendue... Il le requiert : elle parle, et c'est pour le couvrir d'opprobre à vos yeux. Si Girouard n'était pas coupable, il justifierait l'emploi de son temps dans les journées du 8 et du 9; il se défend au contraire par des dénégations; et ce n'est pas là se défendre. Je vous le demande, messieurs, ne peut-on pas croire qu'époux sans amour conjugal, père de famille sans maison, fonctionnaire sans place, frère sans tendresse fraternelle, il a coopéré au forfait qui fait frémir la nature? C'est ce que vous aurez à peser dans l'arrêt que vous avez à prononcer au nom de la loi et de la société. »

Ce discours fut écouté avec le plus profond silence. Le président donna ensuite la parole au défenseur de Charles Dautun. Aucun avocat n'ayant voulu se charger de ses intérêts, Me Dumolard avait été nommé d'office par la Cour : sa tâche était difficile à remplir; mais il franchit ce pas avec son talent ordinaire. Après s'être recueilli quelques instans, il s'exprima en ces termes.

« Messieurs les jurés, la Cour sait que dans mon respect pour elle, je me suis chargé d'un soin bien pénible, celui de remplir envers l'accusé, Claude-Jean-Charles Dautun, le devoir de ma profession et le vœu de la loi, de cette loi véritable, expression du vœu de la société, qui, lorsqu'un de ses membres est accusé, cherche toujours en lui un innocent, et ne le condamne qu'à regret lorsqu'il est reconnu coupable.

« Cependant, messieurs, homme et citoyen avant que d'être avocat, épouvanté du récit des crimes dont les tristes détails remplissent les pages sanglantes de l'acte d'accusation, et dont on vous a tracé le tragique tableau, que vous dirai-je, et comment concilier ce que je dois à moi-même, à la justice, à la vérité, à la dignité de l'ordre respectable auquel j'ai l'honneur d'appartenir, avec ce que je dois montrer d'égards pour le malheur, de ménagemens et de mesure envers l'accusé dont la défense m'est confiée?

« Vous avez entendu les débats, messieurs ; on vous a donné lecture des déclarations faites par Charles Dautun à la direction générale de la police; vous avez entendu les dénégations qu'il oppose à ses aveux, les explications qu'il donne relativement aux indices des spoliations commises, et à l'égard desquelles M. le président a remarqué, dans son impartialité, que les preuves acquises ne prouveraient pas suffisamment l'assassinat, et le crime plus odieux encore, que je n'ose nommer, le fratricide. Vos consciences, éclairées par la scrupuleuse attention que vous avez apportée aux débats, examineront si les dénégations confirmées devant vous par Charles Dautun, et qui avaient été le premier jet de sa pensée, balancent suffisamment les aveux depuis démentis; et dans cette opposition de Charles Dautun avec lui-même, dans ce partage de voix d'une nouvelle espèce, puisse la balance de la justice incliner du côté favorable à l'accusé!

.....« Après m'être efforcé de répondre, autant que je le pouvais et le devais, à l'ordre de la Cour, au vœu de la loi et à l'attente de l'accusé, je ne crois pouvoir mieux terminer ma pénible tâche qu'en confiant le sort de Charles Dautun à votre sagesse et à vos consciences, toujours guidées par l'amour éclairé de la justice et de l'humanité. »

Girouard avait confié sa défense à Me Bexon. En terminant son plaidoyer, il s'écria :« Est-il besoin que Charles Dautun ait un complice? Souvenez-vous de la manière dont la femme Vaume a été assassinée : celui qui l'a tuée est entré chez elle, lui a porté un coup de couteau à la gorge et un dans le sein, dont elle est morte. Celui qui a tué Auguste Dautun lui a porté un coup de couteau à la gorge et un autre coup dans la poitrine, dont il est mort. Quel est donc celui qui peut commettre un crime avec un si grand caractère d'imitation?

Celui qui est l'inventeur est le seul machinateur
du forfait. Charles Dautun soutient que c'est Girouard qui lui a remis la clé de l'appartement de
son frère, le 14 novembre, et dès le 10, le 11 et
le 12, il avait enlevé les meubles et les effets de cet
appartement ; vous voyez donc que l'imposture est
palpable. Je recommande ces réflexions à votre
sagesse, et Girouard à votre justice. »

Quelques réflexions furent ajoutées à ce plaidoyer, par Me Lardet, également chargé de la défense de Girouard, et auxquelles l'avocat-général
ne répliqua point. Le président annonça alors
qu'il allait fermer les débats : cependant il essaya
d'obtenir quelques aveux sincères de la part des
accusés. « Dautun, dit-il, je vais clore les débats;
mais vous pouvez encore éclairer la justice. Re-
cueillez vos idées. Pourquoi avez-vous accusé Girouard et deux autres personnes d'avoir coopéré à
cet assassinat ?

Dautun. Comme Girouard m'avait remis lui-
même la clé de l'appartement de mon frère, j'ai
craint qu'il ne fût compromis : je n'ai pas eu d'autre motif que celui-là.

Le Président. Ainsi, vous persistez à dire que
c'est lui qui vous a remis cette clé.

Dautun. Oui, monsieur le Président, je persiste.

Le Président. Dautun, tâchez de désarmer,
non pas la justice des hommes, mais celle de
Dieu; songez bien que vous seriez doublement
coupable si vous laissiez planer le soupçon sur

l'innocence. Je vous le demande encore une fois, êtes-vous coupable de l'assassinat de votre frère?

Dautun. Non.

Le Président. Vous n'en êtes point coupable?

Dautun. Non, je n'en suis point coupable.

Le Président. Et vous, Girouard?

Girouard. Je n'ai commis aucun crime.

Le Président. C'est pour la dernière fois, Dautun, je le répète, il est encore un moyen de fléchir la colère du ciel : dites la vérité.

Dautun. Je n'ai pas tué mon frère.

Ces exhortations pressantes étant restées sans effet, le président prononça d'un ton solemnel : « Les débats sont fermés. » Puis, après un exorde dans lequel brille une mâle éloquence, il fait un résumé aussi clair que rapide de ce procès odieux.

Voici comment il termina la dernière partie de son improvisation.

« Charles Dautun qui paraît aujourd'hui devant vous, et qui a essayé son bras sur sa tante, sur sa bienfaitrice, sur sa seconde mère, avant de répandre le sang de son frère, n'aurait peut-être jamais eu l'idée du crime, s'il n'avait nourri dans son cœur la funeste passion du jeu, et jamais, peut-être, ne l'aurait-il éprouvé, s'ils avaient été fermés pour jamais, ces lieux ouverts à tous les citoyens, où l'amour de l'or, irrité par les calculs de l'espérance, exalte d'abord les têtes, et finit par déshonorer les âmes. Oh ! quand viendra donc le jour où l'on fermera ces salons du vice et de la perversité, où des pères barbares jouent le pain de leur famille, où des fils avilis consomment la ruine de leur fortune et la honte de leur nom!

« Girouard est-il complice de l'assassinat commis sur Auguste Dautun? c'est ce que vous aurez à décider, messieurs; vous peserez toutes les circonstances qui lui sont favorables ou nuisibles, et vous prononcerez d'après vos consciences. Dépouillez-vous de la faiblesse de l'homme, et revêtez-vous de toute la force du magistrat. Si vous trouvez que les accusés n'ont pas contre eux des charges assez suffisantes, n'hésitez pas à les absoudre; mais si vous pensez que tous les deux, ou l'un des deux a commis les crimes atroces qui vous sont dénoncés, n'hésitez pas non plus à les frapper. »

Après avoir adressé des remercîmens à messieurs les jurés pour le zèle qu'ils ont apporté pendant toute la session, et particulièrement pendant ce procès (il dura deux jours), le président ajoute : « Le moment de la justice approche, la loi vous interroge, la patrie vous écoute : que ce soit la vérité qui prononce. »

Les questions soumises à la délibération du jury étant posées, les membres qui le composent se rendent dans le lieu habituel de leurs séances. Il est onze heures du soir. A une heure du matin, ils rentrent dans le tribunal. Girouard est ramené, et le greffier lui lit la décision suivante que viennent de rendre les jurés.

Non, il n'est pas constant que Charles Girouard

ait commis de complicité un assassinat sur la personne d'Auguste Dautun.

Non, il n'est pas constant que Charles Girouard se soit rendu coupable de vol en meubles ou en argent appartenant à Auguste Dautun.

Le Président. Vu la déclaration du jury, portant : *Non*, il n'est pas constant, etc., etc., ordonnons que Charles Girouard soit remis en liberté, s'il n'est retenu pour autre cause.

Cet acquittement causa une impression agréable aux personnes qui, malgré l'heure avancée de la nuit, étaient restées à l'audience. Le président s'adressant à Girouard lui dit : « Girouard, il est doux pour moi, dans un jour si triste, de pouvoir vous rendre à la liberté. Si de violens soupçons ont pesé sur votre tête, ne vous en prenez qu'à vous-même. Si votre conduite eût toujours été bonne, elle aurait suffi pour vous mettre à l'abri de l'accusation. Réprimez les penchans honteux qui ont failli vous perdre pour jamais ; travaillez, et tâchez de reconquérir l'estime publique que vous avez depuis si long-temps perdue. »

Girouard ne put supporter avec calme ce passage subit de la crainte du supplice à la certitude de la liberté ; le jugement qui venait de lui rendre la vie et l'honneur, produisit une telle impression sur son âme, qu'il perdit connaissance. Revenu à lui, il essaya de parler ; mais les paroles expirèrent sur ses lèvres tremblantes. Soutenu par quelques personnes, il quitta le tribunal.

Une jeune dame, non moins belle que charitable, fit pour lui une quête destinée à pourvoir à ses premiers besoins.

Cette scène douloureuse produisit un attendrissement général : on s'intéressait au malheureux Girouard.

Le président ordonna que l'on fît rentrer Charles Dautun. Le greffier lut la décision suivante du jury :

Oui, Charles Dautun est coupable d'avoir assassiné, le 16 juillet 1814, la femme Vaume, sa tante, volontairement et avec préméditation.

Oui, Charles Dautun est coupable d'avoir soustrait frauduleusement une montre d'or , de l'argenterie et autres effets appartenant à ladite femme Vaume.

Oui, Charles Dautun est coupable d'avoir assassiné , le 8 novembre 1814 , Auguste Dautun, son frère, volontairement et avec préméditation.

Oui, Charles Dautun est coupable d'avoir soustrait frauduleusement des meubles et effets appartenant audit Auguste Dautun.

Il serait difficile de décrire l'abattement de Charles Dautun à cette lecture ; chaque fois qu'il entendait l'huissier répéter : *Oui*, Charles Dautun est coupable, etc., il faisait signe qu'il ne l'était pas.

La voix du greffier ayant cessé de se faire entendre , le président dit : « Vu la déclaration du jury, la Cour, faisant droit au réquisitoire de M. l'avocat-général , condamne Charles Dautun à la peine de mort. »

Ces derniers mots frappèrent de stupeur le condamné. Il laissa tomber sa tête sur sa poitrine, puis d'une voix émue il prononça ces mots : « Je suis perdu ; je n'ai pas commis ce crime : je ne suis coupable que d'avoir enlevé les effets. »

Le Président. Dautun , il ne vous reste plus qu'une ressource : jetez vous dans les bras de la religion. Les crimes que vous avez commis sont bien grands, sans doute ; mais la miséricorde de Dieu est plus grande encore ; implorez-la. Je vous préviens que vous avez trois jours pour vous pourvoir en cassation.

Cet avertissement sembla donner un peu de courage à Dautun : « Oui, j'en appellerai, j'en appellerai, » dit-il, lorsqu'on le reconduisit dans sa prison.

Le 27 février, il se pourvut effectivement en cassation ; mais son pourvoi ayant été rejeté , on l'avertit le 29 mars , à deux heures et demie , qu'il fallait qu'il se préparât à la mort. Cette nouvelle fit sur son esprit une impression terrible. Il put à peine prononcer ces mots : Mon Dieu !... quel sort !... un soldat !... Je me recommande à la clémence de l'empereur...

Les secours de la religion lui furent offerts ; il les refusa, mais avec douceur.

Conduit au greffe, Dautun fut livré aux mains du bourreau. La fatale toilette étant achevée, un officier public lui dit : « Il est temps encore de déclarer la vérité : avez vous quelques révélations à faire ? Profitez d'un dernier moment. » Dautun répondit d'une voix faible et altérée : « J'ai dit la vérité au tribunal : c'est Girouard qui m'a remis la clé; d'après cela jugez du reste. »

Pendant le trajet de la conciergerie à la place de Grève, l'abattement de Dautun fut extrême. L'ecclésiastique qui l'accompagna jusqu'au lieu du supplice chercha vainement à vaincre son obstination; le cœur de Dautun était entièrement fermé à tout sentiment religieux.

A quatre heures et demie, le malheureux avait expié ses crimes.

LABÉDOYÈRE.

Charles-Angélique-François HUCHET DE LABÉDOYÈRE, d'une famille de magistrats, naquit à Paris en 1786, et embrassa fort jeune la carrière des armes. Entré dans la compagnie des gendarmes d'ordonnance, il devint aide-de-camp d'Eugène Napoléon. Il montra, dans toutes les occasions qui s'offrirent à lui, et beaucoup de courage et des talens militaires. Après les événemens qui suivirent la campagne de 1812, Louis XVIII le nomma colonel et chevalier de Saint-Louis (1).

A l'époque du débarquement de Napoléon au golfe Jouan, le jeune colonel commandait à Grenoble le 7e régiment d'infanterie de ligne.

Quand Napoléon arriva près de cette ville, entouré d'une population enthousiaste, Labédoyère céda à l'entrainement général, et, au souvenir de ses sentimens mal éteints, le 7e régiment passa sous les aigles impériales.

L'empereur se montra reconnaissant : il fit le colonel maréchal-de-camp, puis lieutenant-général, et l'appela à la pairie.

_____

(1) La décoration de cet ordre fut donnée alors à tous les officiers supérieurs de l'armée.

Les malheurs de Mont-Saint-Jean le ramenèrent à Paris. Il donna ses dernières preuves de zèle et de dévouement à Napoléon, dans la séance des Pairs du 22 juin.

Napoléon avait abdiqué en faveur de son fils, et cependant il était question de former une assemblée nationale et de nommer un gouvernement provisoire. Labédoyère monta à la tribune.

« Messieurs, dit-il, l'empereur Napoléon a abdiqué, et il a abdiqué au profit de son fils. Vous ne pouvez pas séparer ces deux résolutions : elles sont indivisibles... Qu'est-ce que ce gouvernement qu'on veut établir?... Souvenons-nous de l'an passé, du gouvernement provisoire d'alors, des trahisons dont nous fûmes victimes, des humiliations qu'il nous fallut supporter... Rappelons-nous que l'armée fut abreuvée d'amertume... Le sang des Français aurait-il donc coulé de nouveau pour nous replacer sous le joug de l'étranger!... Je demande, avant de nommer un gouvernement provisoire, qu'on explique, qu'on reconnaisse que Napoléon II est le chef du peuple français... Vous ne pouvez pas adopter l'abdication, sans reconnaître Napoléon II; si vous ne le reconnaissez pas, l'abdication est nulle, car elle ne peut pas être divisée. C'est mon opinion... L'abdication de Napoléon est nulle, si sa condition est nulle. Il lui reste une armée de cent mille hommes; il peut, il doit tirer l'épée de nouveau. Je sais qu'il est des individus constans à adorer le pouvoir, et qui savent se détacher d'un monarque avec autant d'habileté qu'ils en montrèrent à le flatter. Il lui restera les cœurs généreux, les guerriers couverts de cicatrices. Ceux qui cherchent des affections nouvelles, qui se préparent à donner le nom d'amis aux étrangers..., ceux là, qu'ils soient jugés par la loi ; et quand leur nom sera déclaré infâme, quand la famille des traîtres sera proscrite, leur maison rasée!... Nous l'avons déjà abandonné une fois, l'abandonnerons-nous encore? Quoi ! il y a quelques jours à peine, à la face de l'Europe, devant la France assemblée, vous juriez de le défendre... Où sont donc ces sermens, cette ivresse, ces milliers d'électeurs, organes de la volonté du peuple? Dira-t-on quand cette chambre hésite, quand on veut transiger sur le devoir dans cette enceinte, que jamais, jamais il ne s'y introduisit que des voies basses?... (Le président ne lui permit pas de continuer).

Les Bourbons revinrent, et les actes de vengeance commencèrent aussitôt.

La capitulation de Paris ayant été signée, Labédoyère suivit l'armée au-delà de la Loire, se retira ensuite à Riom, et reparut à Paris « sans qu'on ait su le motif qui l'y avait amené, mais non sans qu'on ait soupçonné que la police lui avait fait donner de faux avis, d'après lesquels il espérait trouver dans cette ville un parti puissant et prêt à agir pour opérer une révolution dans l'ordre de choses qui venait d'être rétabli. » On a été plus loin : on a dit que l'agent de police chargé de cette odieuse commission n'avait pas quitté un seul moment sa victime; qu'il était arrivé avec elle à Paris, dans la diligence, et l'avait suivie jusque dans la maison où elle avait été chercher une retraite. Cette maison était celle d'une amie intime de madame de Labédoyère (1). Entré dans Paris à huit heures du matin, Labédoyère était arrêté le même jour à six heures du soir (2). »

Le procès de Labédoyère ayant été le premier des nombreux procès politiques de la restauration, nous croyons de notre devoir d'en rapporter tous les détails.

Conduit, le 2 août 1815, à la préfecture de police, le préfet Decaze (3) lui fit subir ce premier interrogatoire :

Demande. Quels sont vos noms, votre âge, votre profession ?

Réponse. Charles–Angélique–François Huchet de Labédoyère, âgé de 29 ans, militaire.

D. Depuis quel temps êtes-vous à Paris ?

R. Depuis cinq heures et demie aujourd'hui.

D. N'habitez-vous pas ordinairement Paris ?

R. Toujours Paris; je l'ai quitté le 12 juillet.

---

(1) Madame Fontery.

(2) *Biographie* dite *de Bruxelles.*

(3) « On pourrait penser que, de tous les devoirs de sa place, ceux qui durent le plus lui coûter et lui paraître le plus pénibles à remplir, ont été les interrogatoires qu'il fit subir au colonel Labédoyère et au maréchal Ney, *si leur arrestation n'eût été en partie le fruit de son zèle.* » — *Biographie de la police,* par Saint-Edme, p. 188.

D. A quelle heure, et quelle route avez-vous prise ?

R. J'ai pris la route de Chartres; je suis parti à cinq heures et demie.

D. Par quelle voie avez-vous voyagé ?

R. J'ai pris un cabriolet de place pour aller à Rambouillet, où j'ai trouvé une voiture et des chevaux de remise dont je me servais depuis un an, et qui m'ont conduit jusqu'à Riom.

D. Vous aviez donc envoyé la veille votre voiture à Rambouillet ?

R. Oui, monsieur.

D. Quel en est le propriétaire ?

R. Un nommé Biscuit est propriétaire des chevaux; la voiture est à moi.

D. Le cocher est-il à vos gages ?

R. C'est Biscuit lui-même.

D. Savait-il où il devait vous conduire ?

R. Du tout : je n'avais fait avec lui aucun marché d'avance.

D. Comment ne vous a-t-il pas questionné à cet égard ? Il n'est pas naturel qu'un cocher de remise aille aussi loin de Paris sans avoir fait des conditions d'avance.

R. Un cocher qui sert depuis un an, et qui connaît la personne qui l'emploie, n'est pas inquiet sur les conditions.

D. Qu'avez-vous fait à Paris depuis le jour de l'évacuation jusqu'à celui de votre départ ?

R. Je suis resté chez moi.

D. N'en êtes-vous aucunement sorti pendant ces cinq ou six jours?

R. Je suis sorti une ou deux fois le soir.

D. Croiriez-vous pouvoir affirmer que vous n'êtes pas sorti pendant le jour, et notamment le 10 juillet?

R. Pendant le jour, le 10 juillet?... je ne suis pas sorti pendant le jour, excepté le 7.

D. Où êtes-vous allé ce jour?

R. J'ai été faire une ou deux visites chez des personnes de ma connaissance; mais cela n'avait aucun rapport aux affaires publiques.

D. Quelles sont ces personnes?

R. Des personnes de ma connaissance, qui sont tout-à-fait indifférentes à mon affaire de toute manière.

D. Si elles sont indifférentes à votre affaire, vous ne devez pas avoir intérêt à taire leur nom?

R. Je vous demande pardon, quand on ne sort de chez soi qu'une ou deux fois pendant cinq ou six jours, on va voir des personnes qu'on ne se soucie pas de nommer.

D. Vos domestiques savaient-ils que vous étiez chez vous?

R. Oui, sûrement.

D. Comment se nomment ces domestiques?

R. Ma femme avait un nommé Duchemin et un nommé Constant. J'en avais un troisième, nommé Feantz, que j'ai emmené avec moi. La femme de chambre s'appelait Olympe, et la bonne de mon enfant, Adélaïde. Tous savaient que j'étais chez moi, et je ne me cachais d'eux en aucune manière. Ma seule manière de me cacher était de ne pas sortir.

D. Sous quel nom avez-vous voyagé à cette époque?

R. Sous mon nom de Labédoyère.

D. Où avez-vous couché le premier jour et les jours suivans?

R. Je suis allé jusqu'à Chartres par la grande route. Les Prussiens arrivaient à Chartres en même temps que moi. J'ai pris la route de traverse de Chartres à Baugency, et j'ai couché la première nuit à quatre lieues de Chartres. Ma seconde couchée a été dans une ferme au-delà de Meun, après avoir passé la Loire.

D. Quel a été votre troisième couchée?

R. Je ne me le rappelle pas. J'ai toujours suivi l'armée.

D. Avez-vous pris un commandement en arrivant à l'armée?

R. Je n'ai pas pris de commandement : d'après les ordres du ministre de la guerre, je devais être chef d'état-major du deuxième corps de cavalerie. Mais n'ayant pas reçu mes lettres, je ne suis pas entré en fonctions. Je n'ai fait que voyager avec ce corps. J'ai suivi toutes les étapes.

D. Où vous êtes-vous mis à la tête de deux régimens, avec l'intention que vous auriez manifestée de vous faire chef de partisans?

R. Je n'ai jamais manifesté cette intention ; et je ne me suis jamais mis à la tête d'aucun corps.

D. Quel est le chef du deuxième corps de cavalerie?

R. Le général Excelmans.

D. Où avez-vous quitté ce genéral?

R. Il était à Riom lorsque je suis parti.

D. Où logiez-vous à Riom?

R. Chez M. le sous-préfet, par billet de logement.

D. Qu'avez-vous fait du passeport que vous aviez en sortant de Paris?

R. Le passeport que j'avais en sortant de Paris?... Je n'avais point de passeport. Il ne m'a été demandé aucun papier tout le long de la route.

D. N'avez-vous pas perdu ce passeport?

R. Je n'ai point perdu de passeport.

D. Comment n'aviez-vous pas songé à vous en procurer un? Vous deviez craindre d'être arrêté en route, en n'ayant pas de papiers.

R. Je n'avais pas cette crainte , ignorant les mouvemens des Prussiens sur Chartres, où je ne craignais d'être arrêté que par eux.

D. Vous craigniez d'être arrêté par d'autres que par les Prussiens , puisque vous vous cachiez à Paris.

R. Je ne me cachais pas tout-à-fait à Paris, puisque j'étais chez moi, et que je recevais toutes les personnes qui venaient me voir. Après cela je savais bien qu'il y avait des personnes qui pouvaient avoir envie de m'arrêter. C'était une chose assez simple dans la position où j'étais.

D. Puisque votre intention était de vous embarquer, vous avez dû vous munir d'un passeport pour l'étranger ?

R. Si j'en avais eu un, j'aurais pu me rendre à un port de mer pour m'embarquer, et c'est parce que je n'en avais pas que j'ai pris une autre direction. C'est ce même embarras qui m'a décidé à revenir à Paris.

D. Vous espériez donc pouvoir vous y procurer un passeport ?

R. Tous les papiers que j'avais pu avoir avant la capitulation étant devenus inutiles, si je m'étais déterminé à partir, j'aurais essayé de m'en procurer un ; si ce n'eût point été des autorités françaises, c'eût été des autorités étrangères.

D. Quel moyen aviez-vous pour cela auprès de ces dernières ?

R. Ma famille, mes connaissances, mes amis.

D. Avez-vous signé la soumission de l'armée ?

R. Je n'ai pas signé de soumission, n'étant rien dans l'armée.

D. Avez-vous voyagé à cheval et en uniforme, du moment que vous avez rejoint l'armée.

R. J'ai mis mon uniforme une ou deux fois. J'ai presque toujours voyagé en bourgeois.

D. Où étaient vos équipages ?

R. Avec moi.

D. Vous vous étiez donc fait précéder par eux?

R. Ils étaient partis avec l'armée. J'avais reçu l'avis que le ministre, général en chef de l'armée, m'avait nommé chef d'état-major du deuxième corps.

D. Puisque le ministre commandait lui-même l'armée, et que vous étiez auprès de lui, il vous était bien facile d'avoir vos lettres de commandement.

R. Je n'ai point été auprès de lui, ayant rejoint de suite le deuxième corps, qui n'avait aucune communication avec le quartier-général, quoiqu'il n'y eût pas impossibilité de communiquer.

D. N'avez-vous pas, cependant, pris part au commandement ou à l'administration de ce corps, et êtes-vous sûr de n'y avoir donné aucun ordre?

R. Extrêmement sûr.

D. Pourquoi avez-vous joint ce corps de préférence à tout autre, puisque vous n'y aviez aucun commandement? Il semblait plus naturel d'aller joindre le général en chef au quartier-général.

R. J'ai eu l'honneur de vous dire que j'étais censé y avoir un commandement. Je ne savais pas si le général Excelmans n'avait pas reçu mes lettres. Je les aurais très-probablement obtenues si je les avais sollicitées. Mais ayant vu à Niort les événemens, je n'ai pas voulu faire pour cela des démarches qui, selon toutes les apparences, auraient eu le succès que j'aurais désiré.

D. Quel jour vous êtes-vous trouvé à Niort?

R. Je ne crois pas avoir parlé de Niort. Je ne suis allé qu'à Riom.

D. Ne m'avez-vous pas dit à l'instant que vous étiez allé à Niort?

R. Je n'ai fait que suivre le mouvement de l'armée par étapes.

D. Affirmez-vous n'être pas allé à Niort?

R. Très-positivement.

D. Lorsque vous avez quitté le général Excelmans, n'avait-il pas pris la cocarde blanche?

R. Oui monsieur: il y a quinze jours qu'il a fait sa soumission.

D. Pourquoi ne l'avez-vous pas prise comme lui?

R. Pourquoi? parce que j'étais en habit bourgeois. Si j'avais été en uniforme, je l'aurais prise comme lui.

D. N'étiez-vous pas habituellement en uniforme à Riom?

R. Non. Je ne me suis mis en uniforme que deux fois, dont une fois à Riom.

D. Le sous-préfet de Riom n'a-t-il pas fait difficulté de viser votre passeport?

R. Ce n'est pas moi qui le lui ai remis. Il n'a pas fait de difficulté, parce qu'il était en règle, de la part du maire qui me l'avait délivré.

D. Quelle est la personne qui le lui a présenté?

R. C'est un de mes amis.

D. Comment se nomme cet ami?

R. Son nom est fort inutile, je crois, à mon affaire.

D. Le lui a-t-il présenté comme son propre passeport?

R. Je ne le crois pas. Il le lui a présenté comme étant un passeport donné par le maire. Ce que je sais, c'est que ce n'est pas un service que j'ai demandé au sous-préfct.

D. Depuis quand connaissez-vous le sieur Rouget?

R. Je ne le connais pas du tout.

D. Et le sieur *Montroy?*

R. Pas davantage; et si ce sont les deux personnes qui étaient dans la voiture, je ne les connais pas non plus.

D. Quels sont vos rapports avec le sieur *Desprez.*

R. Aucun. Je crois qu'il y a un nom comme celui-là sur mon agenda; mais cela ne signifie rien. Il y en a un autre; mais cela n'a aucune espèce de signification.

D. Quelles sont ces personnes?

R. Je vous dis que je sais qu'il y a deux ou trois noms sur mon agenda; mais cela ne signifie rien du tout.

D. A quel propos auriez-vous mis sur votre agenda deux noms insignifians?

R. Je ne le puis pas dire.

D. Ne connaissez-vous personne de ce nom de *Desprez.*

R. Du tout, excepté le secrétaire des commandemens de la reine Hortense; et je ne le cite qu'à cause de la conformité de nom. Au reste, je déclare que je suis resté étranger à toute affaire politique dans ces derniers momens, et que telle a été ma volonté.

D. N'y a-t-il pas un général de ce nom?

R. Je ne le connais pas.

D. Connaissez-vous le sieur *Bonnard*.

R. Pas davantage.

D. Quel uniforme avez-vous apporté avec vous à Paris?

R. Voilà tout mon costume. Je n'ai rien apporté, ni malle ni porte-manteau. Comme je comptais coucher chez moi, j'y aurais trouvé tout ce qui m'était nécessaire.

D. Si vous comptiez coucher chez vous, comment vous êtes-vous rendu si loin de votre domicile, et comment vous y a-t-on renfermé?

R. Parce que la maîtresse de la maison est intimément liée avec ma femme, que j'ai voulu prévenir celle-ci de mon arrivée, et que madame de Fontery, assez étourdiment, avait emporté la clé de la chambre. D'ailleurs, vous concevez bien que, dans la position où j'étais depuis le 25, je ne comptais pas rentrer chez moi le jour.

D. Avez-vous reçu des nouvelles de madame de Labédoyère depuis votre départ de Paris?

R. Pas un mot, pas une syllabe.

D. Avez-vous fait part au général Excelmans de votre intention de venir à Paris?

R. Je lui en ai parlé très - vaguement, et nullement au moment de mon départ.

D. En avez-vous parlé à d'autres personnes?

R. A aucune autre.

D. Quel jour êtes-vous parti ?

R. Dimanche au soir.

D. Depuis quand connaissez-vous l'ordonnance du roi du 24?

R. Nous l'avons connue, je crois, le 29, aussitôt que les journaux du 25 sont parvenus à Riom.

D. Quels sont vos rapports avec le sieur *Ouvrard ?*

R. Je le connais depuis très-long-temps : il y a cinq ou six ans que je le connais.

D. Lui avez-vous confié de l'argent, ou en avez-vous reçu de lui ?

R. Je ne lui ai confié aucun argent, et n'en ai pas reçu de lui. Comme vous le voyez, il m'a donné une lettre de crédit sur M. Parisch de Philadelphie. Vous voyez, par cette lettre, l'explication de ma conduite. Mon premier mouvement a été de passer en Amérique. J'ai changé de résolution par des considérations de famille. J'ai voulu voir et suivre les événemens, et savoir dans quelle position je me trouverais placé. L'ordonnance du 24 ayant fixé mon sort, je me suis rendu ici pour me concerter avec ma famille.

D. Quelqu'un était - il prévenu de votre arrivée ?

R. Personne.

D. N'avez-vous pas su ce qu'était devenu le *comte d'Erlon* ?

R. Non, je n'en sais rien. Je sais qu'il a quitté son corps d'armée; mais j'ignore ce qu'il est devenu.

D. Où avez-vous quitté le général *Lefèvre-Desnouettes* ?

R. Je ne l'ai pas vu et n'en ai pas entendu parler. Je ne l'ai pas vu depuis la bataille de Mont-Saint-Jean; je sais seulement, par des ouï-dire, qu'il a quitté son corps d'armée.

D. Où avez-vous laissé le général *Flahaut* ?

R. A Riom.

D. Quel corps commandait-il ?

R. Une division dans le corps d'armée du général Excelmans; mais il avait quitté son commandement : il avait eu un congé.

D. Savez-vous où il s'est rendu?

R. Je l'ignore.

D. Ne vous a-t-il pas précédé, ou ne doit-il pas vous suivre à Paris ?

R. Je n'en sais rien, je l'ignore.

D. N'est-il pas à votre connaissance que plusieurs officiers de ce même corps se sont rendus avant vous à Paris ?

R. Je ne le crois pas. Je n'en connais aucun, du moins d'officier de marque. Il n'y avait pas de désertion parmi les officiers; je n'ai pas entendu dire qu'il y en ait qui soient venus à Paris.

D. N'avez-vous pas vu à Riom, ou pendant votre route, des gens venant à Paris ?

R. Aucun.

D. N'avez-vous pas appris par vous-même, ou par d'autres officiers-généraux, des détails particuliers sur les affaires publiques, et particulièrement sur la situation de Paris?

R. Non. Nous étions dans la plus parfaite ignorance de tout ce qui se passait.

D. N'aviez-vous pas reçu quelques commissions de diverses personnes?

R. Aucune.

D. N'avez-vous pas été chargé de missions de quelques généraux ou officiers?

R. D'aucune.

D. Tout porte à croire cependant que votre voyage a eu un but particulier, autre que celui de vous concerter avec votre famille. Il a fallu un motif puissant pour vous déterminer à braver les dangers que vous saviez bien que vous couriez en venant à Paris?

R. Je vous déclare que je n'ai pas eu d'autres motifs. Les dangers étaient les mêmes partout, n'ayant aucun passeport, ni pour l'Amérique ni pour l'étranger.

D. Puisque vous avez pu vous procurer un passeport pour Paris, vous auriez pu également vous en procurer un pour les frontières.

R. J'avais à Paris plus de moyens de me soustraire aux recherches. Je crois d'ailleurs que les maires et les préfets eux-mêmes n'ont pas le droit de donner des passeports pour l'étranger.

D. Où avez-vous laissé votre aide-de-camp?

R. Je l'ai laissé à Riom, devant se rendre à Bourges, auprès du *prince d'Eckmulh*. Il s'appelle *Starefen*.

D. Quels sont les deux officiers qui ont fait route avec vous de Riom à Paris ?

R. Il n'y avait pas d'officiers avec moi. Je suis venu tout seul : du moins je ne connais en aucune manière les autres personnes qui étaient avec moi dans la diligence.

D. N'êtes-vous pas venu à Paris dans l'espérance d'y prendre part à quelque mouvement ?

R. Du tout, monsieur. Je répète que mon intention et ma volonté étaient de ne me mêler de rien.

D. N'avez-vous pas fait avertir quelques personnes de votre arrivée ?

R. Personne, excepté madame de Labédoyère, à qui j'ai écrit en arrivant, et que madame de Fontery avait été chercher.

D. Où êtes-vous descendu en arrivant à Paris ?

R. Au bureau des diligences.

D. Où vous êtes-vous rendu ensuite?

R. Chez madame de Fontery.

D. Ne vous êtes-vous pas arrêté un moment dans une autre maison ?

R. Du tout.

D. Madame de Fontery vous attendait-elle ?

R. Du tout.

D. Quelles étaient les personnes qui se trouvaient dans son jardin lorsque vous avez été arrêté?

R. Je ne les connais pas. Je sais qu'il y avait quelques personnes à dîner chez elle, mais je ne les connais pas; je ne les ai pas même vues.

D. Quels sont vos rapports avec la famille Fontery?

R. Les rapports de ma femme avec madame de Fontery, car je ne les connaissais pas avant mon mariage.

D. Les gens de la maison vous connaissaient-ils?

R. Le domestique m'a reconnu lorsque je suis entré.

D. Monsieur et madame de Fontery ne vous ont-ils pas témoigné de l'étonnement et de l'inquiétude en vous voyant?

R. De l'étonnement? oui. Ils ne m'ont point fait d'observations. D'abord, je n'ai pas vu M. de Fontery, et je ne suis resté que cinq minutes avec Madame.

D. Leur avez-vous dit le but de votre voyage?

R. Non. Je n'ai pas causé assez long-temps pour cela. Je ne suis pas d'ailleurs dans un rapport assez intime avec madame de Fontery pour en causer avec elle.

D. Il faut que votre intimité soit grande pour que vous ayez choisi sa maison de préférence à toute autre, pour y chercher un asile; et si votre voyage n'avait d'autre but que de venir vous concerter avec votre famille, il n'était pas besoin d'une grande intimité entre vous et madame de Fontery pour le lui faire connaître. Cela eût été d'autant plus naturel, qu'ainsi vous l'auriez rassurée sur votre présence et sur les projets qu'elle a pu croire ou craindre vous amener à Paris.

R. Je lui ai dit aussi que je venais pour voir ma femme, puisque je l'ai priée d'y aller de suite.

D. Comment avez-vous pris une lettre de crédit de 55,000 fr. pour Philadelphie, le 6 juillet, si votre projet, à cette époque, n'était pas de passer en Amérique?

R. Mon projet était de partir pour l'Amérique lorsque je l'ai prise. Mais j'en avais changé en partant de Paris. Toutefois j'avais gardé la lettre de crédit, parce qu'il pouvait arriver que les circonstances me forçassent à revenir à ma première résolution, et à m'embarquer sans repasser par Paris.

D. Il vous était aussi facile, et plus facile peut-être, de vous rendre en Suisse qu'à Paris?

R. La Suisse ne m'a jamais paru un lieu sûr dans ce moment-ci. D'ailleurs je n'avais pas de passeport.

D. Quelles ont été vos relations avec l'île d'Elbe, pendant le séjour que *Bonaparte* y fit?

R. D'aucune espèce.

D. A quelle époque ses premiers ordres vous sont-ils parvenus?

R. Je n'ai point reçu d'ordres de lui.

D. Qui est-ce qui a pu vous déterminer à trahir vos sermens envers le roi, et à vous joindre à

Bonaparte pour renverser le gouvernement de Sa Majesté.

R. Ceci entrera dans ma défense au conseil de guerre.

D. Où étiez-vous lorsque vous avez appris le débarquement de *Bonaparte*?

R. À Chambéry. J'ai quitté Chambéry par ordre de mon général de brigade, *Devilliers*.

D. Cet ordre était-il écrit?

R. Il n'était pas écrit.

D. L'avait-il reçu lui-même du ministre de la guerre?

R. Je ne le crois pas. Je suis même sûr que non : il ne l'avait reçu que du général *Marchand*.

D. Y avait-il long-temps à cette époque que vous aviez quitté Paris?

R. Je suis parti de Paris le 22 février.

D. N'aviez-vous pas connaissance alors du prochain débarquement de *Bonaparte*?

R. Je n'en avais aucune espèce de connaissance.

D. N'aviez-vous pas connaissance du moins d'un complot formé par quelques officiers-généraux ou autres, et dont l'objet était le renversement de l'autorité royale?

R. Non.

D. N'aviez-vous pas assisté à quelque réunion, où il avait été question de pareils projets?

R. Je n'avais point assisté à des réunions où on formait de pareils projets. J'avais assisté à des réunions où l'on témoignait du mécontentement fondé sur plusieurs points. Mais je n'avais pas entendu former de complots positifs.

D. Le général *Lefebvre-Desnouettes* ne vous avait-il fait aucune communication à cet égard?

R. D'aucune espèce.

D. N'en aviez-vous pas reçu du général *Lallemant*?

R. Je n'en avais pas reçu de lui. Je le connaissais depuis long-temps, et nous causions ensemble du gouvernement.

D. Ne vous avait-il pas fait part de ses projets?

R. Du tout.

D. Ne saviez-vous pas qu'il y avait un complot qui s'étendait dans plusieurs départemens?

R. Je ne savais pas qu'il y avait de complot; je savais qu'il y avait un mécontentement assez général.

D. Partagiez-vous ce mécontentement, et sur quoi était-il fondé de votre part?

R. Je ne puis pas répondre à cette question. Je partageais ce mécontentement sur quelques points, et pas sur d'autres. Je n'avais pas personnellement à me plaindre, n'ayant rien obtenu du roi, mais n'ayant rien fait pour lui.

Lecture faite, il a déclaré persister dans ses réponses, et n'avoir rien à y changer ni ajouter, faisant observer seulement que sa réponse sur les visites qu'il a pu faire pendant son séjour à Paris, du 5 au 12 juillet, présente un sens qui n'est pas celui qu'il a voulu lui donner ; qu'il pourrait nommer les personnes qu'il a vues, sans que cela les compromît, et qu'il cite, par exemple, M. le général Gérard, qu'il a vu une fois vers le 8 ou le 9, et le soir ; et a signé, etc.

Charles DE LABÉDOYÈRE.

Ainsi, arrivé le 2 août, il est arrêté et interrogé le même jour : c'était donc affaire arrangée ? Et cet interrogatoire, dans lequel l'interrogateur cherche à aggraver la position du patient, et à découvrir les traces de quelques hommes qui ont échappé à sa colère politique, n'indique-t-il pas suffisamment une préparation préalable ? On s'attendait donc au retour à Paris du colonel ? Il y a dans l'action de la police, à toutes les époques de réaction, quelque chose d'immoral, de monstrueux, de sanglant, qui fait frémir de dégoût, d'épouvante.

Renvoyé devant le deuxième conseil de guerre, il subit, le 9 août, un second interrogatoire. Le voici :

D. A quelle époque avez-vous reçu le commandement du 7e régiment de ligne ?

R. Dans le cours du mois d'octobre 1814.

D. En vertu de quel ordre vous trouviez-vous à Paris le 22 février dernier ?

R. Je m'y trouvais par suite de congé.

D. Où avez-vous rejoint votre régiment en quittant Paris ?

R. A Chambéry.

D. Où étiez-vous le 7 mars dernier?

R. J'étais à Grenoble : je suis arrivé ce jour-là vers midi.

D. Étiez-vous à la tête de votre régiment?

R. Oui, monsieur.

D. Sous les ordres de quel général vous trouviez-vous à Grenoble?

R. J'étais sous les ordres directs du général de brigade Devilliers; brigade qui faisait partie de la division commandée par le lieutenant-général Marchant, gouverneur de la 7e division militaire.

D. Quel était le service que devait faire le 7e régiment de ligne, et quel était le poste qui lui était confié?

R. Il ne fut indiqué aucun service. A peine rendu sur la place d'armes, M. le général Marchant nous fit à voix basse, et presque inintelligible, un discours adressé à tous les officiers de la brigade formés en cercle. On remit aux chefs de corps une proclamation, pour être distribuée aux soldats. L'ordre fut ensuite donné de distribuer les billets de logement. Ce fut sur ma réclamation que cet ordre fut changé. Je remarquai que ces mesures, à l'approche de l'ennemi, me paraissaient anti-militaires. Je demandai que nous fussions bivouaqués sur les remparts : ce qui fut exécuté, uniquement pour notre brigade qui venait d'arriver. Mon régiment fut placé sur le rempart dont la droite arrive à la porte qui faisait face à l'ennemi, porte qui était gardée par une compagnie d'élite du cinquième de ligne, sous le commandement du colonel qui avait avec lui son drapeau.

D. N'avez-vous pas été chargé de repousser l'attaque dirigée contre la ville de Grenoble par Napoléon Bonaparte ?

R. Non, monsieur.

D. Votre régiment n'est-il pas sorti de la ville, et ne s'est-il pas dirigé sur la route par où Bonaparte arrivait ?

R. Mon régiment est sorti à quatre heures, aux cris de *vive l'Empereur.*

D. N'avez-vous pas envoyé un adjudant-major de votre régiment vers Napoléon Bonaparte, pour lui offrir vos services et ceux de votre régiment ?

R. Je lui ai envoyé un officier pour le prévenir de l'arrivée de mon régiment.

D. N'étiez-vous pas à la tête d'une partie de votre régiment pour escorter Napoléon Bonaparte lors de son entrée à Grenoble ?

R. J'ai escorté l'*Empereur* avec tout mon régiment.

D. Que devint le drapeau de votre régiment à l'entrée de Napoléon Bonaparte à Grenoble?

R. Le drapeau resta dans mon logement, ayant rendu à mon régiment son aigle.

D. Savez-vous ce qu'on a fait de votre drapeau?

R. Après avoir pris les ordres du major-général, et n'ayant point reçu l'ordre de remettre le drapeau, j'en fis ôter ce qui était susceptible d'être vendu: le reste fut laissé dans mon logement.

Audition des témoins des 9 et 10 août 1815.

M. Jean-Antoine comte d'*Agoult*, âgé de 61 ans, maréchal-de-camp, et aide-major-général de la maison militaire du roi, dépose : Le 5 mars dernier, j'étais en congé dans une campagne, à quatre lieues de Grenoble, lorsque j'appris le débarquement de Bonaparte. Je me rendis à Grenoble, pour offrir mes services, ceux de plusieurs gardes-du-corps et de beaucoup de citoyens (ce que je fis le lundi 6 au matin), au général Marchant, qui crut n'en avoir pas besoin, puisqu'il les refusa. Je restai à Grenoble tout le lundi. J'appris l'arrivée de la brigade du général Devilliers, et qu'elle couchait à trois ou quatre lieues de Grenoble. Effectivement, elle arriva le lendemain, mardi 7, sur les dix heures du matin, et ses postes lui furent donnés sur les remparts. Sur les trois heures environ, on vint m'avertir que le colonel *Labédoyère*, à la tête de son régiment, désertait aux rebelles. Je sortis de suite de chez moi, et je trouvai les habitans de la ville effrayés d'un tel événement. Je cherchai à en apprendre les motifs. Beaucoup de personnes me dirent que le colonel Labédoyère avait été faire mettre son régiment sous les armes, dans les postes qui lui avaient été confiés ; que leur ayant fait prendre les armes, il avait crié *vive l'Empereur, marche à l'Empereur ;* qu'il s'était mis à la tête de ses soldats, et était sorti de la ville par la porte de Beaune. L'on m'assura encore que le général *Marchant* avait été le sommer de rentrer; que Labédoyère n'ayant pas obéi, il était rentré, et avait rencontré le général Devilliers, commandant de Chambéry, qui, ayant appris la défection du 7ᵉ régiment, avait été rejoindre le colonel, et que n'ayant pu le faire rentrer dans la ville, il avait parlé aux soldats de ce régiment, et qu'une soixantaine d'hommes s'étaient rangés du côté du général Devilliers, et étaient rentrés dans la ville. Le même soir, lorsque j'entendis une grande partie de la garnison enfoncer les portes et crier *vive l'Empereur*, je crus n'avoir pas d'autre parti à prendre que de quitter la ville, ce que je fis.

M. Auguste-Hippolyte Odrio, âgé de 27 ans, avocat, domicilié à Grenoble, dépose : Le 7 mars dernier, ayant appris que la garnison de Chambéry se rendait à Grenoble, j'allai près le Pont-de-pierre pour voir défiler les troupes. Effectivement elles vinrent, et étaient composées du 11ᵉ de ligne et du 7ᵉ de la même arme. Je vis, à la tête de ce dernier, le colonel Labédoyère. Sur la place, le général Devilliers passa en revue ces troupes, et une partie du 7ᵉ, d'après l'ordre qu'elle avait sans doute reçu, se dirigea sur le rempart qui fait face à la route par laquelle on présumait que Bonaparte devait arriver. Vers une ou deux heures, la curiosité me conduisit du côté de la porte de Beaune, et j'aperçus, sur le rempart à gauche, des troupes du 7ᵉ de ligne. Je sortis de la ville, et j'examinai les travaux qu'on faisait. Après m'être promené une demi-heure, et comme je retournais pour rentrer dans la ville, j'aperçus le colonel Labédoyère à la tête de son régiment, l'épée nue à la main, en criant *Vive l'Empereur, en avant*. Ils passèrent tous devant moi, et j'aperçus aussi, quelques instans après, le général Devilliers à cheval, courant après les troupes qui venaient de passer. La curiosité me porta plus loin sur la route, et dans cet intervalle je vis revenir le général Devilliers avec quelques soldats. Dans l'endroit même où je me trouvais, il rencontra quelques compagnies du 7e qui étaient sorties de Grenoble pour suivre le mouvement du régiment, et il les fit rentrer dans la ville. Je fus ensuite me promener sur le glacis pour examiner les ouvrages, et je rentrai dans la ville. Le bruit s'étant répandu, vers les huit heures, que Bonaparte arrivait, je me rendis vers la rue de Beaune, et c'est dans cette rue que je vis rentrer le colonel Labédoyère au milieu d'une partie de son régiment, précédant Napoléon Bonaparte. Voilà tout ce que j'ai vu, et une grande partie des habitans de Grenoble ont été témoins des faits que je viens d'avancer.

M. le maréchal-de-camp Louis-Claude-Germain *Devilliers*, âgé de 44 ans passés, chevalier de Saint-Louis, et commandant de la Légion d'Honneur, dépose :

Dans la nuit du 5 au 6 mars dernier, je reçus de M. le lieutenant-général, commandant à Grenoble la septième division militaire, l'ordre de me

rendre près de lui avec ma brigade. Je partis le 6
au matin de Chambéry, ayant sous mes ordres
quatre bataillons, deux du 7ᵉ et deux du 11ᵉ de
ligne, commandés, ceux-ci par le colonel Durand,
et ceux-là par le colonel Labédoyère. Arrivé le
mardi 7, à onze heures du matin, à Grenoble, je
fis mettre ma brigade en bataille. Le général Marchant la passa en revue. Les officiers se formèrent
en cercle, et on lut une proclamation dans les intérêts du gouvernement royal. Les officiers retour-
nèrent à leur poste. On fit distribuer de l'eau-de-
vie, et je reçus ordre de placer mes troupes sur le
rempart qui fait face à la route de Gap, par où on
présumait que Bonaparte devait arriver. Après
avoir obtempéré à cette invitation, je retournai
chez le commandant de la division, et je m'y trouvais encore, lorsque j'entendis du bruit sur le rempart. Je sortis, et l'on m'apprit que le 7ᵉ de ligne
quittait la ville. Je me rendis sur le rempart, et
j'aperçus effectivement le 7ᵉ de ligne sur la route
de Gap, qui criait *vive l'empereur!* Je sortis à pied
de la ville, et je rattrapai sur la route une centaine
d'hommes commandés par un capitaine, auquel
j'ordonnai de rentrer : ce qu'il fit. Je trouvai sur
la route le cheval du colonel *Labédoyère;* je le
montai, et j'allai au galop rejoindre ce colonel.
Lorsque je l'eus atteint, je mis pied à terre ; je lui
dis : *où il allait, ce qu'il faisait, qu'il se désho-
norait,* et je le *sommai de rentrer.* Il n'eut aucun
égard à toutes mes observations, et me répondit
qu'*il allait rejoindre l'empereur.* Je le quittai, et je

revins à pied à Grenoble. Je dois dire que j'engageai les grenadiers qui étaient à la tête de revenir
et de rentrer avec moi dans la ville ; mais ils ne me
répondirent pas. Le soir, au moment où Napoléon
Bonaparte allait entrer, je reçus ordre de retourner à Chambéry avec le 11e de ligne. Nous quit-
tâmes la ville ensemble ; et à une ou deux lieues de
Grenoble, je devançai le régiment : mais il arriva
le surlendemain à Chambéry, où j'étais arrivé depuis vingt-quatre heures. Voilà tout ce que j'ai à
dire. Je dois cependant encore déclarer que, lorsque j'eus atteint la tête du 7° de ligne, j'engageai
avec instance les soldats qui pouvaient m'entendre,
de retourner où le devoir les appelait, que j'em-
ployai les menaces, mais que tous furent sourds à
mes instances.

M. Oronce Gagnon, âgé de dix-neuf ans, lieutenant en retraite, et domicilié à Grenoble, dépose :

Le 7 mars dernier, je me trouvais de service au
poste de la préfecture, où je restai jusqu'à l'entrée
de Napoléon Bonaparte. Je quittai la ville, et je
ne revins qu'un mois après à Grenoble, où on me
montra le drapeau du 7e de ligne en plusieurs
morceaux, et qui avait été déchiré par quatre
soldats du 7e de ligne. Voilà tout ce que je puis
dire.

M. Félix Devourey, âgé de trente-quatre ans,
propriétaire, demeurant à Chirens, département
de l'Isère, dépose :

Le 7 mars dernier, j'étais à Grenoble à faire un service de garde national à cheval, sur le quai, lorsque, vers trois ou quatre heures, beaucoup de personnes vinrent nous dire que le colonel *Labédoyère* avait entraîné son régiment pour passer à Bonaparte, et que, dehors la ville, il avait remplacé la cocarde blanche par celle tricolore, et son drapeau par un aigle. Je ne puis dire quelles étaient les personnes qui disaient ces paroles; mais ce fait paraissait notoire. Voilà tout ce que je puis dire; car, le soir, je quittai la ville.

M. Henri Decroy, âgé de dix-sept ans, chasseur royal, dépose :

Le 7 mars dernier, j'étais à Grenoble, lorsque les troupes qui arrivaient de Chambéry furent se placer sur le rempart de Beaune. Entre deux et trois heures, je vis sortir de la ville, par la porte de Beaune, plusieurs compagnies du 7e de ligne, sans jeter aucun cri. Mais, au fur et à mesure que les soldats sortaient de la ville, j'ai entendu qu'ils criaient *vive l'Empereur,* et tiraient en l'air leur coup de fusil. Je sortis de la ville; et comme je me mêlais dans les groupes, on vint, un quart-d'heure ou une demi-heure après, nous dire que M. Labédoyère avait crevé un tambour, et qu'on avait trouvé dedans des cocardes tricolores, et un aigle qu'on avait mis au bout d'une branche de saule. Le lendemain de l'arrivée de Bonaparte, je vis cet aigle qu'on montrait aux passans. Il était au bout d'un bâton de saule. Je dois dire que les faits que je viens d'avancer ont été à la connaissance d'une grande partie des habitans de Grenoble.

3ᵐᵉ INTERROGATOIRE. — *Du* 11 *août* 1815.

D. Vous vous êtes désigné dans votre premier interrogatoire comme officier-général. Dites-nous comment il se fait que vous n'êtes traduit au conseil que comme colonel?

R. Je me suis déclaré d'après le grade qui m'a été donné le 26 mars dernier, par l'EMPEREUR, et je ne connais pas l'ordonnance du ROI, qui statue sur les officiers qui se trouvent dans le même cas que moi.

D. A quelle époque avez-vous été nommé officier de la Légion-d'Honneur?

R. Dans l'année 1813.

D. Quel numéro portait l'aigle qui devint l'enseigne du 7ᵉ régiment de ligne, à partir du 7 mars dernier?

R. Numéro 7.

D. Depuis quand êtes-vous possesseur de cet aigle?

R. Je l'ai trouvé au régiment?

D. Comment se trouvait-il donc avec les bataillons de guerre, et non aux magasins du dépôt?

R. Il a été apporté à Grenoble depuis notre départ de Chambéry.

D. En vertu de quel ordre a-t-il été apporté à Grenoble?

R. Il n'y a pas eu d'ordre.

D. Connaissez-vous la personne qui l'a apporté à Grenoble?

R. C'est un de mes domestiques ; mais je ne sais pas ce qu'il est devenu, et ce domestique ignorait ce qu'il portait.

D. Vous saviez donc ce qu'il portait, et c'était donc d'après votre ordre?

R. Oui, Monsieur.

D. La proclamation dont on fit lecture sur la place, au moment de votre arrivée à Grenoble, fut distribuée à la troupe : que disait cette proclamation?

R. Je ne me le rappelle pas. Elle annonçait le débarquement de l'Empereur, autant que je puis me le rappeler.

D. Votre régiment s'est maintenu au poste qui lui avait été assigné sur le rempart depuis midi jusqu'à trois heures ; comment se fait-il qu'à partir de cette dernière heure, il ait, sur-le-champ, abandonné le rempart, et se soit porté par un mouvement simultané hors de la ville?

R. Ce fut d'après mes ordres qu'il sortit de Grenoble, et j'étais à la tête du régiment.

D. Il est établi au procès que, l'épée nue à la main, vous précédiez votre régiment, et que vous faisiez entendre les cris de *vive l'Empereur*.

R. Je suis sorti aux cris de *vive l'Empereur*.

D. A peine étiez-vous hors de la place, que vous avez arraché la cocarde blanche, et l'avez remplacée par la cocarde tricolore : comment vous êtes-vous procuré celle-ci?

R. Ce n'est pas vrai.

D. D'où provenaient aussi les cocardes tricolores dont les soldats sous vos ordres se trouvaient
pourvus au même instant?

R. Ils n'en avaient pas.

D. Le maréchal-de-camp Devilliers parvint à
vous rejoindre sur la route de Gap : quel ordre
vous notifia-t-il?

R. Aucun ordre. Il s'adressa à moi particulièrement, me représenta que mon action pouvait avoir
des suites fâcheuses pour le pays : il me parla de
tous les liens de famille qui devaient me retenir.
Je lui répondis .que les liens dont il me parlait
m'étaient bien chers, que je savais que je les sa-
crifiais tous, et que je croyais devoir ce sacrifice à
mon pays. Je lui donnai un officier pour lui faire
traverser mon régiment, et le ramener aux portes
de la ville.

D. Lorsque le maréchal-de-camp Devilliers
vous fit cette représentation, comment ne renon-
çâtes-vous pas au projet de défection? Et en résis-
tant à cette représentation, vous avez commis le
crime de trahison.

R. L'intérêt de mon pays dans l'état des choses,
voilà ce que je voyais.

D. Le drapeau de votre régiment fut mis en
morceaux dans cette soirée, celle du 7 mars. Ce
drapeau était à votre logement : il est établi que
c'est vous qui l'avez fait déchirer.

R. Ce n'est pas vrai. Le 8 au matin, il était encore intact dans le logement où je n'avais pas mis

les pieds. Ce même matin, je pris les ordres du major-général pour savoir à qui je devais remettre ce drapeau. N'ayant reçu aucune réponse, et l'autorisation d'en faire ce que bon me semblerait, je dis à un adjudant d'en retirer ce qui était susceptible d'être vendu. Pendant qu'il exécutait cette espèce d'ordre, je me rendis chez M. *Gagnon* pour lui faire une visite de politesse, l'ayant connu autrefois.

D. Il a été placardé dans toutes les villes de la France, et inséré dans tous les journaux, une proclamation intitulée *Le septième régiment de ligne à ses frères d'armes*, et signée *De Labédoyère*. Cette proclamation engageait tous les autres régimens de l'armée à se ranger aussi sous les drapeaux de *Napoléon Bonaparte*. N'êtes-vous pas l'auteur de cette proclamation ?

R. Oui. Le cinquième régiment de ligne, le onzième de la même arme, le quatrième de hussards, le quatrième d'artillerie à cheval, le troisième de sapeurs, ayant tous fait des adresses en date du 8 au 9 mars, je crois, le major-général me fit dire qu'il fallait que mon régiment en fît une. Je fis l'adresse que l'on connaît. Je fis former un bataillon carré pour la lire aux officiers, sous-officiers et soldats : l'adresse approuvée, je l'envoyai.

D. Vous êtes traduit au conseil de guerre comme accusé de *trahison*, de *rébellion* et d'*embauchage*, en ce que vous avez suivi et accompagné Napoléon Bonaparte dans son invasion du territoire français, et lui avez prêté aide et assistance. Avez-vous quelques nouvelles observations à ajouter à votre défense?

R. Je fais observer que, pour la justification du fait, j'aurais besoin qu'on fit appeler en témoignage toutes les personnes qui peuvent donner des renseignemens exacts sur les circonstances qui ont précédé et suivi le fait pour lequel je suis traduit en justice. La loi prescrit d'entendre tous les témoins, tant à charge qu'à décharge, pour la vérification du fait. Ne donne-t-elle pas la faculté d'entendre les témoins à charge et à décharge pour la légitimité du fait?

D. Avez-vous été repris de justice?

R. Jamais.

D. Avez-vous fait choix d'un défenseur?

R. Je m'en procurerai un.

SÉANCE DU 14 AOUT 1815.

Composition du Conseil.

MM. *Berthier de Sauvigni*, adjudant-commandant, président; *Mazenot de Montdésir*, adjudant-commandant; *Durand de Sainte-Rose*, adjudant-commandant; *Saint-Just*, chef de bataillon, adjoint à l'état-major; *Grenier*, capitaine-adjoint à l'état-major; *Lentivi*, capitaine-adjoint à l'état-major; *Boulnois*, lieutenant de gendarmerie du département de la Seine; *Viotti*, chef de bataillon, adjoint à l'état-major, faisant les fonctions de rapporteur ; *Gaudriez*, capitaine de gendarmerie du département de la Seine, faisant celles de procureur, lesquels ne sont, aux termes de la loi, parens ni alliés entre eux, ni du prévenu, au degré prohibé.

Le président fait apporter par le greffier et déposer devant lui, sur le bureau, un exemplaire de la loi, et demande ensuite au rapporteur la lecture du procès-verbal d'information, et de toutes les pièces tant à charge qu'à décharge.

Il résulte du procès-verbal d'arrestation de Labédoyère, que cette arrestation eut lieu le 2 août courant, le jour même de son arrivée à Paris, rue du Faubourg-Poissonnière, n° 5, chez madame de Fontery, amie de sa femme, dans une chambre dont la porte et les fenêtres étaient fermées. Sommé de se rendre au nom du roi, le prévenu répondit qu'étant enfermé, il ne pouvait sortir. On escalada par la fenêtre. L'accusé ne fit aucune résistance. Il était porteur d'un passeport pour les États-Unis, délivré par le sous-préfet de Pont-Gibault, sous le nom de *Charles-Angélique-François Huchet*, négociant, et d'un portefeuille de maroquin rouge, contenant une lettre de crédit de 55,000 francs pour Philadelphie, *signée* OUVRARD, sur *Parisch*, négociant à Philadelphie.

Ces pièces ont été saisies, et le prévenu a été conduit devant M. *Decazes*, préfet de police, qui l'a interrogé. Livré au conseil de guerre, il a été de nouveau interrogé, et la procédure a été instruite conformément à la loi.

Après la lecture des pièces de la procédure, le président ordonne à la garde d'amener Labédoyère, lequel est introduit libre et sans fers, accompagné de Me *Bexon*, son conseil. Vêtu d'une grande redingote verte, il ne porte aucune décoration. Sa taille est élevée; sa physionomie est fine et agréable, sa figure pâle; mais sa contenance est assurée; et, après avoir reçu connaissance des faits à sa charge, il répond d'une voix ferme aux interpellations qui lui sont faites. Voici cet interrogatoire.

D. Quels sont vos noms, âge, qualité, lieu de naissance?

R. Je m'appelle Charles-Angélique-François-Huchet de Labédoyère, âgé de 29 ans, officier général, né à Paris.

D. Quel grade aviez-vous au 1er mars 1815?

R. J'étais colonel du 7e régiment de ligne.

D. Qui vous avait nommé?

R. Le roi.

D. Quel drapeau avait reçu votre régiment?

R. Un drapeau blanc aux fleurs de lis.

D. Où l'avait-il reçu?

R. A Chambéry, où je n'étais pas.

D. Un serment a dû être prêté au drapeau?

R. Je l'imagine, je n'y étais pas.

D. Quelles décorations aviez-vous?

R. J'étais officier de la Légion-d'Honneur, et chevalier de l'ordre de la Couronne-de-Fer.

D. N'aviez-vous pas la croix de Saint-Louis ?

R. Jamais je n'ai eu cette croix.

D. Où avez-vous appris le débarquement de Bonaparte ?

R. A Chambéry, où je reçus de M. le maréchal-de-camp Devilliers l'ordre de me porter avec mon régiment sur Grenoble.

D. Où votre régiment fut-il placé ?

R. Il bivouaqua sur le rempart.

D. Par quel ordre quitta-t-il son poste pour se porter sur la route de Gap, par laquelle Bonaparte arrivait ?

R. Par aucun ordre que par le mien.

D. Quel cri proférâtes-vous en donnant l'ordre de vous porter en avant ?

R. *Vive l'Empereur.*

D. Quand avez-vous donné l'aigle à votre régiment ?

R. A la sortie du faubourg de Grenoble.

D. Avez-vous déchiré votre cocarde blanche, et pris la cocarde tricolore ?

R. Non, je n'en avais pas.

D. Le général Devilliers n'a-t-il pas couru après vous ? n'a-t-il pas employé la voix de l'autorité et de la persuasion pour vous ramener au devoir ?

R. Oui : le général Devilliers m'a parlé des liens que je rompais, des suites que pouvait avoir ma démarche. Je lui ai répondu que l'intérêt de ma patrie me paraissait devoir l'emporter sur tout.

D. N'avez-vous aucune révélation à faire?

R. Aucnne.

Il a rappelé une demande qu'il avait formée dans ses interrogatoires écrits, demande tendant à faire entendre des témoins sur la légitimité des motifs qui ont déterminé sa conduite, c'est-à-dire, sur les circonstances qui l'ont porté à l'action qu'on lui reproche, et qu'il avoue.

« La loi, dit-il, voulait qu'on entendît les témoins sur les lieux mêmes où le fait s'est passé. L'ordonnance de S. M., en date du 24 juillet, conforme à la loi, ordonne que les militaires seront traduits devant leurs conseils de guerre : ce n'est que par ordonnance du 2 de ce mois que le roi les prive de cette faveur. Messieurs, je vous soumets cette observation. »

Cette demande n'a pas de suite. Les témoins sont entendus de nouveau.

L'un d'eux, M. Maximin, appelé par le président, en vertu du pouvoir discrétionnaire, a entendu le colonel Labédoyère, accompagnant Bonaparte au moment où celui-ci voulait entrer dans Grenoble, frapper à l'une des portes de la ville, en disant : *Mes amis, c'est moi, c'est le colonel du 7e de ligne : nous avons fait la guerre ensemble. Ouvrez, l'empereur est là.*

Plusieurs autres témoins ont affirmé que l'opinion générale répandue à Grenoble était que Labédoyère avait crevé un tambour, dans lequel était renfermé une aigle et des cocardes tricolores, dont il avait fait la distribution à ses soldats.

Labédoyère a constamment nié ce dernier fait : il a soutenu que ce n'était point par son ordre que l'aigle avait été rendue à son régiment.

Après l'audition des témoins, le rapporteur a dit :

« Messieurs, M. le colonel Labédoyère est accusé de trahison, de rébellion et d'embauchage. Les actes qu'on lui reproche tiennent le premier rang parmi les crimes qui ont privé momentanément la France de son roi, occasionné l'envahissement de notre pays, placé le royaume au bord d'un précipice que l'œil le plus pénétrant ne peut encore mesurer : attentat envers le monarque, attentat envers la nation, oubli de sermens solennels, mépris de devoirs sacrés, tous ces caractères semblent appartenir à la conduite de l'officier traduit devant vous.

« Les faits sur lesquels est basée l'accusation portée contre le prévenu Labédoyère, peu nombreux mais notoires, ne comportent ni incertitudes, ni dénégations. Envisagés dans leur rapport avec la discipline de l'armée, *seul aspect sous lequel un conseil de guerre puisse être appelé à les examiner*, ils présentent chacun une violation manifeste des lois militaires. L'issue de ce procès ne saurait donc être douteuse : néanmoins, rattachant sa cause à des considérations politiques ou morales, l'accusé semble espérer échapper à un jugement de condamnation. Vous avez déjà pesé tous les moyens de défense qu'il fait valoir : ce sera donc seulement pour ne rien omettre des fonctions de notre ministère, qu'à la suite de l'exposé succinct des charges, je rappellerai et discuterai les diverses allégations de l'accusé.

« Arrivé à Grenoble le 7 mars, avec la brigade du général Devilliers, le colonel Labédoyère entendit lire une proclamation rédigée dans le sens du gouvernement royal; des exemplaires de cette proclamation furent distribués à la brigade, qui alla se mettre immédiatement en ligne sur le rempart faisant face à la route de Gap, par laquelle Napoléon arrivait.

« Le général Devilliers avait placé lui-même la brigade sur le rempart; mais il s'en était éloigné presque aussitôt pour retourner près du commandant d'armes. Le septième régiment de ligne tint sa position pendant trois heures; mais, abandonné pendant tout ce temps à l'influence de son colonel, il donna le premier l'exemple de la défection.

« Cependant le colonel Labédoyère ne masquait déjà plus ses desseins : il venait d'envoyer un officier vers Napoléon Bonaparte, et il fit entendre vers les trois heures les cris de *vive l'empereur*. Il emmena sa troupe, se rendit maître de la porte de Beaune, et s'éloigna, prenant la route de Gap.

« M. le maréchal-de-camp Devilliers, averti de ce qui se passait par les cris mêmes qui s'étaient fait entendre des remparts, accourt pour arrêter le mal : il n'était plus temps. Il se porte sur la route, atteint une centaine d'hommes du septième régiment, et les fait rentrer ; il pousse à la tête du régiment, rejoint l'accusé, lui donne ordre de rétrograder ; il lui fait envisager l'énormité du crime, ses suites désastreuses. Labédoyère résiste aux ordres de son chef, repousse les représentations qui lui sont faites, et en se rendant coupable du crime de rébellion, consomme celui de trahison.

« L'accusé ne reparaît à Grenoble que pour grossir l'escorte de l'homme dont il était devenu le complice ; les habitans de la ville le virent rentrer vers les huit heures du soir, toujours à la tête de son régiment, et précédant Napoléon Bonaparte.

« Une aigle, dont Labédoyère s'était muni, servait déjà d'enseigne au régiment. Vous n'avez point oublié, Messieurs, comment cette aigle avait été apportée à Grenoble : l'accusé lui-même vous en a instruits.

« Quant au drapeau du 7ᵉ régiment de ligne, le colonel n'y songea plus que pour y faire enlever les broderies qui l'ornaient. Depuis lors, aucun acte ne fut particulier au prévenu Labédoyère dans les événemens désastreux de mars dernier, si ce n'était cette provocation générale à une défection, que renfermait un écrit signé de l'accusé, distribué avec profusion dans toute la France, et ayant pour titre : *Le 7ᵉ régiment de ligne à ses frères d'armes*.

« Les faits que je viens d'exposer sont attestés en tout ou en partie par chacun des témoins entendus au procès ; ils sont d'ailleurs avoués par

l'accusé ; il n'en conteste aucun , si ce n'est l'incident des cocardes tricolores. Il avoue donc, qu'oubliant ses sermens solennels et récens; que se dé-
gageant des obligations qui lui étaient imposées ,
et comme Français, et comme militaire, et comme
chef de corps; que, méprisant les ordres qui lui
étaient donnés, il a marché comme ami au devant
de celui qu'il devait combattre jusqu'à la mort, et
qu'il s'est rendu coupable de trahison envers son
roi, et de rébellion envers ses chefs.

« Il prétend, sinon justifier, au moins faire excuser sa conduite, en se prévalant de motifs de
bien public, de la prétendue force de l'opinion,
de l'état de choses en mars dernier ; il a même invoqué des témoignages destinés à établir que les
circonstances étaient de nature à légitimer sa conduite.

« L'accusé ne doit point ignorer que les tribunaux établis uniquement pour assurer le maintien
de la discipline dans l'armée, ne peuvent étendre
leur examen à des considérations politiques, qu'ils
n'envisagent ni les causes ni les effets, qu'ils ne
voient que la violation du devoir militaire. Il sait que
le salut des armées, que le premier intérêt de l'État
commandent impérieusement le prompt châti-
ment de l'infraction à un ordre militaire, quelqu'imposans que soient les motifs du coupable.
Que le colonel Labedoyère jette ses regards sur les
fastes des armées, n'y verra-t-il pas des généraux
payer de leur tête une désobéissance suivie de la
victoire ? Et s'il fallait ici apprécier les crimes par

leurs résultats, que le colonel Labédoyère regarde autour de lui, qu'il voie nos départemens courbés sous le poids des armées étrangères, qu'il voie la situation de la France, et qu'il se juge.

« Mais quelles sont ces considérations morales, ces circonstances politiques dont se prévaudrait l'accusé pour légitimer sa conduite? Voudrait-il dire que le point de vue sous lequel il envisageait la marche des affaires en France l'avait amené à croire que seconder l'entreprise de Napoléon Bonaparte c'était concourir au salut de la patrie ? Répétera-t-il que, jeune encore, et n'ayant jamais combattu que sous les drapeaux de Napoléon, il a dû céder à des sentimens mal éteints? Vains raisonnemens ! futiles excuses ! Un officier en activité de service n'est point juge des opérations du gouvernement. Dès qu'il reçoit des ordres, peu importent ses opinions politiques, ses affections, ses souvenirs ; il ne consulte que ses devoirs, ses sermens : s'il les viole, il est coupable, la loi doit le punir de toute sa sévérité.

« Du reste, Messieurs, il est douteux qu'il entrât dans les intérêts de l'accusé de laisser scruter les motifs qui l'ont fait agir. L'accusé Labédoyère serait fondé à craindre que les faveurs et les grâces qui lui furent accordées quelques jours après sa défection ne servissent à faire connaître quels étaient ses sentimens, ses vues et ses prétentions.

« Le colonel Labédoyère vous dira sans doute que les troupes de la garnison de Grenoble étaient toutes disposées à recevoir l'élan qu'il leur a donné : les faits démentent cette assertion. Qu'il se rappelle la conduite (du moins dans la journée du 7 mars) du régiment embrigadé avec le sien : ce régiment, le 11e de ligne, résista à l'exemple donné par le 7e : il resta immobile au poste qui lui avait été assigné. Le soir encore , il obéissait au général sous lequel le roi l'avait placé; et à quelques hommes près, que les individus de l'escorte de Bonaparte avaient égarés , il s'empressa de se soustraire à la nouvelle domination, et s'éloigna de Grenoble sous la conduite de ses chefs.

« Mais d'ailleurs, Messieurs , lors même que la disposition des esprits aurait été telle qu'on le prétendait, n'était-il pas de l'honneur du colonel Labédoyère de résister , au péril de la vie, à toute impulsion contraire au bien du roi? C'était sur son corps que sa troupe aurait dû passer pour aller à Napoléon Bonaparte.

« Mais telles n'étaient point les résolutions de l'accusé : cette aigle qu'il avait eu soin d'apporter de Chambéry ne prouvait que trop qu'il était arrivé à Grenoble avec le projet déjà tout formé d'abandonner les drapeaux de S. M.

« On ne manquera pas de vous reproduire cette réflexion déjà rendue publique dans un de nos journaux : que là où le nombre des coupables est trop grand, le pardon entier est juste et nécessaire. Mais, Messieurs, c'est ici un des premiers coupables qui a déterminé un grand nombre d'hommes à devenir ses complices. En effet, le colonel Labédoyère a effectué une défection ; cette défection en a amené beaucoup d'autres, et une révolution s'est opérée. Que pourrions-nous voir dans cette chaîne d'événemens, si ce n'est un nouveau degré de gravité dans le premier crime commis? D'ailleurs, Messieurs, depuis quand serait-on admis à s'excuser sur l'étendue des maux que le délit qui nous est imputé a occasionés?

« Si la trahison du colonel Labédoyère n'eût point eu de suites désastreuses, et que le reste de la force armée eût repoussé Napoléon Bonaparte, douterait-on de la culpabilité de l'accusé? hésiterait-on à le punir? Non, Messieurs. Eh quoi! parce que la conduite du colonel Labédoyère a été d'un aussi funeste exemple, cet officier serait renvoyé absous! Ne perdons pas de vue les règles que trace notre législation : point de discipline, point d'armée. .

« Nos lois veulent, dans le procès intenté au colonel Labédoyère, que nous fassions cette unique question : Y a-t-il trahison, y a-t-il rébellion, dans le cas où un officier supérieur désobéit de son propre mouvement aux ordres qu'il a reçus, et protège une invasion à main armée, dont le résultat doit être de renverser le prince et son gouvernement? L'accusé lui-même répondra affirmativement à cette question. '

« Je conclus, 1° à ce que Charles-Angélique Huchet de Labédoyère, colonel du septième régiment d'infanterie de ligne, officier de la Légion-d'Honneur et chevalier de la Couronne-de-fer, soit déclaré coupable de trahison et de rébellion, en ce que, pour nous servir des termes de l'ordonnance royale du 6 mars 1815, il a accompagné Napoléon Bonaparte dans l'invasion faite par celui-ci du territoire français, et qu'il lui a prêté directement aide et assistance;

2° A ce qu'il soit déclaré non coupable d'embauchage, délit mentionné seulement dans l'ordre de traduction devant le conseil.

« Je requiers que, préalablement à l'exécution du jugement, il soit dégradé, et que, conformément à l'arrêté du 24 ventôse, il lui soit dit, par l'organe du président, qu'il a manqué à l'honneur, et qu'il ne fait plus partie de la Légion-d'Honneur. »

Me Bexon, conseil de l'accusé, s'est borné à dire : « Messieurs, avant de me résoudre à prêter quelque appui au malheur du prévenu, j'ai dû chercher à le connaître, à descendre dans son âme; j'y ai trouvé de la grandeur, de la noblesse, et j'ai pensé que sa défense ne pouvait vous inspirer plus d'intérêt que dans sa propre bouche. »

M. Labédoyère (qui avait écouté avec le plus grand calme le réquisitoire de M. le capitaine-rapporteur) s'est levé, et a lu d'une voix ferme sa défense, écrite à la hâte sur des feuilles volantes. Voici un extrait de cette défense :

« Messieurs, a-t-il dit, si dans cette fatale journée ma vie seule était compromise, je m'abandonnerais à l'idée encourageante que celui qui a conduit quelquefois de braves gens à la mort, saurait y marcher lui-même en brave homme; et je ne vous retiendrais pas. Mais mon honneur est attaqué autant que ma vie ; et je dois d'autant plus le défendre qu'il n'appartient pas à moi seul. Une femme, modèle de toutes les vertus, a droit de m'en demander compte : mon fils, au moment où la raison viendra l'éclairer, devra-t-il rougir de son héritage ? Je me sens la force de résister aux coups les plus terribles, si je puis dire : *l'honneur est intact.*

« J'ai pu me tromper sur les véritables intérêts de la France ; j'ai pu être égaré par des illusions, par des souvenirs, par des fausses idées d'honneur; il est possible que la patrie ait donné à mon cœur un langage chimérique.

« Mais la grandeur des sacrifices que j'ai faits, en m'exposant à rompre les liens les plus chers, prouve qu'il n'entrait dans ma conduite aucun motif d'intérêt personnel.

« Je n'ai ni l'intention ni la possibilité de nier des faits publics et notoires; mais je proteste que je n'ai trempé dans aucun complot qui ait précédé le retour de Bonaparte; je suis même convaincu qu'il n'a point existé de conspiration pour ramener Bonaparte de l'île d'Elbe.

« Quand je reçus du roi le commandement du 7e régiment de ligne, je ne croyais pas que l'ex-empereur pût jamais revenir en France. Je ne voulais m'occuper que de mes devoirs militaires; je voulais surtout m'attacher à inspirer à mes soldats un esprit de corps. Je n'aurais jamais essayé de faire oublier, à ces soldats que j'étais

fier de commander, le guerrier qui tant de fois
les avait conduits à la victoire; mais je connaissais
aussi le nom et les exploits des grands hommes
qui ont illustré la maison des Bourbons, et je me
serais fait un devoir et un plaisir de le leur
apprendre. »

Labédoyère ne cache pas qu'il partit avec de
tristes pressentimens; mais Napoléon était loin de
sa pensée. Il était loin de prévoir que la France,
intacte et réunie, reprendrait, pendant trois mois,
sous un nouveau règne, une attitude politique; il
était loin de prévoir que l'armée protectrice du territoire aurait à lutter, sous Bonaparte, contre la
coalition de toute l'Europe.

Cependant il était dans une inquiétude vague,
dont il croit pouvoir expliquer et même justifier
la cause.

« Ah! s'écrie-t-il, si ma voix peut avoir ce caractère solennel que prennent souvent, dit-on,
les plus faibles accens à l'instant de la mort, mes
réflexions pourront encore être utiles pour l'avenir. Je ne nie point, je le répète, les faits qui me
sont imputés; mais je crois qu'il est possible de les
justifier. »

Ici Labédoyère rappelle les fautes de Bonaparte,
repoussé par la nation entière en 1814; il fait
l'éloge le plus brillant du roi, et peint l'enthousiasme que le peuple français fit éclater à son
arrivée.

« En 1814, dit-il, ni la nation ni l'armée
ne pouvaient plus souffrir le joug de Bonaparte :

la première était épuisée par des sacrifices sans résultat; la seconde était lasse de guerres sans motifs. Tous les Français sentaient la nécessité d'un gouvernement réparateur.

« Où pouvait-on se flatter de le trouver, sinon dans le retour des Bourbons, dont le nom seul rappelait une longue suite de bons rois et des siècles de bonheur? Aussi tous les vœux se réunirent en faveur d'un monarque auguste, victime du malheur, auquel la France ne pouvait adresser aucun reproche. On espérait que le gouvernement paternel de *Louis XVIII* cicatriserait toutes les plaies. »

Mais le colonel prétend que, par une déplorable fatalité, les espérances qu'on avait conçues se dissipèrent en partie. Les intentions du roi étaient pures; mais, suivant Labédoyère, des torts graves, des fautes nombreuses, de funestes imprudences, qu'il attribue au ministère, refroidirent les esprits, et excitèrent un mécontentement général.

Il avait commencé à développer ces idées, pour chercher à excuser, par les torts qu'il suppose, l'attentat qu'il ne peut désavouer, lorsque M. le président lui a représenté qu'il s'égarait dans des discussions qui ne pouvaient lui être d'aucune utilité. Veuillez bien, lui dit-il, vous renfermer dans vos moyens de défense.

Le colonel. Ce n'est qu'en rappelant les circonstances qui ont précédé et déterminé les faits qu'on me reproche, que je puis les justifier.

M. le président. Quel que soit le motif qui l'ait

fait commettre, un crime est toujours un crime. Vous êtes accusé de rébellion et de trahison. Qu'opposez-vous aux déclarations des témoins ? Le Conseil entendra avec plaisir votre justification.

Le colonel. Je conviens de tous les faits qui me sont imputés. Ils sont à la connaissance de tout le monde. Si le Conseil ne me permet pas de continuer....

M. le président a rappelé que cette discussion politique était étrangère à la défense de l'accusé. Le Conseil, a-t-il dit, n'est pas juge des opinions politiques; il prononce sur les faits : c'est un délit militaire, une violation de vos devoirs de soldat et de colonel que nous sommes chargés de juger. Tâchez de détruire les preuves qui s'élèvent contre vous : nous le désirons autant que vous-même.

Le colonel. Comment voulez-vous que je combatte des faits notoires, que je désavoue des actions publiques? Je n'en ai jamais conçu l'idée ; et puisqu'il est inutile d'entrer dans l'examen des causes politiques qui m'ont poussé à la démarche dont je réponds devant vous, je dois me borner à l'aveu d'une erreur; et je le confesse avec douleur, en jetant les yeux sur ma patrie, mon tort est d'avoir méconnu les intentions du roi, et son retour a bien dessillé mes yeux. Tous les actes émanés de son autorité royale sont marqués au coin de la sagesse et de la modération. Je vois toutes les promesses remplies, toutes les garanties consacrées, la constitution perfectionnée; et les étrangers verront encore, je l'espère, une grande nation de Français réunis autour de leur roi. Peut-être ne suis-je pas destiné à jouir de ce spectacle; mais j'ai versé mon sang pour ma patrie, et j'aime à me persuader que ma mort, précédée de l'abjuration de mes erreurs, pourra être de quelque utilité; que mon souvenir ne sera pas en horreur, et que, quand mon fils sera parvenu à l'âge de servir son pays, on ne lui reprochera pas mon nom.

L'accent noble et ferme, la contenance à la fois modeste et assurée, et le ton pénétré du colonel, en faisant au monarque qu'il a trahi une réparation tardive mais touchante, ont produit la plus vive impression sur l'assemblée.

L'accusé a été reconduit par son escorte à sa prison. Le Conseil s'est retiré pour délibérer.

La délibération a duré depuis une heure et demie jusqu'à quatre.

TEXTE DU JUGEMENT.

Jugement rendu par le 2ᵉ conseil de guerre permanent de la 1ʳᵉ division militaire, qui condamne le nommé Charles-Angélique-François Huchet de Labédoyère, *colonel du 7ᵉ régiment de ligne, à la peine de mort, en réparation des crimes de trahison et de rébellion, desquels il demeure convaincu; à être préalablement dégradé, et au remboursement des frais.*

Nota. Signalement : Taille d'un mètre 72 centimètres; cheveux et sourcils châtains, yeux bleus, nez moyen, bouche moyenne, barbe brune, menton rond, visage ovale, teint clair.

Cejourd'hui 14 août 1815, etc.

Le conseil délibérant à huis-clos, seulement en présence de M. le procureur, M. le président a posé les questions ainsi qu'il suit :

Le nommé *Charles-Angélique-François Huchet de Labédoyère*, ci-dessus qualifié, accusé

1° De trahison, est-il coupable ?

2° De rébellion, est-il coupable ?

3° D'embauchage, est-il coupable ?

4° A-t-il profité du délai de huit jours qui lui était accordé par l'ordonnance du 6 mars dernier pour faire sa soumission ?

Les voies recueillies sur chacune des questions ci-dessus, en commençant par le grade inférieur, M. le président ayant émis son opinion le dernier, le deuxième conseil de guerre permanent déclare le nommé *Charles-Angélique-François Huchet de Labédoyère*,

1° A l'unanimité des voix, coupable de trahison ;

2° A l'unanimité des voix, coupable de rébellion ;

3° A l'unanimité des voix, non coupable d'embauchage ;

4° A l'unanimité des voix, qu'il n'a pas profité du délai de huit jours qui lui était accordé par l'ordonnance du 6 mars dernier pour faire sa soumission.

Sur quoi, M. le procureur a fait son réquisitoire pour l'application de la peine.

Les voix recueillies de nouveau dans la forme indiquée ci-dessus, le deuxième conseil de guerre permanent, faisant droit sur ledit réquisitoire, condamne, à l'unanimité des voix, le nommé *Charles - Angélique - François Huchet de Labédoyère,* colonel du 7ᵉ régiment de ligne, à la peine de mort, en réparation des crimes de trahison et de rébellion, desquels il demeure convaincu :

Ladite peine portée en vertu des articles 1ᵉʳ et 2 du titre III (§§. 1ᵉʳ, 5ᵉ et 6ᵉ) de la loi du 21 brumaire an V, et articles 3 et 9 du titre VIII de la même loi, ainsi que l'article 2 de l'ordonnance du 6 mars dernier, lesdits articles ainsi conçus, savoir :

Art. Iᵉʳ « Tout militaire ou autre individu atta-
« ché à l'armée ou à sa suite, convaincu de trahi-
« son, sera puni de mort.

Art. II. « Seront réputés coupables de trahison:
1° « Tout individu qui, en présence de l'ennemi,
« sera convaincu de s'être *permis des clameurs*
« *tendant à jeter l'épouvante et le désordre dans*
« *les rangs.*

3° « Tout commandant d'une patrouille à l'ar-
« mée ou dans une place assiégée, qui, envoyé en
« présence de l'ennemi pour faire quelque décou-
« verte ou reconnaissance locale, aura négligé
« d'en rendre compte, ou bien *n'aura pas exé-*
« *cuté ponctuellement l'ordre qui lui était donné,*
« *lorsque, par suite de sa négligence ou de sa dé-*
« *sobéissance, le succès de quelque opération mi-*
« *litaire se sera trouvé compromis.*

6° « Tout militaire ou autre individu attaché à
« l'armée et à sa suite, *qui entretiendrait une cor-*
« *respondance dans l'armée ennemie, sans la per-*
« *mission par écrit de ses supérieurs.*

Art. III. « La révolte ou la désobéissance, com-
« binée envers ses supérieurs, emportera peine
« de mort contre *ceux qui l'auront suscitée, et*
« *contre les officiers présens qui ne s'y seront*
« *point opposés par tous les moyens à leur dispo-*
« *sition.*

Art. IX. « Tout militaire ou autre individu at-
« taché à l'armée, qui, étant commandé pour
« marcher ou donner contre l'ennemi, ou pour
« tout autre service ordonné par le chef en pré-
« sence de l'ennemi et dans une affaire, *aura for-*
« *mellement refusé d'obéir,* sera puni de mort. »

Art. II (de l'ordonnance). « Seront punis des
« mêmes peines (celle de mort), et coupables des
« mêmes crimes, les militaires et employés de tout
« grade qui auraient accompagné ou suivi ledit
« *Bonaparte* dans son invasion du territoire fran-
« çais, à moins que, dans le délai de huit jours,

« à compter de la publication de la présente or-
« donnance, ils ne viennent faire leur soumission
« entre les mains de nos gouverneurs, comman-
« dans de divisions militaires, généraux ou ad-
« ministrations civiles. »

Le conseil, faisant droit au réquisitoire du rapporteur, ordonne en outre que, dans le cas de non-
pourvoi en révision, aussitôt après l'expiration du
délai fixé par la loi, ou, dans le cas de pourvoi,
aussitôt après le renvoi de la procédure et du jugement de confirmation, M. le président, sur le
réquisitoire du rapporteur, et immédiatement
après lecture faite au condamné du jugement de
condamnation et de celui de confirmation, prononcera la formule déterminée par l'article 6 de
l'arrêté du 24 ventôse an XII, article ainsi conçu :
« Pour cette dégradation (celle de la Légion-d'Hon-
« neur), le président du tribunal, sur le réquisi-
« toire du commissaire du gouvernement, ou le
« président du conseil de guerre, sur le réqui-
« sitoire du rapporteur, prononcera, immédiate-
« ment après la lecture du jugement, la formule
« suivante : Vous avez manqué à l'honneur : je
« déclare au nom de la Légion que vous avez cessé
« d'en être membre » ; et vu l'article 1er de la loi
du 18 germinal an VII, de laquelle l'application est
prescrite par la circulaire ministérielle du 14 juillet 1807, le conseil condamne ledit *Labédoyère* à
rembourser sur ses meubles et immeubles, au profit du trésor public, le montant des frais auxquels
ont donné lieu les poursuites dirigées et le juge-

ment prononcé contre lui. Le conseil ordonne enfin l'impression, l'affiche et la distribution du présent jugement, au nombre de mille exemplaires, pour être affiché partout où besoin sera.

Enjoint à M. le capitaine-rapporteur de lire de suite le présent jugement au condamné *De Labédoyère*, en présence de la garde rassemblée sous les armes ; de l'avertir que la loi lui accorde un délai de vingt-quatre heures pour se pourvoir en révision, et, au surplus, de faire exécuter le présent jugement dans tout son contenu ;

Ordonne enfin qu'il en sera envoyé, dans les délais prescrits par l'article 39 de la loi du 13 brumaire an V, à la diligence de M. le président et à celle de M. le rapporteur, une expédition tant à S. Exc. monseigneur le ministre de la guerre, qu'à S. Exc. le comte Maison, gouverneur de la 1re division militaire.

FAIT, clos et jugé sans désemparer, en séance publique, à Paris, les jour, mois et an que dessus. Les membres du Conseil ont signé, avec le rapporteur et le greffier, la minute du présent jugement.

Signé, BOULNOIS, LENTIVI, GRENIER, SAINT-JUSTE, DURAND DE SAINTE-ROSE, MAZENOT DE MONDÉSIR; le vicomte DE BERTHIER, *président;* VIOTTI, *chef de bataillon, rapporteur;* ASSELINE, *greffier.*

Je certifie que le présent jugement a été lu au

condamné le 14 août 1815, à quatre heures de relevée, et qu'il a été averti que la loi ne lui accorde que vingt-quatre heures pour se pourvoir en révision.

Le rapporteur, signé, VIOTTI.

Labédoyère se pourvut en révision, et le conseil de révision s'occupa, le 19, de l'affaire qui lui était soumise. On sait que ces conseils ne peuvent connaître du fonds, et que leurs discussions doivent porter sur les formes.

Le conseil se trouva composé de MM. le baron *Decouchy*, maréchal-de-camp, président; *Maurin*, adjudant-commandant; *Dechambeau*, chef d'escadron; *Leclerc* et *Piquot*, capitaines : tous cinq nommés conformément à la loi du 18 vendémiaire an VI, et réunissant les conditions exigées par l'art. 6 de la même loi, et assistés de M. *Portier*, greffier, nommé par le président, en présence de M. *Ricard*, commissaire-ordonnateur, faisant les fonctions de procureur-royal.

Après l'ouverture de la séance, le président a fait apporter et déposer sur le bureau les lois des 13 brumaire et 4 fructidor de l'an V, sur l'organisation des conseils de guerre, ainsi que celles des 18 vendémiaire, 15 brumaire et 27 fructidor an VI, sur l'organisation des conseils de révision.

Il a ensuite ordonné au greffier de lire l'acte de recours en révision.

Le conseil, après avoir entendu le défenseur

officieux et le procureur-royal , considérant que le recours a été fait dans les délais fixés par la loi , a dit qu'il y a lieu de statuer.

Alors le greffier a donné lecture de toutes les pièces de la procédure. Cette opération terminée , un membre du conseil, nommé rapporteur de cette affaire, a été entendu et a dit : « D'après l'examen que j'ai fait des pièces de cette procédure, les formes voulues par la loi m'ont paru exactement observées : je n'ai point remarqué des vices assez graves, pour en motiver l'annulation. »

Me *Mauguin*, assisté de Me *de Joly*, avocat au Conseil, et de Me *Brachet-Ferrières*, a plaidé sur le recours en cassation.

Voici un extrait de son plaidoyer.

M' Mauguin s'est attaché, dans son exorde, à prémunir les juges contre l'impression naturelle que pouvait produire sur eux l'idée du crime grave qui a été jugé.

« Placé, a-t-il dit, dans une de ces positions extraordinaires , heureusement si rares dans l'histoire des peuples et des rois, le monarque avait à choisir entre le pardon et la justice : il a résisté à son cœur, en choisissant ce dernier parti , et le colonel Labédoyère a été traduit devant vous. A Dieu ne plaise que je cherche à dépouiller les faits qu'on impute à mon client du caractère de crime qu'on leur attribue : je n'ai point d'ailleurs cette tâche à remplir; je n'ai à discuter que des questions de forme. Mais la loi sur les conseils de révision a eu pour but de remplir une lacune importante des lois antérieures, qui n'assuraient aux militaires aucune garantie contre la violation ou l'omission des formes, ni contre l'incompétence des conseils de guerre.

Cette loi est motivée sur ce qu'il est urgent de faire participer les troupes aux bienfaits que les constitutions accordent aux citoyens;

Et le colonel Labédoyère doit jouir de ces bienfaits dans toute leur étendue, quel que soit le crime dont il est accusé. »

Les moyens qu'il a développés reposent :

1° Sur l'incompétence des conseils de guerre de la première division en général, et du deuxième conseil de guerre en particulier;

2° Sur diverses omissions ou violations de formes dans l'information, l'instruction et le jugement.

PREMIER MOYEN. *Incompétence des conseils de guerre de la première division en général.*

Mᵉ *Mauguin* a motivé ce moyen sur ce que, d'après la législation militaire, tout militaire sous les drapeaux, prévenu d'un délit, doit être traduit au Conseil de guerre de la division à laquelle il appartient, parce que le militaire français ne peut jamais être soustrait à la juridiction de ses juges naturels. (Décret du 27 février 1808.)

Qu'ainsi le colonel Labédoyère ne pouvait être

jugé que par le conseil de guerre de la septième division à Grenoble, lieu du délit.

Qu'à la vérité les Conseils de guerre de la première division avaient été saisis par une ordonnance du roi du 2 août; que cette ordonnance consacrait que les prévenus y désignés ne pouvaient point être traduits devant leurs juges naturels, les conseils de guerre de leurs divisions respectives n'existant plus.

Mais Me *Mauguin* a prétendu que le roi tout seul n'avait pas le droit de renvoyer les prévenus devant les conseils de guerre de Paris ; qu'il fallait un réglement de juges par la Cour de cassation, et peut-être même une loi émanée des trois branches de l'autorité législative.

En examinant si le conseil de guerre était régulièrement saisi par l'ordonnance du roi, le défenseur ne s'est pas dissimulé qu'il abordait une question délicate ; et il a cru pouvoir citer l'exemple donné par la Cour de Rennes, qui osa résister à la volonté de Napoléon, en déclarant que des décrets impériaux portant sur des mesures d'intérêt général n'étaient pas obligatoires. A la vérité l'arrêt de la Cour de Rennes fut annulé par la Cour de cassation; mais cette Cour ne put motiver sa décision que sur un article équivoque de la constitution de l'an VIII, qui contenait des dispositions obliques en faveur du despotisme.

L'ordonnateur Ricard a répondu que l'avocat se serait dispensé de hasarder de pareils moyens , s'il eût étudié la législation militaire, s'il eût connu la loi formelle qui confère, même au ministre de la guerre seul, le droit dont S. M. a usé sur le rapport de ce ministre.

Pendant que les accusés poursuivis devant les tribunaux criminels ont joui d'un droit d'option, les grands coupables en ont usé avec avantage pour se faire juger par le tribunal le plus éloigné du lieu du délit.

Si un pareil droit eût existé en faveur de l'accusé, n'aurait-il pas désigné lui-même le conseil de guerre qui lui a été assigné?

L'acte du gouvernement qui a désigné le conseil de guerre de Paris est sous tous les rapports à l'abri de la censure: il est conforme à l'intérêt de l'accusé, autant qu'au texte de la loi.

Ainsi, le roi pouvait, à plus forte raison, user de ce droit sur le rapport du ministre.

Ainsi, les dispositions relatives au réglement de juges par la Cour de cassation ne sont point susceptibles d'application.

Le ministère public a particulièrement fait sentir combien il était absurde de soutenir qu'il fallait une loi émanée des trois branches législatives pour juger des prévenus d'un crime affreux. Ainsi, en l'absence des Chambres, le cours de la justice serait interrompu! Dans les matières mêmes qui exigent une loi, le roi n'a-t-il pas le droit, en l'absence des Chambres, de prendre les mesures prescrites par l'intérêt de l'État?

Deuxième moyen. — *Incompétence du deuxième conseil en particulier.*

En supposant, a dit Mᵉ Mauguin, que le roi eût valablement traduit l'accusé devant le conseil de guerre permanent de Paris, pourquoi le gouverneur de la division a-t-il pris sur lui de désigner le deuxième conseil de guerre au lieu du premier?

N'était-ce pas celui-ci que l'ordonnance semblait indiquer par ces mots : *Le conseil de guerre permanent?*

Tout, dans le cas de doute, doit être interprété en faveur des accusés. Le colonel Labédoyère aurait dû être jugé par le premier conseil de guerre permanent; le jugement du deuxième conseil est donc nul par incompétence.

L'ordonnateur Ricard. Le ministère public a motivé la réfutation de ce moyen, sur les lois et sur l'usage suivi dans leur application.

La loi du 13 brumaire an V n'avait établi qu'un conseil de guerre par division; celle du 18 vendémiaire an VI, en créant les conseils de révision, ordonna la formation d'un deuxième conseil de guerre permanent sur les bases consacrées par la loi du 13 brumaire an V. Ces conseils ne devaient d'abord connaître des affaires qu'après l'annulation des jugemens rendus par les autres; mais la

loi du 27 *fructidor an VI investit ensuite ces se-*
conds conseils de guerre des mêmes pouvoirs que
les premiers.

Ainsi, depuis cette loi, les accusés peuvent être
traduits indifféremment à l'un ou à l'autre. Les affaires sont distribuées entre ces deux conseils, et
le gouverneur de la division n'a pas outrepassé
ses pouvoirs. Jamais on n'a songé à proposer
un moyen semblable à celui dont il s'agit. Ce
moyen est autant inadmissible que celui qui serait
motivé, devant la Cour de cassation, sur ce qu'une
affaire aurait été distribuée à une section d'une Cour
royale plutôt qu'à une autre de la même Cour ayant
les mêmes attributions.

3e, 4e, 5e, 6e et 7e MOYENS. — *Omission ou viola-*
tion des formes prescrites par la loi.

Le jugement porte que le Conseil s'est réuni
dans le lieu ordinaire de ses séances, *sans particu-*
lariser ce lieu. — On n'a donné au condamné,
dans ce jugement, que deux prénoms, *Charles-*
Angélique, tandis qu'il en a trois, Charles-Angé-
lique-*François.* — Le jugement ne constate pas
que les témoins ont été entendus *séparément.* —
On n'a pas exigé d'eux le *serment*, mais la *promesse*
de dire la vérité.—Ils n'ont pas déclaré s'ils étaient
parens, alliés, serviteurs ou domestiques des parties.

L'ORDONNATEUR RICARD. Si ces moyens étaient
admissibles contre le ministère public, ils le se-

raient à sa requête au cas d'acquittement d'un prévenu. Or, pourrait-on faire subir à un militaire
acquitté l'appareil d'une nouvelle procédure,
parce qu'on aurait oublié, par exemple, dans la
rédaction, un de ses prénoms, ou de spécifier le
lieu *ordinaire* des séances du Conseil?

Ces moyens sont minutieux. Le condamné est
clairement désigné dans tous les actes de la procédure. L'identité n'est point contestée. — L'audition des témoins a été régulière : on s'est conformé
à la formule tracée par les lois, et qui sert chaque
jour de guide. S'il y a quelques omissions commises, elles ne portent point sur des formalités
prescrites *à peine de nullité*. Les moyens li-
bellés sont donc, sous tous les rapports, inad-
missibles.

Huitième moyen.

La défense de l'accusé n'a pas été complète. La
notoriété publique atteste qu'on l'a interrompu
dans son discours; qu'on lui a interdit le développement des moyens qui tendaient à justifier *ses
intentions*, quoique l'intention fasse le crime,
quoique les tribunaux, pour l'appréciation de la
culpabilité du prévenu, soient obligés d'examiner,
non-seulement le fait, mais le dessein qui peut le
rendre criminel.

L'ordonnateur Ricard. 1° *Dans la forme*. La
raison seule indique que, s'il suffisait à un con-

damné d'alléguer que sa défense n'a pas été complète, il n'y aurait pas un seul jugement qui pût résister à une demande en révision ou en cassation.

Sans doute il y a nullité, soit lorsqu'on a violé ou omis des formalités prescrites à peine de nullité, soit lorsqu'il a été omis ou refusé de prononcer sur des réquisitions ou des demandes tendant à user d'une faculté ou d'un droit accordé par la loi, bien que la peine de nullité ne soit pas attachée à l'absence de la formalité, dont l'exécution a été demandée ou requise.

Mais ce n'est point par la notoriété qu'on peut prouver qu'on a été privé d'une faculté ou d'un droit accordé par la loi.

Et lors même que, dans l'espèce, il serait aussi vrai qu'il est faux que le condamné a été privé d'une faculté ou d'un droit de cette nature, le bénéfice de la loi lui serait interdit, parce qu'il n'a pas rempli les obligations qu'elle prescrit, parce qu'il ne rapporte pas les preuves exigées.

2° *Au fond*. Dans le droit, le moyen proposé repose sur une fausse application du principe relatif à la *question intentionnelle*.

« Peu importe que les intentions du colonel Labédoyère aient été pures : n'a-t-on pas vu des généraux expier par la perte de leur vie une désobéissance, quoique cette désobéissance eût été la source d'une victoire? Mais l'accusé est loin d'être dans ce cas : qu'il considère les funestes effets de son crime, et qu'il se juge ! »

Neuvième moyen. — *On a refusé d'entendre les témoins à décharge.*

Le président a demandé au défenseur si l'accusé avait cité ou désigné nominativement des témoins.

Le défenseur est convenu qu'à la vérité son client n'avait fait aucune désignation.

Le ministère a puisé essentiellement dans cet aveu la réfutation de ce 9e moyen mal fondé dans le fait et dans le droit.

Ici se reproduisent d'ailleurs les motifs développés sur le 8e moyen.

Dixième moyen.

Le défenseur a cru pouvoir attaquer le jugement sous le rapport de la position des questions et de l'application de la peine.

Il a combiné l'ordonnance du 6 mars 1815 avec celle du 23 du même mois, et avec la proclamation du roi datée de Cambrai.

L'ordonnance du 6 mars punit de mort les militaires qui ont accompagné ou suivi Bonaparte dans son invasion.

Mais, a dit le défenseur, ces dispositions rigoureuses ont été adoucies par celle du 23 et par la proclamation de Cambrai du 27 juin.

L'ordonnance du 23 porte que : « Tout gou-
« verneur, colonel, etc., qui, au mépris du ser-
« ment prêté au roi, aurait adhéré au parti de

« Napoléon Bonaparte, sera, non puni de mort,
« mais destitué, privé de toute solde d'activité ou
« de pension de retraite pour l'avenir, à moins
« qu'après avoir eu connaissance de l'ordonnance
« royale il ne rentre dans son devoir. »

Par la proclamation de Cambrai, le roi annonce l'intention de ne livrer aux tribunaux que les *auteurs et instigateurs* de l'horrible complot qui a ramené Bonaparte sur le territoire français.

De la combinaison de ces dispositions, le défenseur a conclu que le conseil de guerre permanent aurait dû décider expressément que son client était *auteur* ou *instigateur* du complot dont il s'agit, et que, le conseil s'étant servi des mots vagues *trahison* et *rébellion*, il y avait nullité dans la position des questions, et fausse application de la loi dans la disposition pénale du jugement.

L'ordonnateur Ricard a réfuté ce moyen, en combinant les ordonnances du roi et les faits imputés au prévenu, avec le texte du Code pénal militaire.

L'ordonnance du roi du 24 juillet dernier porte:

« Les généraux et officiers qui ont *trahi* le roi avant le 23 mars, ou qui ont attaqué la France et le gouvernement à main armée, et ceux qui, par violence, se sont emparés du pouvoir, seront arrêtés et traduits devant les conseils de guerre, savoir : Ney, *Labédoyère*, les deux frères Lallemant, Drouet-d'Erlon, Lefebvre-Desnouettes,

Ameilh, Brayer, Gilly, Mouton-Duvernet, Grouchy, Clauzel, Laborde, Debelle, Bertrand, Drouot, Cambronne, Lavalette, Rovigo. »

Les faits imputés au prévenu sont désignés dans le Code pénal militaire sous les titres *Trahison* et *Rébellion*.

Le conseil de guerre permanent a jugé que le condamné était coupable de ces crimes : il a appliqué les peines prononcées par les dispositions du Code, relatives aux crimes dont il a reconnu l'accusé coupable.

Ainsi point de nullité.

Le moyen dont il s'agit pouvait d'autant moins être proposé, que le conseil de révision ne peut connaître du fond l'affaire.

Tels sont les moyens de révision proposés par le condamné, et les répliques du ministère public.

Le plaidoyer de Me Mauguin a duré plus de deux heures.

L'ordonnateur Ricard a posé ses conclusions et la décision qui suit a été prise :

« Le Conseil, après avoir délibéré, faisant droit au réquisitoire de M. le procureur du roi : vu que le conseil de guerre était compétent, que l'information et l'instruction ont été régulièrement faites, et que la loi a été bien appliquée, déclare, à l'unanimité, que le susdit jugement est confirmé, et qu'il aura sa pleine et entière exécution, etc.

« Ainsi jugé, prononcé sans désemparer, le 19 août 1815.

« Piquot, Leclerc, Dechambeau, Maurin, Decouchy, Portier.

A peine madame de Labédoyère venait-elle d'être instruite de ce jugement, qu'elle s'est rendue aux Tuileries. Voici comment le *Journal des Débats* du 20 août a rapporté, sous la date du 19, les détails de cette démarche inutile :

« Aujourd'hui, à 4 heures, au moment où le roi allait monter en voiture, madame Labédoyère s'est précipitée aux pieds de S. M. pour solliciter la grâce de son mari. Le roi a répondu que, si M. Labédoyère n'avait offensé que lui, sa grâce lui serait accordée ; mais que *la France entière réclamait la punition* de l'homme qui avait attiré sur elle tous les fléaux de la guerre. S. M. était très-émue, et *l'on voyait combien elle souffrait d'être obligée de résister aux mouvemens de son cœur.* Le roi, qui sait allier la bonté à la justice, a daigné promettre à madame Labédoyère *sa protection pour elle et son enfant.* »

L'arrêt fut exécuté le même jour à six heures et demie du soir. Le malheureux colonel a été conduit à la plaine de Grenelle par un nombreux détachement de gendarmerie. Arrivé au lieu destiné pour son

exécution, il s'est prosterné à genoux, et a reçu la
bénédiction du confesseur qui l'avait accompagné,
M. *Dulondelle*, aumônier des dames Carmélites de
la rue Saint-Jacques.

Tout à coup il s'est relevé, a jeté son chapeau,
et sans attendre que, selon l'usage, on lui bandât
les yeux, il a fait avec fermeté quelques pas au-
devant des vétérans qui devaient le fusiller, s'est
placé presque à bout portant, a découvert sa poitrine, et s'est écrié d'une voix forte : *Mes amis,
tirez : surtout ne me manquez pas !*

Un instant après, il n'était plus !

Avant son exécution, il avait offert sa cravate au
sous-officier désigné pour commander le feu. — Je
ne puis rien accepter, la loi le défend. — Prends, te
dis-je, je t'en prie. — Je vous obéis, mais pour vous
couvrir la figure après votre mort.

Ce qu'il a fait.

NEY.

Michel Ney, prince de la Moskowa, duc d'Elchingen et maréchal de France, naquit le 10 janvier 1769, à Sarre - Louis, département de la
Moselle. Son père, simple artisan, ne put le faire
élever avec beaucoup de soin ; mais ses dispositions naturelles et le désir de se distinguer sup-
pléèrent à son manque de fortune et d'instruction.
Ney était d'une taille avantageuse, grand, bien
fait et doué d'une grande force, ainsi que d'une
adresse peu commune pour tous les exercices du
corps. Il avait l'abord froid : la vivacité de sa
physionomie qui exprimait les qualités de son
cœur et l'élégance de sa tenue militaire dissi-
paient promptement l'espèce de gêne que produi-
sait presque toujours son premier aspect.

A l'âge de treize ans, il entra chez un notaire.
Cette vie paisible ne pouvait convenir à une âme
ardente comme la sienne. Le goût de l'état militaire s'étant développé de bonne heure en lui, il
quitta le notariat en 1787, et s'engagea comme
soldat dans le 4ᵉ régiment de hussards, appelé
alors *Colonel-général*. Il se fit remarquer de ses
chefs par son zèle. Nommé successivement bri-

gadier et maréchal-des-logis, il était, en 1792, adjudant sous-officier, en 1793 lieutenant, et capitaine en 1794. C'est vers cette époque qu'il connut Kléber, qui, l'ayant fait nommer adjudant-général chef d'escadron, lui confia plusieurs missions dont il s'acquitta avec succès, ce qui lui fit donner plus tard le nom d'*Infatigable*.

Ayant été placé en 1796 dans la division du général Collaud à l'armée de Sambre et Meuse, il se distingua aux combats de Diesdorf, de Monthabor et de Beudorf. Quelque temps après, n'ayant avec lui qu'une centaine d'hommes de cavalerie, il s'empara de Wurtzbourg, d'une quantité immense de munitions, et fit prisonniers deux mille soldats. A Zell, avec quatre cents chevaux, il en culbuta huit cents à l'ennemi. Il força, le 8 août de la même année 1796 (an IV de la république), le passage de la Rednitz que défendaient quatorze bouches à feu, et marcha sur Forsheim, dont il s'empara ainsi que de soixante-dix pièces de canon et d'approvisionnemens considérables renfermés dans cette place. Il fut nommé général de brigade sur le champ de bataille qui venait d'être témoin de cette action remarquable.

En l'an V, à la tête d'un corps de hussards que lui avait confié le général Hoche, qui commandait à cette époque l'armée de Sambre et Meuse, il chassa l'ennemi de Giessen et le poursuivit jusqu'à Steinberg. Là, des forces supérieures l'obligèrent de se retirer : il fut fait prisonnier, après avoir eu

son cheval tué sous lui, et s'être long-temps encore
défendu à pied avec le tronçon de son sabre.

Son échange ayant eu lieu, il reçut le grade de
général de division en rentrant à l'armée. C'est en
cette qualité qu'il commanda la cavalerie française en Suisse, et qu'il prit une part très-grande
à la victoire remportée sur la Thur, le 26 mai
1790.

Voici un trait de bravoure qui doit trouver ici
sa place :

Le 2 novembre suivant, il entre dans la ville de
Manheim sous un déguisement prussien ; le lendemain, il passe le Rhin à la tête de cent cinquante
hommes dépourvus de cartouches, et enlève tous
les postes. La garnison ayant fait une sortie est
repoussée, et le général Ney s'introduit avec l'ennemi dans la place, à la faveur de la nuit et de l'é-
pouvante que l'impétuosité de son attaque vient de
répandre.

Postérieurement à ce haut fait d'armes, l'avant-
garde de l'armée, qui s'était aventurée, fut enveloppée près de Lauffen. Ney accourt, la dégage,
poursuit l'ennemi, et à Maëstricht, il lui fait
quinze cents prisonniers.

En 1800, employé à la gauche de l'armée du
Rhin, il commandait la quatrième division qui
occupait Worms et Frankental. Le 5 juin de la
même année, il gagna, par les heureuses dispositions qu'il avait prises, la bataille de l'Iller, et
s'empara de toute l'artillerie de l'armée ennemie.

Chargé du commandement des troupes dis-

persées entre Huningue et Dusseldorf, le général
Ney organisa en peu de jours plusieurs fausses attaques ou faux passages du Rhin, qui tous réus-
sirent le même jour. Tandis qu'ils s'effectuaient,
Ney se portait, à la tête de neuf mille hommes,
sous les murs de Francfort, où il battait vingt
mille Mayençais soutenus par deux mille Autrichiens. Le lendemain, il revint passer le Mein près
de Mayence, culbuta les corps ennemis, traversa
tout le pays de Hesse-Darmstadt, passa le Necker
à Ladenbourg, au gué de Turenne, s'empara de
nouveau de Manheim, de Heidelberg et autres
villes, et parvint jusqu'aux portes de Stuttgard
sans avoir essuyé le moindre échec, malgré les
forces considérables que partout on lui opposait.
Ces opérations hardies, et que le succès couron-
nait, contribuèrent beaucoup au gain de la bataille de Zurich.

Successivement employé sous les ordres du maréchal Masséna en Suisse, et sous ceux du général
Moreau en Allemagne, Ney exécuta toujours avec
audace, sang-froid et précision, les ordres qui lui
furent donnés. Partout il se couvrit de gloire, et
cueillit de nouveaux lauriers à la bataille de Ma-
rengo, à laquelle il prit une part très-active.

Après la paix de Lunéville, signée le 19 février
1801, Napoléon, qui avait été plus d'une fois à
même de juger de la valeur de Ney, voulut le ré-
compenser d'une manière digne de lui, et se l'attacher entièrement. Il forma le projet de le marier
avec mademoiselle Auguié, amie intime de sa

belle-fille, Hortense de Beauharnais, et fille d'une ancienne femme de chambre de Marie-Antoinette. Ce mariage eut lieu en juillet 1802, et, à cette occasion, Napoléon fit présent au général d'un sabre égyptien d'une grande richesse. Ce sabre, comme on le verra par la suite, devint, treize années après, la cause de la perte du prince de la Moskowa.

Peu de temps après, la Suisse étant devenue le foyer des intrigues de tous les cabinets de l'Europe, Napoléon, qui était encore premier consul, y envoya le général Ney comme ministre plénipotentiaire. Tous les cantons helvétiques étaient armés : l'adresse pouvait seule faire cesser cet état d'hostilité. Ney fit occuper d'abord la ville de Zurich et la forteresse d'Augsbourg, puis, se présentant au sénat, il l'assura de la protection de la France, et intima au général Brakmann l'ordre de licencier ses troupes. La Suisse redevint tranquille, et, un traité de médiation ayant été signé en février 1805, Ney reçut une médaille des Helvétiens, en reconnaissance de la paix qu'il leur avait rendue.

Rentré en France à l'époque de l'expédition projetée contre l'Angleterre, Ney se rendit sur les côtes de la Manche, et y fut chargé du commandement du camp de Montreuil. De nombreuses légions s'y rassemblèrent, ainsi qu'à Boulogne. Ce fut à cette époque que Ney reçut de Napoléon, auquel un sénatus-consulte avait conféré le titre d'Empereur, les plus hautes dignités. Il fut fait maréchal d'empire le 19 mai 1804, et nommé

grand-aigle de la Légion d'Honneur, le 1er février
1805.

Le projet d'une descente en Angleterre échoua
par la nouvelle coalition que le cabinet de Lon-
dres parvint à former, et dans laquelle entrèrent
l'Autriche et la Russie. L'invasion des Autrichiens
en Bavière devint le signal des hostilités. Ney
quitta le camp de Montreuil, et se porta en Allemagne avec son corps d'armée. A peine arrivé, il
livra le combat d'Elchingen (1) où la victoire fut
long-temps disputée, et où périrent un grand
nombre d'officiers distingués, ainsi que l'élite de
la division Muller. Enfin les Français, réunissant
tous leurs efforts et redoublant de courage, ex-
pulsèrent l'ennemi du champ de bataille.

L'armée autrichienne ayant capitulé honteuse-
ment à Ulm, où les Français firent vingt-cinq
mille prisonniers, Ney reçut l'ordre de s'emparer
du Tyrol. Il fit son entrée à Inspruck, capitale
du pays, le 7 novembre 1805. Il se porta ensuite
en Carinthie, où il resta jusqu'à la paix de Pres-
bourg, dont le traité ne fut définitivement signé
que le 2 janvier 1806, après la bataille mémorable d'Austerlitz.

Ney quitta la Carinthie pour aller prendre position
en Souabe. Il y demeura jusqu'à l'époque où l'empereur ayant déclaré la guerre à la Prusse, le 6e
corps qu'il commandait eut ordre de se porter

(1) Ney fut fait duc d'Elchingen en mémoire de ce combat.

sur le Bas-Mein, dans les environs de Francfort.
Peu de jours après son arrivée, il se mit en marche vers le Haut-Mein, entre Bamberg et Amberg,
afin de soutenir le corps du maréchal Augereau,
qu'on supposait devoir être bientôt attaqué. Les
armées françaises et prussiennes ne tardèrent pas
à se trouver en présence dans les plaines d'Iéna.
Le 6ᵉ corps, commandé par le maréchal Ney, ne
contribua pas peu au gain de cette bataille, livrée
le 14 octobre 1806, et dans laquelle l'armée prussienne, complétement détruite, laissa au pouvoir
du vainqueur ses principaux officiers, deux cents
pièces de canon, trente drapeaux, tous ses baga-
ges et un grand nombre de prisonniers.

L'occupation entière de la Prusse, en moins de
huit jours, fut le fruit de cette victoire.

La bataille d'Eylau, livrée contre les Russes,
le 9 février 1807, et celle de Friedland, qui eut
lieu le 14 juin suivant, furent une nouvelle occasion de se signaler, pour le maréchal Ney ainsi
que pour le corps qu'il commandait. Ses nombreuses actions d'éclat lui firent donner le surnom de
brave des braves.

La paix de Tilsitt, dont le traité fut signé le 7
juillet de la même année, pacifia le Nord. Mais la
guerre venait de se déclarer en Espagne : Ney prit
une part plus ou moins active aux différentes opérations militaires qui eurent lieu avant et après la bataille de Talavera. Le corps espagnol et portugais
du général anglais Wilson fut totalement battu
dans les montagnes de Banos, par la partie du corps

d'armée commandée par le duc d'Elchingen qui rétrogradait vers Salamanque.

À la suite d'une discussion qu'il eut avec Masséna, Ney quitta l'Espagne, non toutefois sans avoir pris part à la retraite immortelle que ces deux maréchaux avaient ordonnée ensemble.

Nous voici maintenant arrivés à la malheureuse campagne de 1812!

Ce fut à Kœnisberg que l'empereur termina les préparatifs de son expédition contre la Russie, et qu'il passa en revue un grand nombre de divisions. L'armée française avait un aspect imposant et rappelait par sa composition celle de Xerxès lorsqu'elle marchait pour subjuguer la Grèce. Elle pouvait s'élever à trois cent mille hommes d'infanterie et à soixante mille chevaux. Mille pièces de canon étaient réparties dans les différens corps dont elle se composait. Le maréchal Ney commandait le troisième corps.

L'armée française se mit en mouvement du 4 au 6 juin; elle passa le Niémen dans les journées des 24 et 25, et se porta en avant à la poursuite des Russes qui se retirèrent après avoir incendié tous les magasins de vivres : elle entra à Wilna le 28.

Notre cadre ne nous permet point de suivre la grande armée dans tous ses succès ni dans tous ses revers. Qui ne connaît pas d'ailleurs la malheureuse campagne de Moscou! Nous n'en rapporterons que les faits principaux qui se rattachent au *brave des braves.*

A Liady, Smolensk et Valentina, il donna de
nouvelles preuves de valeur; mais ce fut surtout le
7 septembre, à la bataille de la Moskowa, qu'il se
couvrit d'une gloire immortelle. En récompense
des services qu'il avait rendus dans cette sanglante
journée, Napoléon le nomma prince de la Moskowa, et sur le lieu même qui venait d'être témoin
de sa rare intrépidité.

Le lendemain 8, le centre de l'armée, où se
trouvait le maréchal Ney, se porta en avant à la
poursuite de l'ennemi, et s'empara, après un glorieux combat, de la ville de Mojaïsk, que les
Russes incendièrent en se retirant.

L'armée continua sa marche, chassant devant
elle l'ennemi qui dévastait à son approche les vil-
lages, les châteaux, et généralement ce qui se
trouvait sur son passage. Jusqu'aux portes mêmes
de Moscou, tout offrait l'image de la désolation.

Les Français firent leur entrée dans cette ville le
14 à midi. Ils la quittèrent le 18 octobre suivant,
ne laissant qu'un monceau de ruines fumantes.
L'incendie avait tout dévoré, tout détruit.

L'armée effectua sa retraite; mais des bords de
la Newa jusqu'à l'Oder, ce ne fut qu'un convoi fu-
nèbre dont le froid et la faim éclaircissaient incessamment les rangs.

Elle traversa dans sa marche le champ de bataille de la Moskowa, où, cinquante-deux jours
auparavant, elle avait remporté une victoire éclatante sur les Russes. Ceux-ci la poursuivaient
aujourd'hui avec acharnement. Ce fut principale-

ment à Viazma qu'ils renouvelèrent leurs attaques, et peut-être seraient-ils parvenus à obtenir des succès si le corps du maréchal Ney, qui avait pris position pour protéger l'arrière-garde, n'avait puissamment contribué à les repousser.

A cette époque, le maréchal Ney fut chargé de relever d'arrière-garde le premier corps, et eut à remplir la mission difficile et dangereuse de soutenir la retraite de l'armée devant un ennemi nombreux, et qui combattait avec acharnement. On était au 6 novembre. Tout à coup la température, dont la douceur avait jusqu'à ce jour favorisé la retraite, change; le soleil disparaît sous d'épais nuages, le froid devient des plus intenses; la neige poussée par un vent violent couvre la terre. Cette journée et celle du lendemain détruisent le tiers de l'armée.......

Chaque jour amenait de nouveaux désastres !

Enfin, l'armée, qui ne voyait de salut pour elle que dans Smolensk, y arriva après avoir éprouvé de grandes souffrances. Mais le 15 novembre, sur l'avis qu'on reçut que les Russes cherchaient à couper la retraite, elle se mit en marche, semant la route de ses immenses débris. Après le combat de Krasnoé, livré le 18 du même mois, le quatrième corps qui précédait celui du maréchal Ney éprouva des pertes considérables, et perdit les deux dernières pièces de canon qui lui restaient. Séparé de l'armée par de nombreuses divisions russes, et au moment de passer le Nieper, Ney disparut tout à coup. Tout le monde était au désespoir et se croyait perdu ; chacun cherchait le maréchal pour savoir ce qu'il ordonnerait : mais on fut bien surpris en le trouvant assis sur la neige, et la carte à la main, examinant la direction qui lui serait la plus favorable. Ce calme du chef dans le plus grand danger fortifia le courage du soldat. Lorsque le maréchal eut rejoint l'armée française à Orcha, Napoléon courut au-devant de lui ; il l'embrassa, et lui dit « qu'il ne regrettait nullement ses troupes, puisqu'il avait conservé son cher cousin, l'audacieux duc d'Elchingen. »

Le 28, l'armée française commença à effectuer le passage de la Bérésina. Nous ne rappellerons point ici tous les malheurs de cette fatale journée, ni de celles qui la suivirent. Pendant que des milliers de soldats périssaient victimes de leur empressement à vouloir gagner l'autre rive, les Russes attaquaient le duc de Reggio sur la droite de cette rivière, et le duc de Bellune sur la gauche. Tout ce qui était armé avait été réuni, et combattait avec une ardeur sans égale. Lorsque Oudinot fut blessé, le maréchal Ney le remplaça aussitôt, et prit le commandement de son corps.

Ney trouva encore dans cette occasion le moyen de ranimer le courage du soldat par la rare intrépidité et le sang-froid qu'il déploya. Enfin, après des marches forcées et des périls sans nombre, il arriva à Wilna. L'armée quitta bientôt cette ville dans le plus grand désordre, laissant au pouvoir des Russes une foule de généraux, d'officiers supérieurs et autres, ainsi que vingt-un mille sol-

dats qui, accablés par les privations et par les fatigues, n'eurent pas la force de faire encore quelques lieues pour assurer leur salut.

« Il traverse (dit M. de Ségur, en parlant du
maréchal Ney) Kowno et le Niémen, toujours
combattant, reculant et ne fuyant pas, marchant
toujours après les autres, et, pour la centième fois
depuis quarante jours et quarante nuits, sacrifiant
sa vie et sa liberté pour sauver quelques Français
de plus. Il sort enfin le dernier de cette fatale Russie, montrant au monde l'impuissance de la fortune contre les grands courages, et que, pour le
héros, tout tourne en gloire, même les plus grands
désastres. »

Après avoir passé le Niémen, et ensuite la Vis-
tule, l'armée française, toujours harcelée par les
Russes, prit enfin position derrière l'Oder et
l'Elbe. Là, les généraux s'occupèrent de sa réor-
ganisation, et, au mois d'avril 1813, s'ouvrit une
nouvelle campagne, celle de Saxe.

Les armées belligérantes se trouvèrent en présence le 2 mai.

La bataille de Bautzen suivit de près celle de
Lutzen. Dans l'une comme dans l'autre, le maréchal Ney fit des prodiges de valeur. Bientôt après
fut conclu l'armistice qui mit, pendant sept se-
maines, un terme aux calamités de la guerre.

A la suite des négociations infructueuses enta-
mées à Prague, l'Autriche se déclara en faveur de
la coalition russe et prussienne, et l'armistice fut
dénoncé le 10 août. En conséquence, les deux ar-

mées se préparèrent au combat et se mirent en mouvement. On comptait dans les rangs des alliés trente mille Suédois, que Bernadotte, oubliant son pays et la reconnaissance qu'il devait à l'empereur, avait amenés lui-même.

Divers combats partiels eurent lieu, ils préludèrent à une bataille générale. Les résultats de celle qui porte le nom de Demewitz furent considérables. Le maréchal Ney perdit dix mille prisonniers, quatre-vingts pièces de canon, et plus de quatre cents caissons. Il fut forcé de se retirer précipitamment sur Torgau, et de mettre l'Elbe entre son armée et celle de Bernadotte qui le poursuivait sans relâche.

A la suite des succès obtenus par le prince-royal de Suède, et par les autres généraux commandant les autres armées alliées, les corps français furent presque tous obligés d'abandonner la rive droite de l'Elbe et de prendre des positions dont Dresde était le point central. Dès le 16 septembre, les hôpitaux militaires de cette ville furent évacués sur Leipsick et sur Mersebourg. Dans les premiers jours d'octobre, l'armée française exécuta sa retraite sur la première de ces deux villes.

Le 19, Leipsick fut emporté par les alliés, après une vive résistance. On tua, on fit prisonnier tout ce qui était chargé de sa défense.

Telle fut la fin de cette sanglante et mémorable bataille, pendant laquelle près de cinq cent mille hommes combattirent durant plusieurs jours sur un terrain de trois lieues carrées.

Nous ne nous étendrons pas davantage sur de pareils désastres qui rappellent ceux de Moscou, et par suite desquels nous perdîmes ce que nous avions reconquis. Des trahisons sans nombre, des défections imprévues vinrent mettre le comble aux malheurs de la patrie. .   •

Ce fut dans le courant de janvier 1814, sur le sol de la France, que l'empereur, ayant réorganisé et réuni ses forces, presque entièrement composées de nouvelles recrues, put opposer à l'étranger une résistance vigoureuse et opiniâtre. Le maréchal Ney commanda un des corps de son armée; il fit cette campagne sous ses ordres. Le 24 de ce mois, un combat sanglant fut livré à Bar-sur-Aube, et le 31, à la bataille de Brienne, le maréchal Ney, à la tête de six bataillons, enfonça le centre de l'armée ennemie : on dut à son courage et à son sang-froid l'heureux résultat de ce combat meurtrier.

Bientôt de nouveaux combats se livrent sur presque tous les points occupés par l'armée des alliés. Le maréchal Ney prend une part active à la plupart d'entre eux. Troyes, Champ-Aubert, Soissons, Montereau, la Ferté, Craon, Laon, Arcis-sur-Aube, sont témoins de son courage et de la valeur française; mais tant d'efforts héroïques deviennent inutiles : il faut céder au nombre et à la trahison. Après un combat sanglant livré sur les hauteurs de Belleville, l'ennemi fait son entrée dans Paris le 31 mars, et l'empereur se retire à marches forcées sur Fontainebleau, où les différens corps de son armée arrivent dans les premiers jours du mois d'avril.

Le sénat prononce la déchéance de Napoléon.

Cependant l'empereur se détermine à lier des négociations avec Alexandre, afin de défendre ses intérêts ou au moins ceux de sa dynastie. Le maréchal est un des commissaires chargés de cette grande mission. Tous les efforts des commissaires ayant été inutiles, ils retournent à Fontainebleau, où le maréchal Ney se charge de signifier à Napoléon sa déchéance.

Voici ce que rapporte à ce sujet un des auteurs de la campagne de 1814.

« On assure, dit de Beauchamp, que ce fut le maréchal Ney qui, le premier, prononça à haute voix le mot d'*abdication*. Napoléon feignit de ne pas entendre, et il continua de passer la revue des troupes. Alors le maréchal monte au palais sur ses pas, et le suit jusque dans son appartement. Là, il lui demande s'il a connaissance de la grande révolution qui vient de s'opérer dans la capitale. Napoléon répond de l'air le plus calme dont il peut se parer, qu'il ne sait absolument rien. Le maréchal Ney, en lui remettant les journaux de Paris, lui dit : « Vous n'êtes plus empereur : voici l'acte de votre déchéance. Nous ne vous répondons plus de l'obéissance des troupes dont nous ne sommes plus les maîtres. » L'empereur paraît surpris. Le maréchal lui déclare nettement que son abdication seule peut sauver la France. Il s'engage aussitôt entre eux une longue discussion. Dans l'in-

tervalle survient le maréchal Lefèvre qui, s'adressant à Napoléon, lui dit avec un air très-animé :
« Vous êtes perdu, vous n'avez pas voulu écouter
les conseils d'un de vos serviteurs : le sénat a prononcé votre déchéance.

« Ces paroles et ce concert entre les généraux,
firent sur les esprits une impression telle, que
cet homme, accoutumé jusqu'alors à se regarder
comme au-dessus de toutes les lois, se voyant
soumis à celles de la nécessité, se mit à verser un
torrent de larmes (1). »

Napoléon, cependant, consentit à souscrire
l'acte d'abdication en faveur du roi de Rome.
Ney, Macdonald et Caulincourt se chargèrent de
porter à Paris cet acte important et de stipuler ses
intérêts et ceux de sa dynastie auprès de l'empereur de Russie.

Ce souverain les reçut dans la nuit du 5 avril et les
traita avec distinction. Ils firent tous leurs efforts
pour le décider en faveur de la régence. Alexandre
n'était pas éloigné d'adopter ce parti ; mais avant de
se prononcer, il voulut en conférer avec les membres
du gouvernement provisoire. Il les manda sur-le-
champ près de lui, et discuta avec eux les considérations qui avaient été mises en avant par les chargés
de pouvoirs de l'empereur déchu. On débattit dans
cette conférence les hauts intérêts de l'Europe et de

---

(1) L'historien, mal instruit de la campagne de 1812, a-t-il
été bien informé dans cette circonstance ?

la France. Le prince de Talleyrand fit voir tous les inconvéniens d'une régence, le peu de stabilité qu'elle offrait, la certitude qu'on pouvait avoir que Napoléon conserverait toujours son influence à l'aide de ce gouvernement, et la facilité qu'il aurait même à en reprendre les rênes. Puis, détruisant toutes les objections qu'on opposait au rétablissement des Bourbons, il réussit, secondé par ses collègues, à convaincre l'empereur Alexandre que *proclamer la légitimité des trônes*, c'était l'unique moyen d'assurer la tranquillité de l'Europe. Introduits de nouveau à deux heures du matin, le prince de la Moskowa, le duc de Tarente et le duc de Vicence apprirent de la bouche même de l'autocrate que la cause de leur maître était à jamais perdue.

De retour à Fontainebleau, les ambassadeurs de Napoléon furent aussitôt introduits auprès de lui. Le maréchal Ney étant entré le premier : « Avez-vous réussi? dit Napoléon en l'apercevant. — En partie, sire : votre vie et votre liberté sont garanties, mais la régence n'est pas admise. Il était trop tard : le sénat reconnaîtra demain les Bourbons. — Où me retirerai-je? — Où voudra votre majesté : à l'île d'Elbe, par exemple, avec six millions de revenu. » Napoléon choisit cette retraite, et tous les arrangemens étant terminés, il partit le 20 avril pour son lieu d'exil.

Le maréchal Ney ne tarda point à faire sa soumission au gouvernement provisoire. Il écrivit en ces termes au prince de Bénévent.

« MONSEIGNEUR,

« Je me suis rendu hier à Paris avec monsieur
le duc de Tarente et monsieur le duc Vicence,
comme chargés de pleins pouvoirs pour défendre
près de S. M. l'empereur Alexandre les intérêts
de la dynastie de l'empereur Napoléon. Un événement imprévu ayant tout-à-coup arrêté les négociations, qui cependant semblaient promettre
les plus heureux résultats, je vis dès-lors que, pour
éviter à notre chère patrie les maux affreux d'une
guerre civile, il ne restait plus aux Français qu'à
embrasser entièrement la cause de nos anciens
rois; et c'est pénétré de ce sentiment, que je me
suis rendu ce soir auprès de l'empereur Napoléon
pour lui manifester le vœu de la nation.

« L'empereur, convaincu de la position critique
où il a placé la France, et de l'impossibilité où il
se trouve de la sauver lui-même, a paru se résigner et consentir à l'abdication entière et sans aucune restriction : c'est demain matin que j'espère
qu'il m'en remettra lui-même l'acte formel et authentique. Aussitôt après, j'aurai l'honneur d'aller
voir votre altesse sérénissime.

« Je suis, etc.

« *Le maréchal* NEY. »

Cependant le comte d'Artois avait fait son entrée
dans Paris le 12 avril. Un groupe de maréchaux
était allé au-devant de lui, et le maréchal Ney, au

nom de ses frères d'armes, lui avait adressé ces mots : « Monseigneur, nous avons servi avec zèle un gouvernement qui nous commandait au nom de la France : votre altesse royale et sa majesté verront avec quelle fidélité et quel dévouement nous saurons servir *notre roi légitime.* »

Sous le gouvernement de Louis XVIII, le maréchal Ney obtint la considération que son courage, ses services distingués et sa haute réputation militaire lui avaient méritée. Aussi le roi s'empressa-t-il d'ajouter de nouvelles distinctions à celles dont il était déjà revêtu. Par ordonnance du 20 mai, il fut nommé commandant en chef du corps royal des cuirassiers, des dragons, des chasseurs et des chevau-légers lanciers de France, puis chevalier de Saint-Louis, le 1er juin, et pair de France, le 4 du même mois.

L'histoire du maréchal Ney n'offre aucun trait remarquable pendant le laps de temps qui s'écoula depuis l'abdication de Napoléon jusqu'à son retour de l'île d'Elbe. Aimant le calme et la simplicité, voulant d'ailleurs se remettre des fatigues de la guerre, il partit pour sa terre de Coudreaux, près Châteaudun, où il se livra entièrement à son goût pour la solitude. Il y resta jusqu'au 6 mars 1815, époque à laquelle le maréchal Soult, alors ministre de la guerre, lui envoya l'ordre de se rendre sans délai dans la sixième division militaire, dont il avait été nommé gouverneur. Le soir même, il quitta Coudreaux et passa par Paris, afin de recueillir des renseignemens sur l'objet de cette mission, n'ayant reçu aucune explication à ce sujet de l'aide-de-camp qui lui avait transmis les ordres du ministre de la guerre.

Il arrive à Paris le 7, passe chez M. Batardi, son notaire, qui lui annonce que Napoléon vient de débarquer à Cannes. Alors il s'écrie : « Voilà un bien grand malheur! que va-t-on faire? que pourra-t-on envoyer contre cet homme?» Il se rend ensuite chez le ministre de la guerre et demande ses instructions : c'est à Besançon qu'il doit les trouver. Avant de se rendre à son poste, il se présente devant Louis XVIII et lui fait de nouvelles protestations de dévouement et de fidélité : nul doute qu'il ne fût sincère.

Le maréchal Ney s'empressa de partir pour le chef-lieu de son gouvernement, où un corps de douze mille hommes devait se diriger pour agir contre Napoléon. Arrivé le 10 à Besançon, il y reçut les instructions du ministre de la guerre, et l'avis que le comte d'Artois avait fait son entrée à Lyon, et qu'il avait pris le commandement des troupes réunies sur ce point.

Le maréchal écrivit le même jour au prince pour l'avertir « que le peu de troupes qu'il avait à Besançon ne lui paraissant pas y nécessiter sa présence, il suppliait S. A. R. de l'employer près d'elle, et à l'avant-garde, désirant, dans cette circonstance comme dans toutes celles qui pourraient intéresser le service du roi, lui donner des preuves de son zèle et de sa fidélité.

« Nous sommes ici, ajoutait-il, sans nouvelles

sur les entreprises de Bonaparte. Je pense que c'est
le dernier acte de sa fin tragique. Je serai bien reconnaissant de ce que V. A. R. voudra bien m'apprendre, et surtout si elle daigne m'utiliser. »

Le maréchal Ney exprima les mêmes sentimens
dans une lettre qu'il adressa le même jour au ministre de la guerre.

Il attendait de nouveaux ordres, lorsque le lendemain le duc de Maillé vint lui annoncer que la
garnison de Grenoble s'était insurgée et avait passé
du côté de Napoléon, que l'occupation de Lyon
était inévitable, enfin que le projet du comte d'Artois était de se retirer sur Roanne.

Dans cet état de choses, le maréchal Ney prit le
parti d'aller établir son quartier-général à Lons-le-
Saulnier ; et en ce moment encore, il était si bien
dévoué au roi, que, dans une autre lettre adressée
au ministre de la guerre, il s'exprimait en ces
termes : « Je ferai occuper Mâcon et Bourg, et,
si je trouve l'occasion favorable, je n'hésiterai pas
à attaquer l'ennemi. Je me tiendrai en communication avec S. A. R. Monsieur, à Roanne,
et agirai de concert pour le bien du service du
roi. »

Arrivé à Besançon, dans la nuit du 11 au 12
mars, le maréchal Ney parut prendre toutes les
dispositions nécessaires pour arrêter la marche rapide de Napoléon sur Paris. Déjà, sur la route, il
avait rassuré les fonctionnaires publics qui témoi-
gnaient tous beaucoup d'inquiétude. Les expressions qu'il employait à cet égard ne peuvent

faire soupçonner en aucune manière qu'il manquât
de dévouement à Louis XVIII. En parlant des
soldats qui se mutinaient et criaient *vive l'empereur :* « Il faudra bien , dit-il qu'ils se battent ; je
prendrai moi-même un fusil de la main d'un grenadier ; j'engagerai l'action et je passerai mon sabre
au travers du corps du premier qui refusera de me
suivre. »

Nous le demandons : sont-ce là les paroles d'un
traître ?

Les talens militaires du maréchal Ney , ses nouvelles protestations de zèle et de fidélité au roi
avaient fait naître la confiance, et promettaient
d'heureux résultats , lorsque, dans la nuit du 13
au 14 , des émissaires de Napoléon furent introduits auprès de lui et lui persuadèrent que le
retour de Napoléon s'opérait de concert avec l'Angleterre et l'Autriche, et qu'ainsi toute résistance
de sa part deviendrait inutile , puisque les soldats
étaient déjà gagnés ; que ce serait d'ailleurs allumer
la guerre civile et se rendre responsable de tout le
sang qui serait versé.

On ignore quelle fut la réponse du maréchal à
de telles insinuations : on aime à croire qu'il ne se
lia point par un pacte secret avec ces émissaires ;
mais on ne peut s'empêcher de dire qu'il fut au
moins coupable d'imprudence de n'avoir pas ordonné leur arrestation.

Cependant l'armée de Napoléon s'avançait,
grossie de tous les soldats qu'on envoyait pour le
combattre. Le maréchal Ney , tourmenté par l'in-

certitude, ne savait à quel parti s'arrêter, et restait inactif. Le baron Capelle vint le prévenir de ce qui se passait autour de lui : « Au surplus, répondit le maréchal, je ne puis pas arrêter l'eau de la mer avec ma main. » Puis, mandant auprès de lui les généraux Bourmont et Lecourbe, il leur fit part de la visite des émissaires de Napoléon ; il leur communiqua la proclamation qu'ils lui avaient laissée, et leur manifesta l'intention de la publier.

En effet, le lendemain elle fut lue sur le milieu de la place publique par le maréchal Ney devant les troupes de son corps d'armée, rassemblées à cet effet par Bourmont et d'après les ordres du maréchal.

Voici en quels termes était conçue cette proclamation.

ORDRE DU JOUR.

« Le maréchal, prince de la Moskowa, aux troupes de son gouvernement.

« Officiers, sous-officiers et soldats!

« La 'cause des Bourbons est à jamais perdue ! La dynastie légitime que la nation française a adoptée va remonter sur le trône : c'est à l'empereur Napoléon, notre souverain, qu'il appartient seul de régner sur ce beau pays! Que la noblesse des Bourbons prenne le parti de s'expatrier encore ou qu'elle consente à vivre au milieu de nous, que nous importe! La cause sacrée de la liberté et de notre indépendance ne souffrira plus de leur influence. Ils ont voulu avilir notre gloire militaire, mais ils se sont trompés : cette gloire est le fruit de trop nobles travaux, pour que nous puissions jamais en perdre le souvenir.

« Soldats, les temps ne sont plus où l'on gouvernait les peuples en étouffant tous leurs droits : la liberté triomphe enfin, et Napoléon, notre auguste empereur, va l'affermir pour jamais. Que désormais cette cause si belle soit la nôtre et celle de tous les Français ! Que tous les braves que j'ai l'honneur de commander se pénètrent de cette grande vérité.

«Soldats, je vous ai souvent menés à la victoire; maintenant je veux vous conduire à cette phalange immortelle que l'empereur Napoléon conduit à Paris, et qui y sera sous peu de jours; et là notre espérance et notre bonheur seront à jamais réalisés.

« *Vive l'Empereur !*

« Lons-le-Saulnier, le 14 mars 1815.

« *Le maréchal de l'empire,*

« Prince de la Moskowa. »

Cette proclamation amena une défection subite; mais l'esprit se refuse à croire qu'elle soit l'ouvrage du même homme qui, dans les premiers jours du mois de mars, avait donné au roi l'assurance d'un dévouement sans bornes. Quoi qu'il en soit, il est constant que c'est au moins à lui qu'on en doit la

publication, et, dans son procès, cette tache a
fait peser sur lui le reproche d'avoir tenu une conduite indigne d'un guerrier que de nombreux
combats et d'anciens services avaient à jamais
rendu célèbre.

Le 20 mars a lui. Pour la seconde fois les Bourbons se sont réfugiés en pays étranger ; et le maréchal, qui a suivi le torrent, mais qui ne l'a pas
dirigé, écrit la lettre suivante à Napoléon, le
lendemain du jour où il est monté sur le trône de
France.

« Je ne suis pas venu vous joindre par considération ni par attachement pour votre personne :
vous avez été le tyran de ma patrie; vous avez porté
le deuil dans toutes les familles et le désespoir dans
plusieurs; vous avez troublé la paix du monde entier.
Jurez-moi, puisque le sort vous ramène, que vous
ne vous occuperez plus à l'avenir qu'à réparer les
maux que vous avez causés à la France; jurez-moi
que vous ferez le bonheur du peuple. Je vous somme
de ne plus prendre les armes que pour maintenir
nos limites, de ne plus les dépasser pour aller tenter
au loin d'inutiles conquêtes. A ces conditions, je me
rends, pour préserver mon pays des déchiremens
dont il est menacé. »

Certes, si cette lettre est vraie, comme on le
prétend, quoique l'indécision du caractère du maréchal puisse autoriser quelque doute, ce n'est pas
celle d'un traître qui aurait concerté long-temps à

l'avance avec les ennemis des Bourbons le retour de l'empereur.

Cette lettre dut étonner et étonna Napoléon, et lorsqu'il aperçut le maréchal à l'époque du Champ-de-Mai, il lui dit : Je croyais que vous aviez émigré. — J'aurais dû le faire plus tôt, répondit Ney : il est trop tard maintenant. »

A Waterloo, comme dans toutes les occasions, le maréchal Ney, qui avait été chargé du commandement de l'aile gauche de l'armée française, fit admirer son sang-froid et son intrépidité; mais tant de courageux efforts furent sans succès. Trahie et saisie d'une peur panique, l'armée se retira dans le plus grand désordre sous les murs de Paris, où le maréchal Ney se rendit aussi (1). Dans une des séances de la Chambre des pairs, où de fausses nouvelles avaient été répandues sur la véritable situation de la France, il éleva la voix et dit: « La nouvelle que vient de vous donner le ministre de l'intérieur est fausse, fausse sur tous les points. J'ai vu le désordre. D'après le résultat des désastreuses journées du 16 et du 18, on ose nous dire que l'on a achevé de battre l'ennemi le 18, qu'il nous reste encore aujourd'hui sur les frontières soixante mille hommes. Le fait est faux. C'est tout

_____

(1) On l'a accusé, peut être justement, d'avoir manqué, pendant cette courte campagne, de ce tact, de ce coup d'œil, de ce zèle complet dont il avait si souvent fait preuve avant 1814.

au plus si le maréchal Grouchy a pu rallier vingt ou vingt-cinq mille hommes, et l'on a été battu trop à plat pour qu'ils soient en état de résister à l'ennemi. Tous les généraux qui sont ici, et qui commandaient avec moi, peuvent l'attester. Au surplus, il suffit d'être un peu homme de guerre pour apercevoir que le rapport que vient de vous lire le ministre de l'intérieur se contredit sur tous les points. Il est certain que le maréchal Grouchy a été battu aussi bien que nous. Si sa division eût été intacte, il eût pu couvrir la retraite de l'armée, il eût pu aider à en rallier les débris, et elle serait restée sur la frontière, au lieu de se diriger sur Paris....

« Ce que le ministre de l'intérieur a lu concernant la position du duc de Dalmatie est absolument faux. Il n'a pas été possible de rallier un seul homme de la garde.

« Voilà notre véritable position : l'ennemi est à Nivelle avec quatre-vingt mille hommes. Quand on nous dit que l'armée prussienne est détruite, cela n'est pas vrai; la plus grande partie de cette armée ne s'est pas battue : dans six ou sept jours, l'ennemi peut être dans le sein de la capitale. Il n'y a plus d'autre moyen pour le salut public que de faire des propositions à l'ennemi.... Il faut rappeler les Bourbons, et moi je vais prendre le chemin des États-Unis. »

Un tel discours était bien fait pour exciter les craintes de la France et les murmures des ministres : aussi le maréchal Ney devint-il l'objet des vio-

lentes récriminations de ces derniers. Voici sa réponse : « Eh! messieurs, je ne suis pas du nombre
de ceux qui mettent leurs intérêts partout et avant
tout. Que gagnerai-je à tout cela? Si Louis XVIII
revient, il me fera fusiller : mais j'ai dû parler en
faveur de mon pays. »

Cet excès de franchise n'était point fait pour calmer les esprits : aussi devint-il l'objet des clameurs
d'un parti qui était encore dépositaire de la toute-
puissance. Dans cette position, il crut qu'il y allait
de son honneur d'exposer solennellement quelle
avait été sa conduite dans la campagne dernière. Il
adressa en conséquence une lettre au président du
gouvernement provisoire; mais malgré les explications qu'il venait de donner, il n'obtint aucun commandement dans l'armée que l'on organisait en
toute hâte devant Paris : il avait perdu la confiance de tous. Cette armée, que le maréchal avait
prétendu être dispersée et détruite, prit cependant
diverses positions dans l'intention de défendre la capitale. Après plusieurs combats, où le sang français
coula inutilement, elle se retira au-delà de la Loire.

Une capitulation, signée le 3 juillet, livra Paris
aux alliés.

L'article 13 de cette capitulation portait : « Seront respectées les personnes et les propriétés particulières. Les habitans, et en général tous les individus qui se trouvent dans la capitale, continueront
à jouir de leurs droits et libertés, sans pouvoir
être inquiétés ni recherchés en rien, relativement
aux fonctions qu'ils occupent ou auront occupées,

à *leur conduite* ou à leurs opinions politiques. »

Plus tard, le maréchal Ney voulut faire usage de cet article pour sa défense : il l'invoqua vainement. Ayant appris le prochain retour du roi, il quitta Paris et se dirigea vers la Suisse, muni d'un passeport que le prince d'Eckmuhl, alors ministre de la guerre, lui avait fait délivrer sous le nom de *Reiset*, major d'un régiment de hussards. Arrivé à Lyon, il fut informé par le commissaire-général de police, qui avait été prévenu de son passage, que les routes de la Suisse étaient gardées par les Autrichiens, et qu'il serait dangereux de suivre cette direction. Le maréchal Ney se détermina alors à aller à Saint-Albain. Il y resta jusqu'au 25 juillet, jour où il eut connaissance, par un homme de confiance que lui envoya sa femme, de l'ordonnance du 24, du même mois, qui, en désignant le maréchal comme l'un des plus coupables, accusait dix-neuf guerriers, tant maréchaux qu'officiers supérieurs, d'avoir trahi le roi avant le 23 mars, d'avoir attaqué la France et le gouvernement, etc. Cette ordonnance les traduisait tous devant un conseil de guerre.

Le maréchal partit aussitôt pour le château de Bessonis, près d'Aurillac, appartenant à une cousine de la maréchale, et situé au milieu du triangle que forment les villes de Figeac, de Saint-Céré et de Maurs. Il y arriva dans le plus grand secret, le 31 suivant, sous le nom de M. d'Escaffre, ancienne maison d'Auvergne. Pendant quelque temps il vécut assez tranquille dans cette retraite ignorée, mais le malheur voulut qu'un jour il laissât sur le canapé d'un salon le sabre égyptien dont l'empereur lui avait fait présent lors de son mariage. Une personne du château fut frappée de la richesse de cette arme, et le lendemain elle en parla dans une maison à Aurillac. Quelqu'un qui l'entendit assura que ce sabre ne pouvait appartenir qu'à Murat ou au maréchal Ney... Effectivement, il n'en existait qu'un semblable en France, qui avait appartenu au roi de Naples.

Ce propos parvint jusqu'à l'autorité locale. M. Locard, préfet du Cantal, prit des informations, par suite desquelles il envoya quatorze gendarmes pour s'emparer du maréchal.

Ney fut arrêté le 3 août, à deux heures du matin, et conduit à Aurillac : il y resta quelques jours. Le 19 du même mois, il arriva à Paris, sous l'escorte de deux officiers de gendarmerie qui voyageaient dans la même voiture que lui. A Saint-Sauveur et à Clermont-Ferrand, on lui offrit de le délivrer : il refusa. Rejoint à quelques lieues de Paris par la maréchale, il ne put maîtriser son émotion ; des larmes coulèrent de ses yeux, et on l'entendit prononcer ces mots : *Je manque de courage quand il s'agit de ma femme et de mes enfans.*

Pendant toute la route, un personnage invisible faisait disposer les relais, et préparer tout ce qui pouvait être nécessaire pour que son arrivée à Paris n'éprouvât aucun retard(1). Il fut d'abord con-

(1) Ce personnage, a-t-on prétendu, était un homme dé-

duit à la préfecture de police, et ensuite à la Conciergerie. Sa contenance était calme, et tout son maintien, celui d'un homme qui ne brave ni ne craint les dangers de sa situation.

La chambre dans laquelle il avait été déposé était située au fond de la prison : un gendarme y couchait à côté de lui. On avait pratiqué à la porte un guichet qui laissait voir dans l'intérieur.

On avait permis au maréchal de se promener sur le préau deux heures par jour. C'est là qu'étant de service, comme officier de la garde nationale, au Palais-de-Justice, l'un de nous l'a vu, d'une des croisées de la 3e chambre, et par un froid très-vif, parcourir le préau en fumant des cigares. Il était revêtu d'une longue redingote bleue, et coiffé d'un chapeau rond. Deux gendarmes, l'arme au bras, se promenaient sous les galeries du préau, et ne le perdaient pas de vue un seul instant.

Il se levait matin, recevait des visites, et paraissait n'avoir conservé aucune des infirmités qu'entraîne ordinairement après elle la vie des camps.

Il subit plusieurs interrogatoires devant le préfet de police; et, quoiqu'il refusât de reconnaître

voué au préfet de police Decazes. C'est ce préfet, aujourd'hui pair de France, et commissaire pour l'instruction des événemens d'avril, qui interrogea le maréchal à son arrivée à Paris, et qui apporta dans cet interrogatoire, dit-on, toutes les mauvaises dispositions du renégat.

la qualité de ce magistrat, il consentit néanmoins à lui répondre.

Au nombre des griefs reprochés au maréchal, était celui d'avoir touché, au moment de son départ pour Besançon, une somme de 500,000 fr. que le ministre de la guerre, auquel il avait confié l'embarras de sa fortune, lui avait fait compter sur un ordre du roi. Ney répondit à ce reproche, que le ministre lui avait seulement délivré sur le payeur de Besançon un bon de 15,000 f. à valoir sur 45,000 f. qui lui étaient dus pour son traitement arriéré. Passant ensuite aux promesses qu'il avait faites à Louis XVIII, il ajouta : « J'ai dit au roi que la démarche de Bonaparte était insensée , et qu'il méritait, s'il était pris, d'être conduit à Paris dans une cage de fer.... « Je ne me rappelle pas bien , continua-t-il, ce que j'ai dit ; je sais que j'ai prononcé ces mots , *cage de fer*. Il y avait en ce moment plusieurs personnes auprès du roi, entre autres M. le prince de Poix, le duc de Grammont, le prince de Neufchâtel. On a répandu dans le public que j'avais baisé la main du roi, cela est faux. Je n'avais pas besoin de lui faire des protestations de fidélité, car mon intention était de le bien servir; et je l'aurais fait, si j'avais vu que cela fût possible. » Puis, après avoir donné quelques détails sur les dispositions qu'il avait prises contre Napoléon, il protesta que, jusqu'au 13 mars, il avait été entièrement dévoué au roi, mais il avoua qu'à deux heures de la nuit, il avait reçu la proclamation qu'il avait signée et publiée.

Il ajouta : « Cette proclamation me fut envoyée toute faite par Bonaparte , et apportée par un agent particulier et un officier de la garde. Avant de la lire aux troupes, je la communiquai aux généraux de Bourmont et Lecourbe, et les consultai sur ce que je devais faire. De Bourmont me répondit qu'il fallait se joindre à Bonaparte , que les Bourbons avaient fait trop de sottises, et qu'il fallait les abandonner. C'était le quatorze , à midi ou une heure, que je fis cette lecture sur l'esplanade de Lons-le-Saulnier , mais la proclamation était déjà connue. Des agens, venus du quartier-général de Bonaparte, l'avaient répandue dans la ville : je crois même qu'ils avaient aussi apporté des aigles. »

Le maréchal Ney persista toujours à dire qu'il n'avait point écrit à Napoléon, et qu'il n'y avait dépêché personne avant le 15 mars; mais il avoua qu'à partir de ce moment il avait franchi la ligne de ses devoirs. « Ce qui a causé ma détermination , dit-il, c'est la crainte de la guerre civile ; et puis les agens de Bonaparte m'avaient donné l'assurance que les puissances alliées étaient d'accord avec lui, que le général autrichien Kohler était allé le trouver à l'île d'Elbe, et lui dire, de leur part, que les Bourbons ne pouvaient plus régner, que le roi de Rome et Marie-Louise resteraient en otage à Vienne, jusqu'à ce qu'il eût donné une constitution libérale à la France. Toutes ces choses m'ont été répétées par Napoléon lui-même, lorsque je l'ai vu à Auxerre. »

Dans les divers interrogatoires que subit le maréchal, on s'attacha à savoir s'il y avait eu préméditation de sa part, et si son plan n'était pas déjà
arrêté lorsqu'il prit congé de Louis XVIII.

Il suffit de se rappeler les nobles antécédens du
prince de la Moskowa, pour être convaincu
qu'avant le 14 mars, il n'avait pas conçu la pensée
de trahir le roi.

« Il est certain que Ney quitta Paris, tout au
roi, qu'il n'a tourné qu'en voyant tout perdu : si
alors il s'est montré ardent en sens contraire, c'est
qu'il sentait qu'il avait beaucoup à se faire par-
donner. Après son fameux ordre du jour (proclamation de Lons-le-Saulnier), il écrivit à l'empereur que ce qu'il venait de faire était dans
l'intérêt de la patrie, que, ne devant pas le trouver
agréable, il le priait de trouver bon qu'il se
retirât (1). »

Par suite des réponses du maréchal Ney, le ministère public borna toute l'accusation dirigée
contre lui à un seul point : la lecture qu'il avait
faite à Lons-le-Saulnier de la proclamation du 14
mars, et par suite de laquelle les troupes sous ses
ordres avaient passé sous les drapeaux de Bonaparte. La police s'étant dessaisie de cette affaire,
un conseil de guerre fut institué par une ordonnance royale, pour achever les informations, et
prononcer sur le sort de l'accusé.

---

(1) *Mémorial de Sainte-Hélène.*

Désigné par le ministre de la guerre pour faire partie de ce tribunal militaire, le maréchal Moncey avait refusé cette mission ; mais les motifs de récusation qu'il allégua n'ayant point été admis par le gouvernement, il fut déchu de ses dignités et condamné à trois mois d'arrêts au château de Ham.

Lorsque le conseil de guerre fut formé, le maréchal Ney, après avoir subi de nouveaux interrogatoires, déclina de la manière suivante la compétence de ce tribunal :

« Je déclare, par ces présentes, décliner la compétence de tout conseil de guerre, pour être jugé en conformité de l'ordonnance du roi du 24 juillet dernier. Cependant, par déférence pour messieurs les maréchaux de France et lieutenans-généraux qui composent le conseil de guerre, je suis prêt à répondre aux questions qu'il plaira à M. le maréchal-de-camp comte Grundler, rapporteur, de m'adresser.

« A la Conciergerie, le 14 septembre 1815.

« *Le maréchal, prince de la Moskowa,*
« Signé, Ney.

La première séance du conseil de guerre fut fixée au 9 du mois de novembre suivant : la salle où se tient la Cour d'assises, au Palais-de-Justice, fut choisie pour cette solennité.

Le maréchal Masséna voulut aussi se récuser : il motivait sa demande sur les discussions qui s'étaient élevées, lors de la retraite du Portugal, entre le prince de la Moskowa et lui. On ne voulut point admettre un semblable motif.

A onze heures, le conseil entre en séance. Il est composé des maréchaux de France Jourdan, président; Masséna, prince d'Esling ; Augereau, duc de Castiglione ; Mortier, duc de Trévise ; des lieutenans-généraux comte Gazan (nommé à la place du comte Maison, comme plus ancien lieutenant-général); Claparède et le comte Villatte; du maréchal-de-camp comte Grundler, rapporteur; de M. Joinville, ordonnateur en chef, remplissant les fonctions de procureur du roi, et de M. Boudin, greffier.

Dans la salle on remarque plusieurs personnages de distinction, parmi lesquels se trouvent lord Castelreagh, et le prince de Metternich, en habit bourgeois.

Le président donne lecture d'une lettre du ministre de la guerre, qui ordonne la convocation d'un conseil de guerre pour juger le maréchal Ney, compris dans l'ordonnance du 24 juillet, et qui indique les membres qui devront le composer, et le lieu où il devra tenir ses séances.

Le rapporteur a ensuite la parole pour la lecture des pièces de l'instruction qui a été faite, et de celles qui ont été annexées au procès.

Ces dernières sont :

1°. Les ordres donnés par le ministre de la guerre au maréchal Ney, le 9 mars et les jours suivans, sur les dispositions à prendre pour déjouer les plans de Napoléon, lesquels ordres lui apprenaient qu'il recevrait à Besançon, de Metz et de Strasbourg, l'artillerie qui lui était nécessaire.

2°. Six lettres écrites par le maréchal, les 10, 11, 12 et 13 mars, au ministre de la guerre, pour lui rendre compte de ce qu'il savait de l'entreprise de Napoléon ; des dispositions qu'il prenait pour le repousser ; des troupes qu'il avait sous ses ordres, et qui consistaient en huit régimens, présentant un effectif de 1600 chevaux et de 4,000 hommes ; de la nouvelle qu'il avait reçue de la défection des troupes qui s'étaient trouvées en présence de l'ennemi, dans lesquelles lettres aussi le maréchal disait qu'il fallait réunir le plus de forces possibles, et les engager dans un combat ; que tout dépendait du premier coup de canon ; qu'en se retirant, on fournirait à Napoléon l'occasion de grossir son parti.

3°. Deux lettres du 16 mars, écrites par le ministre de la guerre au maréchal, mais qui ne lui sont pas parvenues, dans lesquelles le ministre exprimait au maréchal que S. M. approuvait les dispositions qu'il avait prises, et lui faisait part d'ordres qui avaient été donnés à d'autres généraux.

4°. Deux lettres du maréchal Ney au maréchal Suchet, par lesquelles il lui fait connaître l'étonnement qu'il a éprouvé à la nouvelle du débarquement de Napoléon ; son désir de le voir échouer dans son entreprise, dont le succès ne pouvait qu'être funeste à la France, et ses espérances qu'il fonde sur l'ensemble des mouvemens qui seront faits par les généraux des armées du roi.

5°. La proclamation signée du maréchal Ney, et datée de Lons-le-Saulnier le 14 mars, dans laquelle il s'est prononcé, à la tête de ses troupes, pour la cause de celui qu'il appelait l'empereur.

6°. L'ordre de mouvement donné le même jour par le maréchal Ney à ses troupes, afin qu'elles allassent faire leur jonction avec celles de Bonaparte, après avoir arboré la cocarde et le drapeau tricolores.

7°. L'ordre donné par le maréchal, le 19 mars, au sous-préfet de Dôle, de faire arrêter plusieurs officiers supérieurs, et notamment les généraux Lecourbe, de Bourmont, Jarry, etc.

8°. Une lettre du 22 mars, par laquelle un sieur Singuet, signant pour le préfet du Doubs, annonçait que le drapeau tricolore flottait dans le département, quoique les autorités royales fussent toujours en fonctions.

9°. L'ordonnance du 24 juillet, portant que le maréchal Ney, ainsi que plusieurs autres, seront traduits au conseil de guerre, comme prévenus d'avoir aidé et favorisé l'usurpateur.

10°. Celle du 2 août, qui charge le conseil de guerre de la première division militaire de juger les prévenus dénommés dans l'ordonnance du 24 juillet.

11°. Le procès-verbal de l'arrestation du maréchal Ney à Aurillac.

Les autres pièces du procès dont le rapporteur donne lecture, sont au nombre de dix-sept.

La première de ces pièces contient l'interrogatoire que le préfet de police Decazes a fait subir au maréchal. Il en résulte que ce dernier a d'abord fait quelques difficultés de répondre aux interpellations de ce magistrat, dont il méconnaissait l'autorité, et qu'il a réclamé l'assistance d'un conseil; qu'ensuite il est entré dans tous les détails qui lui étaient demandés sur sa conduite. En substance, il a dit que, jusqu'au matin du 14 mars, il était resté, d'intention et de fait, attaché à la cause du roi; qu'il ne s'était ensuite jeté dans le parti de Napoléon que pour éviter une guerre civile dont l'issue n'aurait pas même été douteuse.

La seconde pièce de l'instruction est le deuxième interrogatoire que le même préfet de police a fait subir au maréchal. Suivant cette pièce, le maréchal a protesté n'avoir eu aucune intelligence avec Napoléon.

Dans la nuit du 13 au 14 mars, il reçut des lettres de Bertrand, avec la proclamation dont il donna le lendemain lecture à ses troupes.

La troisième et la quatrième pièce sont les deux interrogatoires du maréchal devant le rapporteur du conseil de guerre. On y voit que le maréchal a commencé par décliner la compétence de tout conseil de guerre, mais que néanmoins, par déférence, a-t-il dit, pour MM. les maréchaux de France, il a consenti à répondre aux interpellations du rapporteur; qu'après être entré dans beaucoup de détails relatifs aux événemens qui lui sont personnels, il a renvoyé, pour le surplus, à l'*exposé justificatif* fait pour lui par Me Berryer père, son défenseur.

La cinquième pièce de l'instruction est le procès-verbal dressé par le rapporteur, de l'audition de vingt-quatre témoins, tant à charge qu'à décharge. L'ensemble des dépositions de tous ces témoins tend à prouver qu'une partie de la population du gouvernement confié au maréchal, et celle des départemens de la Côte-d'Or, de Saône-et-Loire et de l'Ain, voisins de ce gouvernement, étaient, avant le 20 mars, ainsi que les troupes du maréchal, dans des dispositions opposées aux intérêts du roi; que néanmoins le maréchal, par toutes ses actions et tous ses discours, annonçait qu'il n'avait pas renoncé au projet et à l'espérance d'arrêter *l'usurpateur;* mais que le matin, du 14 mars, il changea tout-à-coup, et se jeta avec ses troupes dans le parti que, la veille, il voulait détruire.

On remarque parmi ces témoins le maréchal Oudinot, le maréchal Suchet, le prince de Poix, le duc d'Havré, etc.

Les autres pièces de l'instruction sont des procès-verbaux dressés par suite de ces commissions rogatoires par des juges de divers tribunaux, pour l'audition de dix-sept témoins absens de Paris. Ces témoins sont le maréchal-de-camp Bessières, M. Garnier, maire de Dôle; le lieutenant-général Heudelet, le lieutenant-général de Bourmont, le maréchal-de-camp Guye, le lieutenant-général Lecourbe, le maréchal-de-camp Jarry, M. de Beauregard, capitaine de gendarmerie, deux gendarmes, le maréchal-de-camp Durand, le baron Capelle, préfet du département de l'Ain; le marquis Vaulchier-du-Déchaut, préfet du département du Jura; M. de Champneuf, chef de bataillon, et le baron Passinges de Préchamp, colonel d'état-major.

Le rapporteur ne finit qu'à cinq heures et demie la lecture des pièces que nous venons d'indiquer.

Le président suspend la séance, et la renvoie au lendemain matin à dix heures.

Depuis quelques jours tous les postes du Palais-de-Justice avaient été doublés.

Le 9 novembre, dès sept heures du matin, il arriva successivement au palais un piquet de gardes nationaux des douze légions, un détachement de la garde nationale à cheval, de gendarmes à pied et à cheval, et de vétérans. Toutes ces troupes réunies formaient 1,200 hommes environ. Elles occupèrent différens postes dans l'intérieur, dans les cours du palais. Un piquet de sapeurs-pompiers, armés de leurs fusils, stationnaient sur le pont St-Michel.

Le lendemain 10 novembre, le conseil entra en séance à dix heures et demie. On remarquait dans la salle un plus grand nombre encore de personnes de distinction que dans la séance de la veille.

Le rapporteur continue la lecture des pièces.

Elles figurent au procès seulement à titre de renseignemens.

La première est un certificat de M. Valter,
lieutenant, attestant que le maréchal, faisant une
tournée comme commissaire de Napoléon, avait
parlé avec beaucoup d'amertume contre la famille
royale et le système de gouvernement adopté depuis la restauration.

Une seconde pièce, dont le rapporteur veut donner lecture, est sans signature. Le procureur du
roi s'oppose à la lecture de cette pièce, qui est rejetée.

La troisième est une déclaration de M. Curiel
fils, lieutenant de la couronne, rapportant des
discours que le maréchal avait tenus, depuis sa défection, contre la famille des Bourbons.

La quatrième est une déclaration de M. Curiel
père, qui cite par ouï-dire les discours rapportés
par son fils.

La cinquième, une déclaration de M. Faulchier,
pareille à celle de M. Curiel fils.

La sixième, une lettre du sieur Bousquet, im-
primeur à Béziers, qui rend compte de la défection du maréchal.

La septième, une déclaration du sieur Beluet,
rapportant des propos tenus par le maréchal le
15 avril. Selon lui, le maréchal avait parlé avec
mépris de la noblesse et de la famille royale.

La huitième et la neuvième sont deux lettres de
M. de Saint-Géran, rapportant que le maréchal

s'était vanté de n'être allé faire sa cour au roi que pour le tromper.

La dixième est une déclaration de M. Casse, capitaine, contenant des propos odieux qu'il dit avoir été tenus par le maréchal.

La onzième, une lettre de M. Capelle, substitut du procureur du roi près le tribunal de Béthune, rapportant des discours du maréchal, qu'il tenait d'un officier supérieur, qui les tenait lui-même d'un de ses cousins.

La douzième, une lettre anonyme rapportant que le maréchal, en partant pour Besançon, avait dit qu'il allait servir l'empereur, et non le roi, comme il l'avait dit.

La treizième, une lettre de M. Favre, rapportant une conversation qu'il a eue, après le départ du roi, avec le maréchal, qui lui dit que, puisqu'il aimait le roi, il était un brave homme, et qu'il le protégerait.

La quatorzième, un nouvel interrogatoire du maréchal, dans lequel il nie avoir dit à qui que ce soit qu'il fût, ainsi que les autres maréchaux, d'intelligence avec l'île d'Elbe.

La quinzième, le dernier interrogatoire du maréchal, dans lequel il est convenu qu'au moment de son arrestation, il était muni de passeports et de feuilles de route sous des noms supposés; dans lequel également il proteste n'avoir eu aucune entrevue ni aucune intelligence avec la duchesse de Saint-Leu, depuis l'abdication de Napoléon jusqu'à son retour de l'île d'Elbe. Il avoue avoir agi et parlé dans le sens du gouvernement impérial depuis le 14 mars, mais il nie s'être jamais exprimé en termes offensans pour le roi et sa famille. Il assure que, s'il eût reçu l'artillerie dont il avait besoin, et qu'il eût pu compter sur ses troupes, il n'aurait pas hésité à attaquer Napoléon, quoiqu'avec des forces inférieures, et malgré les mauvaises dispositions du peuple, contre lesquelles il avait à lutter.

La lecture des pièces étant finie, le président ordonne que le maréchal soit introduit, et rappelle au public qu'il est défendu de donner aucune marque d'approbation ou d'improbation : « J'ordonne à la garde, ajoute-t-il, d'arrêter le premier individu qui se permettrait de manquer au respect dû à la justice, et aux égards dus au malheur.»

Le maréchal est introduit. Son attitude est calme. Il est vêtu d'un habit bleu uniforme, sans broderies; mais il a ses épaulettes de maréchal, et la plaque de la Légion-d'Honneur. Deux officiers de gendarmerie le conduisent. Sur son passage la garde lui présente les armes. Le crêpe qu'il a au bras rappelle la perte qu'il vient de faire de son beau-père, mort à la suite de la douleur qu'il éprouva en apprenant l'arrestation du maréchal son gendre.

Le Président au maréchal Ney. Quels sont vos noms, prénoms, âge, lieu de naissance, domicile et profession ?

Le maréchal Ney. Par déférence pour messieurs les maréchaux et messieurs les lieutenans-géné-

raux, j'ai consenti à répondre aux questions que
M. le rapporteur m'a adressées en leurs noms,
n'ayant pas voulu entraver l'instruction prépara-
toire de cette procédure ; mais aujourd'hui qu'elle
est achevée, et que je me trouve dans l'enceinte
d'un tribunal, je dois renouveler mes réserves, et
les convertir en même temps en un déclinatoire
formel de la compétence de tout conseil de guerre.
Je déclare donc à messieurs les maréchaux de
France et lieutenans-généraux que, sans m'écarter
du respect dû à l'autorité, sans vouloir récuser les
suffrages d'aucun d'eux, je refuse de répondre à
tout conseil de guerre, comme à tout tribunal,
autre que celui auquel la loi attribue le pouvoir de
me juger. Étranger aux matières de jurisprudence,
je les prie de me permettre de développer les motifs
de mon déclinatoire par l'organe de mon avocat,
et de l'écouter avec une bienveillante indulgence.

Le Président. Le conseil donne acte à l'accusé de
sa déclaration. Maintenant, monsieur le maréchal,
vous devez répondre à la question que je vous ai
faite, afin que votre identité soit constatée. Votre
défenseur aura ensuite la parole pour développer
vos moyens d'incompétence.

Le maréchal Ney. Je me nomme Michel Ney,
duc d'Elchingen, prince de la Moskowa, chevalier
de Saint-Louis, grand-cordon de la Légion-d'Honneur, chevalier de la Couronne-de-Fer, grand-
croix de l'ordre du Christ, maréchal de France,
né à Sarre-Louis le 10 janvier 1769.

Me *Berryer.* Quel sentiment j'éprouve en pre-

nant la parole dans cette enceinte! Mes yeux se
fixent avec respect et admiration sur cette réunion
des premiers personnages de l'État, dont les noms
si chers à la patrie appartiennent déjà à l'avenir.
Oubliant, à leur aspect, et les temps et les lieux,
je me demande pourquoi sont réunis en aréo-
page ces sénateurs des camps; je me crois transporté dans les armées; et je me demande quelle magistrature nouvelle ils viennent exercer en ces
lieux.

En reportant mes regards sur celui que je défends maintenant, quels souvenirs glorieux s'offrent à ma pensée! Quelles réflexions douloureuses
viennent se mêler à ces souvenirs! Eh quoi! le
bouclier qui fut impénétrable aux coups de l'ennemi n'aurait-il pas pu garantir le maréchal Ney
des coups de la fatalité?

O monument inouï des vicissitudes humaines!
celui qui fit la gloire de la patrie et marcha le premier dans le chemin de l'honneur, est accusé
maintenant d'avoir trahi la patrie et l'honneur. Je
prouverai plus tard que les torts du maréchal ont
été les torts de son jugement. L'univers apprendra
que, général sans armée et sans instruction, ébranlé
par l'affreux tableau d'une défection qui entraînait
tout autour de lui, par les récits alarmans qui lui
parvenaient de tous côtés, et par les progrès de
l'usurpateur, le maréchal céda au torrent. Dans
l'état désespéré où il voyait les choses, il craignit
d'attirer sur sa patrie, par une résistance inutile, le

fléau de la guerre civile : il fut trompé, mais ne fut pas trompeur.

Le temps n'est pas encore venu de faire le tableau de la position difficile où s'est trouvé M. le maréchal. Il s'agit maintenant de savoir par quelle autorité, par quelle magistrature ses actions peuvent être jugées.

Le maréchal, sans doute, ne peut pas espérer des juges plus intègres et meilleurs appréciateurs de sa conduite; mais il s'agit dans cette affaire des priviléges de la pairie, et de la consolidation de nos lois fondamentales; et je dois, dans ce procès trop fameux, faire entrer en première ligne les formes protectrices de toute liberté.

De quoi le maréchal est-il accusé ? Du crime de haute-trahison contre la France, contre le roi : de là résulte l'incompétence de tout conseil de guerre. »

Pour établir l'incompétence, l'avocat pose plusieurs propositions qu'il discute successivement.

Première proposition. La connaissance d'un crime d'état présumé ne peut être attribuée à un conseil de guerre. L'avocat cite Montesquieu, qui signale, dans son *Esprit des lois,* les dangers auxquels serait exposée la chose publique, si la justice était rendue par le souverain lui-même.

L'article 33 de la Charte est ensuite invoqué par lui. Cet article attribue à la Chambre des pairs la connaissance des crimes de haute-trahison. Il invoque également les articles 62 et 63, qui s'opposent à ce qu'un justiciable soit distrait de ses juges naturels, et un autre article par lequel le roi a renoncé au pouvoir d'établir des tribunaux extraordinaires.

Mᵉ Berryer combat l'argument tiré de ce que, dans l'ordonnance du 24 juillet, le roi a déclaré qu'il dérogeait à la Charte. Il dit : « Le roi s'est obligé lui-même à l'exécution de la Charte; il n'a pu vouloir y déroger sans l'intervention des Chambres. Cette ordonnance du 24 juillet émane de la partie plaignante, de la partie intéressée : elle peut être regardée comme une plainte, comme un ordre de mise en jugement, mais non comme un jugement de compétence. S. M., dans son ordonnance du 6 septembre, n'a-t-elle pas reconnu qu'elle n'avait pas voulu préjudicier aux droits des prévenus, puisqu'elle a renvoyé devant les tribunaux ordinaires M. Lavalette, compris, comme le maréchal, dans l'ordonnance du 24 juillet ? »

Seconde proposition. Le maréchal, en raison de ses dignités, ne peut être jugé par un conseil de guerre.

1° Il était pair de France avant le 14 mars. Ici l'avocat, après avoir fait l'histoire de l'établissement de la pairie, remarque qu'un pair ne peut être jugé que par les pairs. Il cite les nombreux exemples contenus dans l'histoire, par lesquels ce privilége a été maintenu. Il invoque l'article 34 de la Charte qui l'a de même consacré. D'avance il combat l'objection qui pourra être tirée de ce que l'accusé a été destitué de la pairie: il fait observer à cet égard que son client n'aurait pu être privé de la pairie que par un jugement; qu'en tout cas, à l'époque où il est présumé s'être rendu coupable il était pair. Il relève une objection qu'on pourra faire, et qui sera fondée sur ce que le maréchal est accusé non comme pair, mais comme général. Il la détruit en disant que le maréchal n'avait pas cessé d'être pair en acceptant le commandement d'une armée, et que l'article de la Charte n'établit aucune distinction.

2°. L'accusé est maréchal de France. Me Berryer en tire une nouvelle preuve qu'il ne peut être justiciable d'un conseil de guerre. Il cite d'abord l'article 69 de la Charte, qui conserve les droits et les priviléges des militaires. Ensuite il rapporte les articles 49 et 101 du sénatus-consulte de l'an XII qui mettaient dans les attributions d'une haute-cour la connaissance des attentats commis par des généraux. L'orateur ajoute : « Cette haute-cour n'existe plus ; mais les principes d'une juridiction privilégiée pour les maréchaux et pour les généraux subsiste toujours. Où trouvera-t-on cette juridiction privilégiée? Elle n'est point dans cette enceinte. »

Troisième proposition. Le conseil de guerre devant lequel le maréchal Ney est traduit n'a pas été régulièrement composé : il n'est pas constitué en *conseil permanent* de la division militaire. Ce conseil, dit l'avocat, a été composé d'après les règles tracées par les lois des mois de brumaire et de fructidor an V ; mais ces lois ne sauraient être applicables à un membre du corps des maréchaux, dont la création est de l'an XII. Ces lois, d'ailleurs, voulaient que le conseil de guerre fût provoqué par le président, et il n'en a point été ainsi pour le conseil actuel.

« Vous avez, messieurs, pour vous fixer sur le déclinatoire qui vous est proposé, le livre saint de nos libertés, la Charte, par laquelle le prince a consacré ses droits et les nôtres. Prononcez. »

Le Rapporteur. « Messieurs, la patrie en deuil voit avec douleur entrer au rang des accusés celui qui naguères était l'un de ses plus fermes appuis.... La France et l'univers nous observent : nous sortirons de cette enceinte libres de tout réproche. »

Le rapporteur examine la question de compétence en tant qu'elle se rattache à la pairie. Il pense que la pairie ne peut exister sans une juridiction privilégiée, et que, d'après la Charte, un pair ne peut être jugé que par la Chambre des pairs; qu'à la vérité, le maréchal, en acceptant la qualité de pair de Napoléon, avait renoncé à la pairie instituée par Louis XVIII; mais que, jusque là il était resté revêtu de la qualité de pair que l'autorité royale lui avait déférée; que le maréchal avait aussi la dignité de pair au moment de l'attentat qui lui était imputé; que dès-lors, et en vertu de la Charte, il n'était justiciable que de la Chambre des pairs.

Il ajoute : « Comme maréchal, l'accusé ne pourrait encore être jugé par un conseil de guerre. » Il prend dans l'histoire des exemples qui prouvent que les maréchaux n'étaient pas justiciables de ces conseils. Il pense que les lois de l'an V ne sont nullement applicables aux maréchaux honorés du titre de *cousin* par le roi.

Il ne voit pas non plus dans le conseil actuel un conseil de guerre permanent. Il a été formé en vertu d'une décision ministérielle, et non conformément à une loi. Les membres qui le composent ne sont pas du grade voulu par les lois de l'an V. Près de tout conseil de guerre permanent doit se trouver un conseil de révision. Où le maréchal Ney trouverait-il un conseil de révision?

Le rapporteur passe ensuite à l'examen des ordonnances du roi. Selon lui, celle du 24 juillet ne préjuge pas la compétence des conseils de guerre devant lesquels les prévenus sont renvoyés. Celle du 2 août n'ajoute rien à cet égard à celle du 24 juillet.

Après avoir résumé ses moyens, le rapporteur déclare qu'il s'en rapporte entièrement à la sagesse et aux lumières du conseil.

Le procureur du roi prend la parole. Il prétend que le maréchal ne peut se prévaloir de sa qualité de pair; que la Charte, d'ailleurs, pour être exécutoire sur ce point, attend une loi qui n'a pas encore été rendue. Sur la dignité de maréchal, le procureur du roi reconnaît que, sous le gouvernement impérial, elle donnait droit à une juridiction privilégiée; mais il soutient qu'il n'en est plus de même depuis la Charte, que les maréchaux ne sont que des généraux; qu'ils sont par conséquent justiciables des conseils de guerre. Il fait observer d'ailleurs qu'aux termes de l'ordonnance du 5 mars, le maréchal, en passant à Bonaparte, s'était mis hors de la constitution. « Tout a été décidé, dit-il, sur la compétence par l'ordonnance du 24 juillet. Cette ordonnance est claire et précise : elle renvoie formellement le maréchal Ney devant un conseil de guerre. On critique la composition du conseil; mais aurait-il été possible en le composant de veiller plus généreusement aux intérêts de l'accusé ? »

Le procureur du roi conclut au rejet du déclinatoire proposé, et à ce que le conseil se déclare valablement saisi du procès, en reconnaissant sa compétence.

Le président adresse la parole à l'accusé et lui dit : « Vous pouvez vous retirer. » On reconduit le maréchal dans sa prison.

Le président annonce ensuite que le conseil va délibérer. Alors les membres qui le composent quittent la salle d'audience.

Il est trois heures et demie.

Rentrés dans la salle au bout d'un quart d'heure, environ, ils reprennent leurs places.

Le président prononce le jugement suivant : « Le conseil, après avoir délibéré sur la question « de savoir s'il est compétent pour juger le maré- « chal Ney, accusé de haute-trahison, se déclare « incompétent, à la majorité de cinq voix contre « deux. M. le rapporteur est chargé de donner

« connaissance du présent jugement à l'accusé. »

La séance est levée.

Deux jours ne s'étaient pas encore écoulés depuis que le conseil de guerre avait rendu son jugement, que les ministres, pensant qu'il devenait urgent d'adopter des mesures capables de fixer l'indécision dont étaient frappés tous les esprits, apportèrent à la Chambre des pairs une ordonnance du roi, en date du 11 novembre, qui chargeait la Chambre de procéder sans délai au jugement du maréchal Ney, accusé de haute-trahison.

Le duc de Richelieu, président du conseil des ministres, s'exprima de la manière suivante :

« Messieurs,

« Le conseil de guerre extraordinaire, établi pour juger le maréchal Ney, s'est déclaré incompétent. Nous ne vous dirons pas toutes les raisons sur lesquelles il s'est fondé; il suffit de savoir que l'un des motifs est que le maréchal est accusé de haute-trahison.

« Aux termes de la Charte, c'est à vous qu'il appartient de juger ces sortes de crimes. Il n'est pas nécessaire, pour exercer cette haute juridiction, que la Chambre soit organisée comme un tribunal ordinaire. Les formes que vous suivez dans les propositions de lois, et pour juger en quelque sorte celles qui vous sont présentées, sont sans doute assez solennelles et assez rassurantes pour juger un homme, quelle qu'ait été sa dignité, quel que soit son grade.

« La Chambre est donc suffisamment constituée

pour juger le crime de haute-trahison dont le maréchal Ney est depuis si long-temps accusé.

« Personne ne peut vouloir que le jugement soit
retardé par le motif qu'il n'existe pas auprès de la
Chambre des pairs un magistrat qui exerce l'office
de procureur-général. La Charte n'en a pas établi ;
elle n'a pas voulu en établir : peut-être ne l'a-t-
elle pas dû. Pour certains crimes de haute-trahison, l'accusateur s'élevera de la chambre des députés ; pour d'autres, c'est le gouvernement lui-même
qui doit l'être. Les ministres sont les organes naturels de l'accusation, et nous croyons bien plutôt
remplir un devoir qu'exercer un droit, en nous
acquittant devant vous du ministère public.

« Ce n'est pas seulement, messieurs, au nom du
roi que nous remplissons cet office, c'est au nom
de la France, depuis long-temps indignée, et
maintenant stupéfaite. C'est même au nom de
l'Europe que nous venons vous conjurer et vous
requérir à la fois de juger le maréchal Ney. Il est
inutile, Messieurs, de suivre la méthode des magistrats, qui accusent en énumérant avec détail
toutes les charges qui s'élèvent contre l'accusé :
elles jaillissent de la procédure qui sera mise sous
vos yeux. Cette procédure subsiste dans son intégrité, malgré l'incompétence, et à cause même de
l'incompétence prononcée. La lecture des pièces
que nous faisons déposer dans vos bureaux vous
fera connaître les charges. Il n'est donc pas besoin de définir les différens crimes dont le maréchal Ney est accusé : ils se confondent tous dans

les mots tracés par cette Charte, qui, après l'é-branlement de la société en France, en est devenue la base la plus sûre.

« Nous accusons devant vous le maréchal Ney de haute-trahison, et d'attentat contre la sûreté de l'État.

« Nous osons dire que la Chambre des pairs doit au monde une éclatante réparation : elle doit être prompte, car il importe de retenir l'indignation, qui de toutes parts se soulève. Vous ne souffrirez pas qu'une plus longue impunité engendre de nouveaux fléaux, plus grands peut-être que ceux auxquels nous essayons d'échapper. Les ministres du roi sont obligés de vous dire que cette décision du conseil de guerre devient un triomphe pour les factieux. Il importe que leur joie soit courte, pour qu'elle ne leur soit pas funeste. Nous vous conjurons donc, et, au nom du roi, nous vous requérons de procéder immédiatement au jugement du maréchal Ney, en suivant, pour cette procédure, les formes que vous observez pour la délibération des lois, sauf les modifications portées par l'ordonnance de Sa Majesté, dont il va vous être donné lecture.

« D'après cette ordonnance, vos fonctions judiciaires commencent dès cet instant. Vous vous devez à vous-mêmes, Messieurs, de ne faire entendre aucun discours qui puisse découvrir votre sentiment pour ou contre l'accusé. Il comparaîtra devant vous aux jour et heure que la Chambre fixera. »

Le procureur-général près la Cour royale de
Paris, faisant les fonctions de commissaire du roi,
et qui avait accompagné les ministres à la Chambre
des pairs, donna ensuite lecture à la Chambre,
1° du jugement par lequel le conseil de guerre
permanent de la 1re division militaire s'était déclaré incompétent pour juger le maréchal Ney;
2° de l'ordonnance du roi, dont les motifs viennent d'être exposés.

Voici le texte de cette ordonnance :

Louis, par la grâce de Dieu, etc.;
A tous présens et à venir, salut.
Vu l'article 35 (1) de la Charte constitutionnelle,
nos ministres entendus,
Nous avons ordonné et ordonnons ce qui suit :

La Chambre des pairs procédera sans délai au
jugement du maréchal Ney, accusé de haute-trahison et d'attentat contre la sûreté de l'Etat ; elle
conservera pour ce jugement les mêmes formes
que pour les propositions de lois, sans néanmoins
se diviser en bureaux.

Le président de la Chambre interrogera l'accusé,
entendra les témoins et dirigera les débats. Les
opinions seront prises suivant les formes usitées
dans les tribunaux.

---

(1) Art. 33. La chambre des pairs connaît des crimes de
haute-trahison et des attentats à la sûreté de l'état, *qui seront
définis par la loi.* »
Cet article forme l'article 28 de la charte de 1830.

La présente ordonnance sera portée à la Chambre des pairs par nos ministres secrétaires d'Etat, et par notre procureur-général près notre Cour royale de Paris, que nous chargeons de soutenir l'accusation et la discussion.

Donné en notre château des Tuileries, le onzième jour de novembre 1815.

Signé, Louis.

Par le roi :

Le ministre secrétaire d'État au département des affaires étrangères, Président du conseil.

Signé, Richelieu.

Après avoir entendu cette lecture, l'assemblée, sur les propositions d'un de ses membres, déclare qu'elle reçoit avec respect la communication qui vient de lui être faite au nom du roi par les ministres de Sa Majesté, qu'elle reconnaît les attributions qui lui ont été données par l'article 33 de la Charte constitutionnelle, et qu'elle est prête à remplir ses devoirs en se conformant à l'ordonnance du roi.

Elle s'ajourne à lundi, onze heures, pour prendre connaissance des pièces de la procédure instruite contre le maréchal Ney.

La Chambre des pairs se réunit le lundi 18 novembre : les ministres du roi se rendirent à la séance. Le président du conseil des ministres donna connaissance à la Chambre d'une ordonnance de S. M., en date du 12 du même mois, additionnelle à celle du 11, et qui réglait définitivement les formes à suivre dans l'instruction et le jugement de l'affaire du maréchal Ney. Cette ordonnance ayant été la première rendue sur la matière, nous croyons devoir la rapporter textuellement.

Louis, par la grâce de Dieu, etc.

Par ordonnance du 2 de ce mois, nous avons déterminé que la Chambre des pairs, dans l'exercice des fonctions judiciaires qui lui sont attribuées, conserverait son organisation habituelle, et nous avons déjà prescrit les principales formes de l'instruction et du jugement.

Voulant donner à notre dite ordonnance le développement nécessaire;

Voulant donner aussi au débat qui doit précéder le jugement la publicité prescrite par l'article 64 de la Charte constitutionnelle,

Nous avons ordonné et ordonnons ce qui suit :

Art. 1er. La procédure sera introduite sur le réquisitoire de notre procureur de la Cour royale de Paris, l'un des commissaires délégués par notre ordonnance susdite.

2. Les témoins seront entendus, et le prévenu sera interrogé par notre chancelier, président de la Chambre des pairs, ou par celui des pairs qu'il aura commis. Procès-verbal sera dressé de tous les actes d'instruction, dans les formes établies par le Code d'instruction criminelle.

3. Les fonctions attribuées par la loi aux gref-

fiers des cours et tribunaux, dans les affaires criminelles, seront exercées par le secrétaire-archiviste de la Chambre des pairs, lequel pourra s'adjoindre un commis assermenté.

4. L'instruction, étant terminée, sera communiquée à nos commissaires, qui dresseront l'acte d'accusation.

5. Cet acte d'accusation sera présenté à la Chambre des pairs, qui décernera, s'il y a lieu, l'ordonnance de prise de corps, et fixera le jour des débats.

6. L'acte d'accusation, l'ordonnance de prise de corps et la liste des témoins seront notifiés à l'accusé par un huissier de la Chambre des pairs. Il lui sera également donné copie de la procédure.

7. Les débats seront publics. Au jour fixé par la Chambre des pairs, l'accusé comparaîtra assisté de son conseil. L'un de nos commissaires remplira les fonctions du ministère public.

8. Il sera procédé à l'audition des témoins, à l'examen, au débat, à l'arrêt, et à l'exécution dudit arrêt, suivant les formes prescrites pour les cours spéciales par le Code d'instruction criminelle. Néanmoins, si la Chambre des pairs le décide, l'arrêt sera prononcé hors la présence de l'accusé, mais publiquement et en présence de ses conseils. En ce cas, il lui sera lu et notifié à la requête du ministère public, par le greffier, qui en dressera procès-verbal.

Donné au château des Tuileries, etc. etc.

Signé, Louis, etc.

La Chambre arrêta que cette ordonnance, contre-signée par le duc de Richelieu, serait transcrite au procès-verbal, et déposée dans ses archives.

Elle entendit ensuite le réquisitoire du procureur-général Bellart, contenant addition de plainte, et donna acte aux commissaires du roi du dépôt qu'ils avaient fait de toutes les pièces relatives au procès.

Elle ordonna en outre que, dans le jour, le chancelier, président de la Chambre, aux termes de l'ordonnance du roi ci-dessus mentionnée, se commettrait lui-même, ou déléguerait un des pairs pour procéder sans délai, soit à l'audition par écrit des témoins, soit aux interrogatoires du maréchal Ney.

Le baron Séguier fut chargé de recevoir les déclarations des témoins, et de faire subir de nouveaux interrogatoires à l'accusé. Mais avant de répondre, le maréchal Ney fit une déclaration à peu près en ces termes :

« Monsieur le baron, avant de répondre à aucune autre question, je vous prie d'insérer ici que je mets aux pieds du roi l'hommage de ma respectueuse et vive reconnaissance pour la bonté que S. M. a eue d'accueillir mon déclinatoire, de me renvoyer devant mes juges naturels, et d'ordonner, le 12 de ce mois, que les formes constitutionnelles soient suivies dans mon procès. Ce nouvel acte de sa justice paternelle me fait regretter davantage que ma conduite au 14 mars dernier ait

pu faire soupçonner que j'avais eu intention de le
trahir. Je le répète dans toute l'effusion de mon
âme, à vous, monsieur le baron, à la France, à
l'Europe, à Dieu qui m'entend, que jamais, lors
de la fatale erreur que j'ai déjà tant expiée, je n'ai
eu d'autre pensée que celle d'éviter à mon malheureux pays la guerre civile, et tous les maux qui en
découlent. J'ai préféré la patrie avant tout. Si c'est
un crime aujourd'hui, j'aime à croire que le roi,
qui porte ses peuples dans son cœur, oubliera
cette funeste erreur, et que, si je succombe, la
loi n'aura puni qu'un sujet égaré, et non un
traître. »

Le journal auquel nous avons emprunté cette
note donne également celle qui suit (1) :

« Le maréchal Ney a adressé aux ministres des
puissances alliées une lettre où il réclame à son
égard l'exécution de la convention du 3 juillet,
conclue pour la reddition de Paris, et par laquelle
il était stipulé une amnistie pour tous les actes
postérieurs au 20 mars. Madame la maréchale Ney
a eu, au sujet de cette réclamation, avec le duc de
Wellington, une conférence, où sa seigneurie a
exposé que la convention réclamée par le maréchal
n'avait point été ratifiée par le roi de France, et
qu'en conséquence ses alliés ne pouvaient intervenir dans les mesures que S. M. croyait devoir
prendre pour assurer la tranquillité intérieure de
l'État.   •

---

(1) *Constitutionnel* du 20 novembre 1815.

« On dit que le maréchal a répliqué par une nouvelle note à cette opinion de lord Wellington sur
l'invalidité de la convention du 3 juillet. »

Quoi qu'il en soit, le baron Séguier déploya dans
sa mission tant de zèle, tant d'activité, que la
Chambre des pairs, après avoir lancé, dans sa
séance du 17 novembre, un mandat de prise de
corps contre le maréchal Ney, et avoir reçu des
mains des ministres du roi et du procureur-général l'acte d'accusation et un réquisitoire tendant à
obtenir cette même prise de corps, fixa, par son
arrêt, l'ouverture des débats au 21 du même mois,
sauf à l'accusé à présenter avant cette ouverture
ses moyens préjudiciels.

Cent cinquante-neuf pairs siégeaient à la Chambre, et signèrent cet arrêt avec le chancelier de
France, président.

Ainsi que cela avait été arrêté, la Cour des pairs
s'assembla le 21 novembre 1815, à l'effet de juger
le maréchal Ney, qui avait été transféré nuitam-
ment de la Conciergerie au Luxembourg, et mis
dans une chambre située sous les combles du palais, et préparée avec un soin de geôle tout particulier.

La séance, présidée par le chancelier, s'ouvrit
à dix heures et demie. Dès huit heures, le public
remplissait les places qui lui avaient été réservées.
Des personnes de distinction se faisaient remarquer
dans les tribunes. Dans le nombre de ces personnages étaient le prince-royal de Wurtemberg, le
prince de Metternich, le comte de Golz, ambassa-

deur prussien, et le comte de Grisein, général
russe. On y voyait aussi plusieurs membres de la
Chambre des députés, revêtus de leur costume.

D'imposantes dispositions avaient été faites pour
changer la salle en tribunal de haute-justice; et tous
les yeux se fixaient successivement sur une inscription légendaire placée en face du président, au milieu des ornemens supérieurs de la salle. Cette inscription portait ces mots :

Sagesse , Tolérance, Modération.

Les comtes Pastoret, de Choiseul, MM. de Sèze
et de Châteaubriand occupaient les places de secrétaires.
- On voyait au banc des ministres le comte de
Vaublanc, M. du Bouchage et le garde-des-
sceaux.

M. Bellart, procureur-général à la Cour royale
de Paris, commissaire du roi, au nom des autres
commissaires, occupait un bureau au-dessous et à
la droite du président; M. Cauchy, archiviste, faisant fonctions de greffier de la Chambre, était
assis à gauche. Près du procureur-général et du
greffier étaient les messagers d'État, sur des tabou-
rets.

Les pairs prennent séance.

Le Président. Messieurs, le maréchal Ney, accusé de haute-trahison et d'attentat contre la sûreté de l'État, va être amené devant la Chambre
des pairs. Je fais observer au public, pour la première fois témoin de nos séances, qu'il ne doit se

permettre aucun signe d'approbation ou d'improbation. Les témoins doivent être écoutés, les réponses de l'accusé religieusement entendues. J'ordonne à la force publique d'arrêter quiconque
violerait le silence qui doit être observé dans cette
enceinte, quiconque s'écarterait du respect dû à
cette auguste assemblée, et des égards que réclame
le malheur.

Les témoins vont être introduits : on fera comparaître ensuite l'accusé.

Seize témoins, nombre établi par l'acte d'accusation, se présentent et prennent place sur le banc
qui leur est destiné.

Mrs Berryer et Dupin, avocats du maréchal Ney,
se placent au bureau préparé pour eux.

Il est onze heures précises. Le président ordonne qu'on amène l'accusé.

Le maréchal Ney entre, escorté par quatre grenadiers de la garde royale. Il est vêtu de la même
manière que lorsqu'il parut devant le conseil de
guerre. Après avoir salué respectueusement l'assemblée, il prend la main de Me Dupin et s'assied
ensuite sur un fauteuil placé pour lui à la barre.

Le Président. Il va être fait un appel nominal
pour constater l'absence de ceux de messieurs les
pairs que leurs fonctions ou des exceptions particulières empêchent de siéger dans cette Cour :
M. le greffier aura le soin de noter leurs noms, à
mesure qu'ils ne répondront point, sur la liste
qui va être lue.

Le greffier commence l'appel nominal.

Le duc de Brissac. Vous m'avez oublié, je suis présent.

La lecture de la liste est continuée et achevée.

Il résulte de cet appel, que les ducs de Mortemart, de Brancas, de Broglie, les comtes Destutt de Tracy, de Vaubois et Jules de Polignac, sont absens.

Le Président. Accusé, quels sont vos noms, prénoms, âge, lieu de naissance, domicile, qualités?

Le maréchal Ney (d'une voix calme et assurée). Je me nomme Michel Ney, né à Sarre-Louis, le 10 janvier 1769. Mes qualités sont : maréchal de France, duc d'Elchingen, prince de la Moskowa, pair de France. Les titres de mes ordres : chevalier de Saint-Louis, grand-cordon de la Légion-d'Honneur, officier de la Couronne-de-Fer, grand-croix du Christ.

Le Président. Accusé, prêtez à ce qui va vous être lu, la plus grande attention. Je recommande à votre conseil d'observer la plus stricte modération dans les débats qui vont s'ouvrir; je l'invite à ne parler ni contre sa conscience ni contre l'honneur, et à se renfermer dans tout le respect qui est dû aux lois.

Le greffier commence la lecture des pièces par la première ordonnance du roi, du 11 novembre, qui statue que la Chambre des pairs procédera sans délai au jugement du maréchal Ney. Il lit ensuite la seconde ordonnance du 12 qui règle une partie des formes dans lesquelles l'instruction devra avoir lieu; il donne enfin lecture de l'acte d'accusation.

Acte d'accusation contre le maréchal Ney, duc d'Elchingen, prince de la Moskowa, ex-pair de France.

« Les commissaires du roi, chargés, par ordonnance de Sa Majesté, des 11 et 12 de ce mois, de soutenir devant la Chambre des pairs l'accusation de haute-trahison et attentat contre la sûreté de l'État, intentée au maréchal Ney, et sa discussion,

« Déclarent que des pièces et de l'instruction qui leur ont été communiquées par suite de l'ordonnance qu'a rendue, en date du 15 du présent, M. le baron Séguier, pair de France, conseiller-d'état, premier président de la cour royale de Paris, commissaire délégué par M. le chancelier, président de la Chambre, pour faire ladite instruction, résultent les faits suivans :

« En apprenant le débarquement à Cannes, le 1er mars dernier, par Bonaparte, à la tête d'une bande de brigands de plusieurs nations, il paraît que le maréchal Soult, alors ministre de la guerre, envoya, par un de ses aides-de-camp, au maréchal Ney, qui était dans sa terre des Coudreaux, près Châteaudun, l'ordre de se rendre dans son gouvernement de Besançon, où il trouverait des instructions.

« Le maréchal Ney vint à Paris le 6 ou le 7,

(car le jour est resté incertain, et au surplus cette circonstance est peu importante) au lieu de se rendre directement dans son gouvernement.

« La raison qu'il en a donnée, est qu'il n'avait pas ses uniformes.

« Elle est plausible.

« Ce qui l'est moins, c'est que, suivant le maréchal, il ignorait encore, lorsqu'il est arrivé à Paris, et l'événement du débarquement de Bonaparte à Cannes, et la vraie cause de l'ordre qu'on lui donnait de se rendre dans son gouvernement de Besançon. Il est bien invraisemblable que l'aide-de-camp du ministre de la guerre ait fait au maréchal, à qui il portait l'ordre de partir subitement, un secret si bizarre de cette nouvelle, devenue l'objet de l'attention et des conversations générales, secret dont on ne peut même soupçonner le motif, comme il ne l'est pas moins que le maréchal ait manqué de curiosité sur les causes qui lui faisaient ordonner de partir soudain pour son gouvernement, et n'ait pas interrogé l'aide-de-camp, qui n'eût pu alors se défendre de répondre.

« Le maréchal veut pourtant qu'on admette cette supposition ; et il soutient qu'il n'a appris cette grande nouvelle qu'à Paris, par hasard, et chez son notaire Batardi.

« Le maréchal a-t-il cru qu'en affectant cette ignorance prolongée du débarquement de Bonaparte, il ferait plus facilement croire qu'il n'était pour rien dans les mesures qui l'ont préparé, puisqu'en effet, il n'eût pas dû rester indifférent à ce

point sur le résultat du complot? On n'en sait
rien : ce qu'on sait, c'est que cette ignorance
n'est pas naturelle, et qu'elle est plus propre à
accroître qu'à dissiper les soupçons sur la possibilité que le maréchal ait trempé dans les manœuvres dont ce débarquement a été le funeste résultat.

« Ces soupçons sur les participations que le maréchal a pu prendre à ces manœuvres se sont con-
sidérablement augmentés par les dépositions d'un
assez grand nombre de témoins, qui ont rapporté
divers propos attribués au maréchal, dont la conséquence serait que le maréchal était prévenu de
cette arrivée.

« C'est ainsi que le sieur Beausire dépose que,
peu de temps après sa défection, le maréchal lui
disait que, quand Beausire avait traité d'une four-
niture avec le gouvernement du roi, il avait dû
prévoir qu'il traitait pour le souverain légitime
(Bonaparte).

« Le comte de La Genetière dépose qu'après
avoir fait lecture de la proclamation dont il va être
bientôt question, le maréchal dit aux personnes
qui l'entouraient que *le retour de Bonaparte était
arrangé depuis trois mois.*

« Le comte de Faverney assure aussi qu'au dire
du général Lecourbe, le maréchal lui avait dit
qu'il avait pris toutes les mesures pour rendre plus
nécessaire et plus inévitable la défection de ses
troupes, qu'il sut ensuite déterminer par la lecture de la proclamation.

« D'autres témoins encore, comme les sieurs Magin, Perruche et Pantin, affirment qu'on leur a dit que le maréchal avait positivement déclaré dans une auberge de Montereau, que le retour de Bonaparte avait été concerté depuis long-temps. A ces témoignages, on en eût pu ajouter plusieurs encore, comme ceux du Baron Capelle, du marquis de Vauchier, du sieur Beauregard et du sieur Garnier, maire de Dôle, qui ont été entendus, sur commissions rogatoires, dans la procédure tenue devant le conseil de guerre où fut d'abord traduit le maréchal Ney. Mais ces témoins n'étant plus sur les lieux, on a cru pouvoir négliger de les faire entendre de nouveau. Leurs dépositions, déjà recueillies par des officiers publics, restent du moins comme renseignemens.

« La justice toutefois exige que l'on dise que plusieurs autres témoins qui ont vu agir le maréchal dans les jours qui ont précédé la lecture de la proclamation, paraissaient croire que, jusque là, il fut de bonne foi, et déposent de faits qui annonceraient qu'à moins d'une profonde dissimulation, le maréchal était alors dans la disposition d'être fidèle au roi.

« Quoi qu'il en soit au reste de cette disposition réelle ou feinte, et, si elle fut réelle, de sa durée, le maréchal, avant de quitter Paris, eut l'honneur de voir le roi, qui lui parla avec la bonté la plus touchante, comme avec la plus grande confiance. Le maréchal parut pénétré de l'opinion que son souverain conservait de sa loyauté, et, dans un

transport vrai ou simulé, il protesta de ramener
Bonaparte dans une cage de fer , et scella ses protestations de dévouement en baisant la main que
le roi lui tendit. Le maréchal d'abord voulut nier
et cette expression de l'enthousiasme apparent de
son zèle et la liberté que le roi lui avait permis de
prendre : il a fini par en convenir.

« C'est le 8 ou le 9 que le maréchal partit de
Paris. Il n'a pas su fixer le jour avec exactitude.

« Il trouva à Besançon les instructions du ministre de la guerre. Ces ordres portaient en substance : qu'il réunirait le plus de forces disponibles
afin de pouvoir seconder efficacement les opérations de S. A. R. Monsieur , et de manœuvrer de
manière à inquiéter ou détruire l'ennemi.

« On a vu que, d'après les récits opposés de certains témoins , dont les uns rapportent des discours du maréchal qui sembleraient supposer qu'il
savait dès long-temps ce que méditait l'ennemi de
la France, et dont les autres assurent n'avoir remarqué dans ses mesures et dans ses discours que
de la droiture , il est au moins permis de conserver
beaucoup de doute à cet égard.

« Mais ce sur quoi toutes les opinions se réu-
nissent, c'est sur la conduite que le maréchal tint
à Lons-le-Saulnier le 14 mars.

« Le maréchal avait dirigé sur cette ville toutes
les forces qui étaient éparses dans son commandement.

« Quelques officiers , bons observateurs , et
même des administrateurs locaux , qui avaient

conçu de justes inquiétudes sur les dispositions de
plusieurs militaires de divers grades, et sur des
insinuations perfides faites aux soldats, avaient indiqué au maréchal, comme un moyen probable
d'affaiblir ces mauvaises inspirations, le mélange
qu'il pourrait faire de bons et fidèles serviteurs du
roi, qu'on choisirait dans les gardes nationales,
avec la troupe, que, par leurs exemples et leurs
conseils, ils maintiendraient dans le devoir. Le
maréchal, de premier mouvement, rejeta ces propositions même avec une sorte de dédain, en disant
qu'il ne voulait ni pleurnicheurs ni pleurnicheuses;
et, quoiqu'il fléchît un peu ensuite sur cette idée,
ce fut avec tant de lenteur et de répugnance, que
la mesure ne put malheureusement ni être réalisée
ni empêcher le mal que le maréchal semblait prévoir sans beaucoup d'inquiétude.

« Cet aveuglement ou cette mauvaise disposition secrète du maréchal eut bientôt les graves
conséquences, qu'avec d'autres intentions, le maréchal eût dû redouter.

« Quelques témoins pensent que, jusqu'au 13
mars au soir, le maréchal fut fidèle.

« En admettant leur favorable opinion, l'effort
n'était pas considérable. Le maréchal était parti
de Paris le 8 ou le 9. C'était le 8 ou le 9 qu'il avait
juré au roi une fidélité à toute épreuve, et un dé-
voûment tel, qu'il lui ramenerait, selon son expression, dans une cage, son ancien compagnon
de guerre. Depuis lors, quatre ou cinq jours seulement s'étaient écoulés : quatre ou cinq jours

suffisent-ils à éteindre ce grand enthousiasme?
Quatre ou cinq jours, durant lesquels le maréchal
n'avait encore ni rencontré d'obstacles, ni vu l'ennemi, n'avaient pas dû consommer, à ce qu'il
semble, l'oubli de sa foi.

« Il est triste pour la loyauté humaine d'être
obligé de dire qu'il en fut autrement.

« Cinq jours seulement après de telles promesses faites à son maître, qui l'avait comblé
d'affection et de confiance, et qu'il avait trompé,
par l'expression, démesurée peut être, d'un sentiment dont le monarque ne lui demandait pas l'espèce de preuve qu'il en offrait, le maréchal Ney
trahit sa gloire passée non moins que son roi, sa
patrie et l'Europe, par la désertion la plus criminelle, si l'on songe au gouffre de maux dans lequel
elle a plongé la France; dont le maréchal, autant
qu'il était en lui, risquait de consommer la perte,
en même temps que, sans nulle incertitude, il
consommait celle de sa propre gloire. Ajoutons
même qu'il trahit sa propre armée, dans laquelle le
gros des soldats savait résister encore aux brouillons
et aux mauvais esprits, s'il en était qui cherchassent à
l'agiter; sa propre armée, qu'il est apparent qu'on
aurait vue persister dans cette loyale conduite, si
elle eût été assez heureuse pour s'y voir confirmée
par l'exemple d'un chef dont le nom et les faits
militaires commandaient la confiance aux soldats;
sa propre armée enfin, qu'il contraignit en quelque
sorte, par les provocations dont il va être rendu
compte, à quitter de meilleures résolutions pour

suivre son chef dans la route du parjure où il l'entraina:t après lui.

« On vient de dire que le maréchal Ney n'avait pas vu l'ennemi : on s'est trompé.

« Il ne l'avait vu que trop; non pas, il est vrai, comme il convient aux braves, en plein jour et au champ d'honneur, pour le combattre et le détruire, mais, comme c'est le propre des traîtres, au fond de sa maison, et dans le secret de la nuit, pour contracter avec lui une alliance honteuse, et pour lui livrer son roi, sa patrie et jusqu'à son honneur.

« Un émissaire de cet artisan des maux de l'Europe, encore plus habile à tramer des fraudes et des intrigues qu'à remporter des victoires, était parvenu jusqu'au maréchal dans la nuit du 13 au 14 mars dernier. Il lui apportait une lettre de Bertrand, écrite au nom de son maître, dans laquelle celui-ci appelait le maréchal *le brave des braves*, et lui demandait de revenir à lui.

« S'il est vrai que le maréchal jusque là ne fût encore entré dans nul complot, il n'en fallut pas davantage du moins pour qu'il consentit à trahir ses sermens. Sa vanité fut flattée; son ambition se réveilla. Le crime fut accepté; et ce ne fut pas plus tard qu'au lendemain matin qu'en fut renvoyée l'exécution.

« Le lendemain matin, 14 mars 1815, il révéla cette disposition, nouvelle en apparence ou en réalité, aux généraux de Bourmont et Lecourbe.

« Ceux-ci ont affirmé qu'ils firent leurs efforts

pour lui donner de l'horreur d'une telle résolution :
tout ce qu'ils purent lui dire pour l'en pénétrer
fut inutile.

« Il les entraîna sur le terrain où il avait ordonné à ses troupes de se former en carré, et là, il
lut lui-même aux soldats la proclamation suivante:

(*Voir* la proclamation du 14 mars, page 138.)

« On peut juger de l'effet que durent produire sur la masse des soldats cette conduite et
ces ordres d'un chef révéré.

« La surprise, d'ailleurs, eût pu opérer les mauvais effets qu'il est hors de doute qu'on avait déjà
préparés par d'autres moyens. Ces moyens, toutefois, avaient si peu obtenu un plein succès, et les
troupes auraient été si faciles à maintenir dans le
devoir, qu'en effet le cœur des Français n'est pas
fait pour trahir, quand la perfidie ne cherche pas
à les égarer ; qu'au dire d'un témoin entendu dans
la procédure du conseil de guerre (le chef d'escadron Beauregard), tandis que les soldats qui
étaient plus près de leur général, entraînés par les
séductions de l'obéissance, répétaient le cri de rébellion qu'il avait jeté, *vive l'Empereur*, les soldats, plus éloignés, fidèles au mouvement de leur
cœur et de l'honneur français, et qui étaient loin
de supposer l'exécrable action du maréchal Ney,
criaient *vive le roi !*

« L'égarement même, dans ces premiers momens, fut si loin d'être universel, que, selon le
même témoin, beaucoup d'officiers et de soldats
indignés sortirent des rangs.

« Pendant que la consternation, selon que l'ont attesté aussi trois autres témoins, les comtes de Bourmont, de La Genetière et de Grevil, était dans l'âme des généraux et d'un grand nombre d'officiers et de soldats, on s'empressa, pour achever l'erreur des troupes, de leur offrir l'appât le plus séduisant pour des hommes privés d'éducation, celui de la licence, du pillage et de l'ivresse. Sous prétexte de détruire les signes de la royauté, dont le maréchal Ney venait de proclamer l'anéantissement, on leur permit de se répandre dans la ville, et de s'y livrer aux excès qui devaient achever de perdre leur raison et de les fixer dans leurs torts, par la mauvaise honte d'en revenir après s'y être trop enfoncés.

« Cette mauvaise honte, malgré l'influence d'un tel chef, ne retint pourtant pas quelques âmes élevées et quelques cœurs droits : tant il est permis de croire, que si le maréchal eût été fidèle lui-même, une armée dans laquelle tout le pouvoir de son exemple trouvait pourtant de si grandes résistances, fût elle-même, sans ses perfides provocations, devenue, par son dévouement au roi, l'honneur de la France ; en sorte que toute la honte de sa conduite retombe véritablement sur le chef parjure, qui fourvoyait la raison et la loyauté instinctive de ses soldats !

« Un grand nombre d'officiers, stupéfaits de n'avoir plus de chef, se retirèrent, comme le lieutenant-général Delort, le général Jarry, le colonel Duballin, etc. ; MM. de Bourmont et de La Gene-

tière se séparèrent , avec une sorte de désespoir ,
d'un général qui ne jouait plus, auprès de ses subordonnés, que le rôle d'un corrupteur. Le comte
de La Genetière lui écrivit même avec amertume la
lettre ci-jointe, qu'il faut recueillir comme une
circonstance propre à diminuer l'espèce de flétris-
sure imprimée sur les troupes, par une défection
dont il est facile de juger que la surprise ne fut
pas une des causes les moins agissantes :

« Ne sachant pas transiger avec l'honneur, et ne
« me croyant pas dégagé des promesses solennelles
« que j'ai faites au roi, entre les mains de S. A. R.
« Monsieur, lorsqu'il me reçut chevalier de Saint-
« Louis ; ne pouvant, d'après mes principes, con-
« tinuer plus long-temps des fonctions préjudicia-
« bles à l'intérêt de mon prince, je quitte l'état-
« major et me rends à Besançon. J'ai eu long-
« temps l'honneur de servir sous vos ordres, M. le
« maréchal ; aujourd'hui je n'ai qu'un regret, c'est
« celui de les avoir exécutés pendant vingt-quatre
« heures. Mon existence pût-elle être compromise,
« je la sacrifie à mon devoir. »

« Voilà le cri de l'honneur français !

« Voilà la conduite qui console et des erreurs
d'autres officiers , ou même des erreurs commises
par ceux-là même qui savent les réparer si noblement et si vite !

« Voilà aussi les sentimens qui révèlent les intentions, qu'au milieu de nos aberrations politiques conservèrent les braves dont le courage ne
vit que la patrie dans les guerres où ils furent en-

gagés, et dont la gloire, en effet, lorsqu'elle fut accompagnée d'une telle droiture, dut être adoptée par le monarque, quoiqu'elle ne fût pas toujours acquise en défendant sa cause.

« Sur-le-champ, M. de La Genetière passa sous les ordres de M. Gaëtan de La Rochefoucauld, dont il suffit de prononcer le nom pour réveiller le souvenir de son dévouement.

« D'autres officiers sortirent aussi de sous les ordres du maréchal. MM. de Bourmont et Lecourbe revinrent à Paris.

« Le baron Clouet, son propre aide-de-camp, lui demanda de le quitter, et le quitta en effet.

« Leçons bien amères données au chef par ses inférieurs, et dont il eût dû profiter pour réparer ses fautes par un prompt retour aux conseils de l'honneur.

« C'est ce que ne fit pas le maréchal Ney! Il s'enfonça de plus en plus dans la trahison.

« Le jour même où il lut sa proclamation à ses troupes, il donna l'ordre écrit de faire marcher toutes celles qui se trouvèrent sous ses ordres, pour les réunir à celles de Bonaparte.

« La nuit qui suivit, il envoya M. le baron Passinges de Préchamp à Bonaparte pour lui apprendre ce qu'il avait fait.

« Le jour d'après, pour achever de séduire M. de La Genetière, il lui montra la lettre de Bertrand, qu'il lui disait contenir l'assurance que tout était convenu avec le cabinet de Vienne.

« Le même jour, il fit imprimer et mettre

à l'ordre de l'armée la proclamation qu'il avait lue la veille, pour que le poison pût s'en propager avec plus de facilité, et qu'il arrivât jusqu'à ceux qui avaient été assez heureux pour ne pas en entendre la lecture.

« Dès le 14, le maréchal avait voulu séduire le marquis de Vaulchier, préfet du Jura, et l'engager à gouverner pour Bonaparte. Sur l'horreur que ce magistrat fidèle lui manifesta, il lui dit même que cette horreur *était une bêtise*. Dans la nuit du 14 au 15, il lui en donna l'ordre écrit, que ce préfet montra même à M. de Grivel.

« Les jours suivans, il s'occupa d'insurger tous les pays où il passait, et d'y faire imprimer sa proclamation : il y en eut une édition à Dôle.

« Le 19 mars, il décerna un ordre d'arrestation contre ceux des officiers-généraux et magistrats dont la résistance avait été la plus marquante, et à qui il ne pardonnait pas, soit de l'avoir abandonné, soit d'avoir résisté à ses ordres; savoir : MM. de Bourmont, Lecourbe, Delort, Jarry, de La Genetière, Durand, Duballin, Clouet, le comte de Scey et le commandant d'Auxonne.

« Il écrivit au duc de Bassano, par ordre de Bonaparte, de suspendre toutes les mesures à Paris : ce qui s'entend sans doute de quelques mesures qui avaient été méditées par cet usurpateur, s'il eût éprouvé quelque résistance.

« Il osa même bien écrire aux maréchaux ducs de Reggio et d'Albufera pour leur transmettre des ordres de Bertrand.

« Il donna l'ordre au commandant d'Auxonne de rendre sa ville aux troupes de Bonaparte ; et ce fut même pour punir l'indocilité honorable de cet officier, que peu de jours après il inscrivit son nom dans la liste de ceux qu'il ordonnait de priver de leur liberté.

« Il faut s'arrêter ici.

« Toute la France, toute l'Europe a su que depuis le maréchal Ney a persisté avec éclat dans sa rébellion ; mais tous les faits qui se rattachent à sa conduite ultérieure, n'étant que la conséquence de sa première trahison, méritent à peine d'être remarqués auprès de ce grand acte d'infidélité, l'une des sources des malheurs qu'une fatale usurpation attira sur la France.

« Ces malheurs aussi ne doivent pas être retracés, tout propre que serait le tableau fidèle que l'on en pourrait faire à soulever l'indignation universelle contre l'un des hommes qui en furent les principaux artisans.

« Il faut en détourner la vue, parce que le spectacle en est intolérable ; il faut en détourner la vue, sans pouvoir comprimer pourtant la cruelle réflexion que tous les maux dont la patrie est désolée sont dus à une poignée d'hommes qui, parce qu'ils se distinguèrent par quelques beaux faits militaires, ont cru qu'ils avaient le droit de se mettre au-dessus des lois, de se jouer des sentimens les plus sacrés, de la fidélité elle-même à leur roi et à leur pays, et d'y faire impunément toutes les révolutions dont peut s'aviser leur am-

bition souvent irréfléchie, persuadés qu'ils sont
que, parce qu'ils furent de braves militaires, il leur
est permis d'être à la face de la nation et de l'Europe des sujets déloyaux et de mauvais citoyens:
doctrine déplorable qui n'est heureusement que la
doctrine exclusive de cette poignée d'ambitieux
pervers; doctrine désavouée par le véritable honneur militaire, et par cette foule de braves dont
les yeux enfin dessillés ne peuvent plus reconnaître
la gloire dans ceux que jadis ils virent aux champs
de l'honneur, s'ils ne les retrouvent pas dans les
routes de la fidelité à leur roi et à leur patrie,
et s'ils ne les voient pas se montrer à la fois
grands citoyens autant que grands capitaines, et
hommes de bien non moins que guerriers pleins
de valeur.

« En conséquence de tous ces différens faits,
Michel Ney, maréchal de France, duc d'Elchingen, prince de la Moskowa, ex-pair de France,
est accusé devant la Chambre des pairs de France
par les ministres du roi et par le procureur-général près la Cour royale de Paris, commissaires
de Sa Majesté,

« D'avoir entretenu avec Bonaparte des intelli-
gences, à l'effet de faciliter à lui et à ses bandes, leur
entrée sur le territoire français, et de lui livrer des
villes, forteresses, magasins et arsenaux, de lui
fournir des secours en soldats et en hommes, et de
seconder le progrès de ses armes sur les posses-
sions françaises, notamment en ébranlant la fidélité des officiers et soldats;

« De s'être mis à la tête de bandes et troupes
armées, d'y avoir exercé un commandement pour
envahir des villes dans l'intérêt de Bonaparte, et
pour faire résistance à la force publique agissant
contre lui ;

« D'avoir passé à l'ennemi avec une partie des
troupes sous ses ordres ;

« D'avoir, par discours tenus en lieux publics,
placards affichés et écrits imprimés, excité directement les citoyens à s'armer les uns contre les autres ;

« D'avoir excité ses camarades à passer à l'ennemi ;

« Enfin, d'avoir commis une trahison envers le
» roi et l'État, et d'avoir pris part à un complot
» dont le but était de détruire et de changer le
» gouvernement et l'ordre de successibilité au
» trône, comme aussi d'exciter la guerre civile,
» en armant ou portant les citoyens et habitans
» à s'armer les uns contre les autres :

« Tous crimes prévus par les articles 77, 87,
88, 89, 91, 92, 93, 94, 96 et 102 du Code pénal,
et par les articles 1er et 5 du titre 1er, et par l'article 1er du titre III de la loi du 21 brumaire an 5.

« Fait et arrêté en notre cabinet, au palais de la
Chambre des pairs, le 16 novembre 1815 à midi.

  « *Signé*, RICHELIEU, BARBÉ-MARBOIS, le
   comte DU BOUCHAGE, le duc de FELTRE,
   VAUBLANC, CORVETTO, DECAZES, BELLART. »

Cette lecture terminée, le président adresse la parole au maréchal.

« Vous avez entendu la lecture des charges qui s'élèvent contre vous. Vous êtes accusé d'avoir abusé du commandement d'une armée destinée à repousser l'usurpateur, pour favoriser ses projets; d'avoir excité ou fait exciter, par vos ordres, la défection de l'armée; d'avoir lu devant vos troupes une proclamation séditieuse, de l'avoir soutenue dans des ordres du jour, de l'avoir fait imprimer et afficher; enfin d'avoir donné l'exemple d'une défection qui a été si fatale. Le crime dont on vous accuse est odieux à tous les bons Français; mais ce n'est pas dans la Chambre que vous avez des haines à craindre : vous y trouverez plutôt des intentions favorables dans les souvenirs glorieux attachés à votre nom. Vous pouvez parler sans crainte, expliquer les moyens que vous pouvez avoir contre les charges qui pèsent sur vous; mais avant d'ouvrir les débats, je dois vous demander si vous avez des moyens préjudiciels à proposer. »

Le maréchal se lève, prend la parole et dit :

« Monseigneur le chancelier et Messieurs,

« La Chambre des pairs ayant décidé qu'il me serait permis de présenter des moyens préjudiciels, je demande qu'on veuille bien en entendre le développement avant de passer outre à aucune partie de l'instruction. »

Le procureur-général, commissaire du roi, demande que le maréchal soit tenu de présenter ses moyens cumulativement, attendu la nécessité urgente de donner fin à une affaire qui intéresse si essentiellement la sûreté de l'Etat.

Le président donne ensuite la parole à Me Berryer père, l'un des défenseurs du maréchal.

Ce jurisconsulte s'attache à prouver la nullité de la procédure déjà faite, à raison de ce que le prévenu a été traduit en vertu d'ordonnance du roi. Ses conclusions tendent à ce qu'il plaise à la Cour des pairs, vu l'article 4 de la Charte constitutionnelle, l'article 23, et le manque d'une disposition réglementaire sur l'article 34, surseoir au jugement de l'accusé, jusqu'à ce qu'une loi ait réglé les attributions de la Cour des pairs.

« Il est pénible, dit-il, pour le maréchal Ney et ses conseils, de proposer des moyens d'exception devant des juges aussi capables, aussi nombreux. Déjà nous devons à la sagacité de S. M. d'avoir voulu reconnaître et consacrer l'incompétente irrégularité d'un conseil de guerre; d'avoir rendu à la Chambre des pairs la haute prérogative de prononcer sur les crimes (heureusement rares) qui menacent la sûreté de l'Etat. Une ordonnance royale a rendu le maréchal à votre juridiction, qu'il n'a cessé de réclamer; c'est à vous de le juger: je regrette seulement que les ministres du roi n'aient pas fait régler dans quelle forme le procès devait être entamé, devait être suivi. Les ministres ont paru craindre de nous faire la concession qu'on ne pourrait perdre la qualité de pair que par un jugement; ils vous ont attribué la connaissance du délit, et ont préjugé l'exclusion de la prérogative de l'accusé, sur laquelle c'était à vous seuls de prononcer. Si vous n'aviez pas cette inviolabilité de caractère, qui vous sauverait des tribunaux, dont le pouvoir ne s'étend pas à vous juger? Malgré l'accusation terrible qui pèse sur lui, le maréchal Ney conserve toujours sa qualité; il ne peut la perdre que par un jugement qui n'est pas rendu. Pair de France de la nomination royale au 15 mars dernier, il est impossible de ne pas la lui reconnaître, quoique je ne dissimule point ce que peut lui enlever, d'autre part, la disgrâce du roi qu'il a encourue.

« L'intérêt de la pairie, qui est engagée dans cette affaire, est surtout l'objet sur lequel je veux insister en préludant dans cette discussion; je veux établir que l'état possédé au jour de la faute est le régulateur éternel des formes judiciaires.

« Je m'abstiendrai de parler du ton d'alarme répandu dans les discours ministériels qui ont porté cette cause sous vos yeux; de la défaveur versée à grands flots sur un homme qui n'est encore qu'accusé. C'est le langage de l'attaque et d'accusateurs; et cependant la plainte n'était pas encore reçue, n'était pas encore acceptée. Je passe légèrement aussi sur un troisième point qui avait étonné les esprits : l'injonction, pour ainsi dire précise, d'instruire à huis-clos. Des amendemens généreux, apportés dès le lendemain, nous inspirèrent la confiance, nous ont pénétrés de reconnaissance. Où sont les Français qui, après cette religion observée dans les droits du prévenu, douteraient encore de la foi jurée à la Charte constitutionnelle? Depuis trois mois, on retrouve partout le monarque occupé d'enchaîner les passions, mettant, remettant sans cesse dans la balance la franchise, si long-temps manifeste, d'un guerrier justement célèbre. Jamais monarque n'a mieux connu les vrais moyens de gouverner et de soumettre tous les cœurs.

« J'arrive à l'analyse de la deuxième ordonnance, sous la date du 12 novembre : le retour aux principes y est notable. On y consacre les formes régulières: nouvelle audition de témoins, publicité des débats ; on respire..... Pourtant, Messieurs, quand on considère l'autorité qui accuse, la définition qu'elle a faite du délit, on se demande : Convenait-il bien que ce fussent les ministres qui seuls traçassent le mode d'accusation ; qu'ils en prissent le modèle dans les Cours spéciales, et, ce modèle, qu'ils le modifiassent à leur gré?

« Avant de prouver que vous ne devez procéder que par une loi organique, qu'il me soit permis d'entrer dans quelques considérations générales qui rentreront dans l'objet particulier qui vous est soumis.

«..... L'organisation de la pairie en tribunal ne peut être faite que par une loi générale qui se rattache à la Charte, et règle le sort de tous ceux qui pourraient être atteints par cette loi. Il ne faut pas donner à l'esprit de controverse l'occasion d'avancer que ce tribunal était transitoire, momentané, et pouvait être réformé. Il y aurait lu l'image d'une commission. Il ne faut pas avoir la moindre inquiétude de vous voir accusés par la critique ou la malveillance, de n'être que des commissaires, vous membres du premier corps de l'Etat. Vous vous reprocheriez d'avoir débuté dans cette carrière de juges par l'adoption d'une procédure totalement arbitraire. Il faut que vos pouvoirs soient régularisés; il faut qu'il soit décidé (non que je mette en doute ou en défiance l'extrême justice qui présidera à votre jugement), si vous êtes l'unique pouvoir qui doit décider, et si vous vous placez au-dessus de tout recours, dans le cas où l'accusé en aurait à invoquer. Prononcerez-vous comme des juges unis à des jurés? Serez - vous vous-mêmes un grand jury national? La Chambre des pairs sera-t-elle laissée à sa noble conscience? Enfin, êtes-vous juges de l'intention? jusqu'à quel point rassemblerez-vous tous les faits de cette entreprise funeste, dont l'audace fut extrême, et devez-vous avoir égard aux circonstances atténuantes de la culpabilité. Il faudra que vous ayez la puissance de déterminer quelle influence ont pu avoir sur le maréchal Ney les lieux où il s'est trouvé placé, l'exemple de ses coopérateurs, déjà innombrables avant le 14 mars, et dont le nombre même empêche la recherche et la poursuite.

« Vous vous serez étonnés que l'acte d'accu-

sation vous ait rangés, vous, Messieurs, dans la
classe d'une Cour criminelle spéciale. Lorsque le
maréchal Ney, prévenu de haute - trahison, a
songé à réclamer la qualité de pair de France, il a
espéré, au contraire, trouver ici une élite de toutes
les classes, le creuset qui neutraliserait tous les
partis, une autorité qui partagerait la pensée de
l'Etat, et ne prendrait de parti que dans un intérêt général. Où serions-nous donc placés? Quoi!
l'accusé se trouverait avoir échangé l'action redou-
table du pouvoir militaire contre un pouvoir *pré-
vôtal!*

« N'admettons pas un tribunal d'exception : il
faut ici créer un tribunal d'Etat. Les art. 33 et 34
de la Charte le fondent, ou plutôt réclament l'organisation qui doit l'établir. Je développerai tout-
à-l'heure les raisons d'appuyer avec tant d'instance
sur l'obtention d'un réglement fondamental. »

L'avocat fait ici une pause pour reprendre le
développement de ses moyens; puis il s'attache à
prouver que la Chambre des pairs doit cesser
toute espèce de poursuite contre l'accusé jusqu'à ce
qu'une loi organique ait déterminé la marche à
suivre : « Nous sommes en matière criminelle, dit-
il, où tout a besoin d'être éclairci, et d'être d'une
rigoureuse équité : l'article 4 de la Charte exige
une loi. »

Mᵉ Berryer résume ensuite ses moyens et ses
conclusions. Il rappelle que vingt témoins ont été
entendus au conseil de guerre, et qu'il est inutile
de les faire comparaitre de nouveau dans l'intérêt

du maréchal. La signification ne lui a été faite que samedi ; dix autres significations partielles dans la journée d'hier. Il est évident qu'il a manqué de temps pour se pourvoir et régler les intérêts de son client. « Mais, ajoute-t-il, j'écarte ces moyens secondaires, et je reviens à demander *mon exception préjudicielle*. Le droit du fond est acquis au maréchal Ney, mais il se trouve privé, contre son intérêt, des délais mêmes qu'accorde le Code criminel.

« Pour l'intérêt de la Chambre, il convient d'écarter de ce procès la fâcheuse image d'une Cour prévôtale.

« Pour l'intérêt de tous les pairs, un membre de leur assemblée, un particulier ne peut être jugé sur l'accusation d'un ministre, sans formes établies et organisées d'avance.

« Il faut qu'on règle le prononcé du jugement : l'article 4 serait enfreint, la Charte entière serait violée.

« Je m'arrête, Messieurs : sujet fidèle et zélé, je me trouve placé dans une position nouvelle et difficile. Je crois toutefois combattre dans les intérêts du roi, en soutenant les principes. Je n'oublie point que je parle devant les législateurs eux-mêmes. Je me tais : c'est avec confiance que j'attends votre jugement.

M. Bellart. Les défenseurs de l'accusé annoncent qu'ils sont loin d'avoir terminé l'exposé de leurs moyens : je demande qu'ils les présentent cumulativement. Je ne veux pas penser que les

lenteurs où ils se rattachent aient pour but de vouloir échapper à la justice; mais enfin, devant un
tribunal en dernier ressort, tous les moyens doivent être produits. Il n'est plus temps de chercher la justification du méréchal Ney dans une sorte
d'affectation à éluder tous les tribunaux et tous
les juges. Plus de divagation : le péril de ce procès
doit avoir enfin des bornes; il n'est plus temps de
reculer un jugement qui devrait être terminé. Je
crois, au nom des commissaires du roi, devoir
insister pour que les défenseurs ne soient admis à
émettre leurs moyens préjudiciels qu'en les présentant collectivement. S'il est quelque nullité
qu'ils prétendent alléguer, je me réserve de·les
combattre. »

Mᵉ Dupin. Ce qui est préjudiciel doit, avant
tout, être décidé par un jugement : si l'on nous
refusait la loi demandée, encore faudrait-il nous
accorder les délais nécessaires pour produire une
défense, en nous retranchant, pied à pied, dans
nos demandes où nous réduirait l'impossible, auquel nul n'est tenu. Elle serait arrivée cette loi
que nous sollicitons, si, au lieu de suivre une
marche tortueuse, le ministre eût procédé légalement et suivi la ligne directe de la constitution.
Combien faut-il de temps pour obtenir une loi?
Celui qui a suffi pour rédiger les deux ordonnances.
Nous avons, avant tout, espéré qu'il serait décidé
si nous serions jugé avec ou sans une loi. Le 18
seulement, les pièces nous sont arrivées; deux
jours à peine ont été à notre disposition pour

nous occuper de la question préjudicielle; nous ne demandons que le temps physique de répondre.

Le Président. La Chambre va se retirer pour délibérer.

Il est une heure et demie. Les pairs passent dans une salle particulière, en conférence secrète : ils rentrent en séance à trois heures. Le maréchal Ney, qui avait été reconduit dans le lieu de sa détention, est ramené sur l'ordre du président. Ce dernier dit : « La Chambre des pairs ordonne que le commissaire du roi s'expliquera sur le moyen élevé par les défenseurs de l'accusé, sauf à elle ensuite de statuer, s'il y a lieu, sur les autres moyens préjudiciel qui seraient proposés par le maréchal.»

M. Bellart prend la parole. Après un court préambule, dans lequel il fait quelques rapprochemens entre la grande illustration de l'accusé et la grande catastrophe qui l'a conduit devant la Cour des pairs, il annonce que, pour le moment, il ne s'occupera pas de discuter la question de fond, qu'il ne cherchera point encore à découvrir la source des malheurs sans nombre qui ont pesé et qui pèsent encore sur la France : il se bornera, quant à présent, à repousser les argumens des conseils de l'accusé, en faveur du système qu'ils ont adopté sur les exceptions qu'ils cherchent à faire valoir, et les difficultés qu'ils voudraient offrir relativement à la question préjudicielle. Puis il dit: « En me renfermant dans les moyens de forme,

il ne me sera pas difficile d'anéantir tout l'édifice
qu'on a pris soin d'élever.

« Le maréchal Ney, ajoute-t-il, traduit d'abord
devant un conseil de guerre, a déclaré l'incompétence de ce tribunal ; il a demandé à être jugé par
la Chambre des pairs : cette faveur lui a été accordée. Il est traduit devant nous ; et, au moment
où il ne devrait apporter d'autre empressement
que celui de se justifier du crime qu'on lui impute, il cherche, au contraire, à soulever de nouvelles difficultés, à éluder encore le jugement qui
doit prononcer sur son sort. On attendait peut-
être une autre conduite du maréchal Ney.

« On s'est d'abord demandé si M. le maréchal
avait pu être dépouillé de sa qualité de pair par
une ordonnance royale. Les faits sont là pour répondre à cette objection. Ce n'est pas par une
ordonnance du roi que l'accusé a été dépouillé de
la pairie, c'est par sa volonté personnelle qu'il a
été exclu de cette auguste assemblée ; c'est en
siégeant dans la Chambre des pairs de l'usurpateur
qu'il a perdu le titre qu'il possédait…. Je n'insis-
terai point sur cette question : elle est trop simple
et trop facile à résoudre pour que je m'y arrête plus
long-temps. »

Dans la suite de son discours, trop long pour
être rapporté en entier, le procureur-général s'attache à prouver que la Chambre des pairs n'a besoin d'aucune loi pour juger le maréchal Ney. Il
termine en ces termes : « Ainsi donc, puisque la loi
qu'on demande n'existe pas, puisque d'ailleurs elle

ne serait qu'explicative d'une loi fondamentale,
le roi a pu et a dû y suppléer par ses ordonnances.
Je ne m'arrête point aux autres exceptions qu'on
prétend découvrir, au sujet d'officiers ministériels
et de divers autres petits moyens de nullité qu'on
a invoqués. Je n'abuserai pas plus long-temps de
vos instans. Je me résume, et je conclus, au nom
des commissaires du roi, à ce qu'il soit procédé
incontinent au jugement du maréchal Ney, et
qu'il soit enjoint par la Chambre, à ses défenseurs, de présenter sans délai les autres moyens
qu'ils ont à faire valoir dans l'intérêt de l'accusé. »

Après une courte réplique de M⁰ Dupin, au
discours du procureur du roi, et dans laquelle il
persiste à demander une loi qui régularise le mode
de procéder, et établisse d'une manière fixe et
précise les formes que doivent suivre les juges du
maréchal Ney, la Chambre rend le jugement
suivant :

« La Chambre, faisant droit sur les conclusions
des commissaires du roi, sans s'arrêter ni avoir
égard aux moyens présentés dans l'intérêt du prévenu, s'ajourne à jeudi prochain, 23 novembre ;
maintient les assignations des témoins ; ordonne
que l'accusé sera tenu de présenter cumulativement ses autres moyens de défense, s'il y en a, sur
la question préjudicielle, sinon, elle passera outre, pour continuer les débats sur la question du
fond et rendre le jugement.

Sur l'observation faite par M⁰ Berryer qu'il sera

impossible, dans un laps de temps aussi court, d'envoyer des assignations à tous les témoins à décharge, le président répond par ces mots : « VOUS AVEZ ENTENDU LE JUGEMENT. »

Le jeudi 23 novembre, la Cour entra en séance à onze heures. La garde nationale faisait, comme à la séance du 21, le service exclusif de l'intérieur. Le maréchal Oudinot, commandant en chef, était dans l'enceinte long-temps avant que les autres pairs ne fussent venus occuper leurs places.

Dans les tribunes réservées au public, l'affluence était encore plus grande qu'à la première séance. Les mêmes dispositions avaient été observées dans la salle. Le nombre des témoins était augmenté. Plusieurs avaient été assignés à décharge par le maréchal Ney. Dans le nombre on remarquait une dame.

Le banc des ministres était occupé par le garde-des-sceaux et M. Decazes.

L'appel nominal constata l'absence de quatre pairs : les comtes Lanjuinais, Boissy-d'Anglas, de Muy, et Porcher de Richebourg.

Le président dit au maréchal : « On vous accorde la faculté de présenter vos moyens préjudiciels, autres que ceux qui ont été produits dans la première séance. »

Me Berryer prend la parole et dit : « Monseigneur, et nos Seigneurs les Pairs, mes conclusions tendent à ce qu'il plaise à la Cour déclarer la procédure tenue, à partir de l'arrêt du 13 novembre dernier, nulle et de nul effet; en conséquence, ordonner qu'elle sera recommencée en la forme voulue par la loi. »

Puis, dans un long discours que notre cadre ne nous permet pas de rapporter, il présente cinq moyens de nullité.

Le commissaire du roi s'attache à les combattre, et requiert que, sans s'arrêter aux moyens présentés par les défenseurs du maréchal Ney, il soit passé outre, et que les débats soient ouverts.

Après une pause de quelques minutes, Me Dupin a la parole. Il demande un nouveau délai. « Les témoins à charge, dit-il, sont réunis; ils le sont tous. Et ceux à décharge, où sont-ils? Nous n'avons eu que quarante-huit heures pour leur donner signification.

Pouvions-nous assigner nos témoins hier, pour les faire comparaître aujourd'hui? Il y a des difficultés physiques devant lesquelles nous avons dû être arrêtés, et qu'il est impossible qu'on refuse de reconnaître. On semble, par une concession généreuse, nous accorder le point que notre innocence est prouvée avant une certaine époque. Cela ne suffit pas; nous ne voulons pas d'une justification anticipée, et par conséquent incomplète. Vous voulez passer à la proclamation du 14, et nous voulons développer les circonstances qui l'expliquent. Vous voulez placer notre tête sous la foudre; et nous, nous voulons expliquer comment l'orage s'est formé. »

Après une réplique assez vive de M. Bellart, la

Chambre des pairs, faisant droit aux conclusions de ce dernier, et sans s'arrêter sur les moyens présentés par les défenseurs du maréchal, ordonne qu'il sera passé outre, et que les débats s'ouvriront. Puis, sur les nouvelles sollicitations des deux avocats de l'accusé, tendant à obtenir un délai quelconque, afin de faire assigner les témoins à décharge, elle rend le jugement suivant :

« La Chambre des pairs, faisant droit sur la demande de l'accusé, d'ajourner à tel jour qu'il lui plaira de fixer l'ouverture des débats, pour faire entendre les témoins à la requête du maréchal,

« Après avoir entendu le commissaire du roi,

« Maintient les exploits d'assignation donnés le 19 de ce mois, et ajourne au lundi 4 décembre prochain, pour tout délai, l'examen, l'ouverture des débats et le jugement. »

La séance est levée.

La séance du 4 décembre commença à onze heures moins un quart. Le public avait été admis dans la salle dès huit heures du matin. Les pairs avaient pris, en comité secret, une délibération fort importante, celle de ne donner force de décision dans la cause qu'ils allaient juger, qu'aux cinq huitièmes des voix délibérantes; en telle sorte, que si les membres de l'assemblée étaient au nombre de cent soixante, il faudrait cent votes uniformes pour composer la majorité. On croit que cette décision avait été rendue à la sollicitation de Me Dupin, l'un des défenseurs du maréchal Ney.

Le garde-des-sceaux, MM. Dubouchage et Decazes occupent le banc des ministres.

L'accusé et les témoins sont introduits.

Le président rappelle aux avocats composant le
conseil du maréchal, qu'ils ne doivent rien dire
contre leur conscience, leur honneur, et se renfermer dans les strictes bornes de la modération ;
à l'accusé, qu'il doit être attentif à ce qui va lui
être lu.

Le greffier relit l'acte d'accusation. On fait retirer ensuite les témoins dans la salle qui leur est
destinée. On passe à l'appel nominal ; à l'exception
du général, comte Dambarrère, retenu chez lui
par une indisposition, tous les pairs sont présens.

Le greffier donne la liste des témoins ainsi qu'il
suit :

Témoins assignés à la requête du ministère public : le duc de Duras, MM. Mangin, Pantin, Per-
rache, de Félix, le comte de Rochemont, de
Beausire, le duc de Reggio, le baron Clouet, le
comte de Faverney, le prince de Poix, le comte
de Scey, le comte de La Genetière, le colonel de
Grivel, le comte de Bourmont, de Balincourt,
madame Maury, sont présens.

Sont absens : le baron Mermet, le baron Gaul-
thier, le marquis de Sauran, MM. Regnaud, de
Saint-Amour, Cayrol, le baron de Montgenet,
Bessières, Guyé, le comte Hendelet, le duc d'Al-
buféra.

Le Président. Où étiez-vous, M. le Maréchal, avant le 6 mars dernier?

Le Maréchal. Monseigneur, et Messieurs les Pairs, je déclare que je vais répondre à toutes les questions qui pourront m'être faites dans cette enceinte, sous la réserve toutefois du bénéfice qui m'est attribué par l'article 12 de la convention militaire de la capitulation de Paris, et le traité du 20 novembre dernier.

M. Bellart. Les commissaires du roi déclarent qu'ils ne peuvent admettre de pareils moyens, comme défense fondamentale dans cette cause: l'accusé peut user des ressources qu'il croit utiles, mais non pas hors des limites de la procédure.

Le Maréchal. M. le président, j'étais, avant le 6 mars, à ma terre des Coudreaux, près Châteaudun.

Le Président. Pourquoi l'avez-vous quittée?

Le Maréchal. Pour obéir aux ordres de S. E. le ministre de la guerre. En arrivant à Paris, je ne savais rien; on peut demander à M. le duc de Montmorenci, ici présent, et habitant alors une terre voisine de la mienne, si la moindre connaissance des événemens qui occupaient Paris circulaient encore dans nos provinces. Mon notaire fut, en arrivant, le premier qui m'aborda avec ces mots: *Savez-vous la grande nouvelle?* J'ai vu le ministre de la guerre, mais après avoir rendu mes devoirs à S. A. R. Monseigneur le duc de Berri.

Le Président. Quelles furent les explications que vous donna le ministre?

Le Maréchal. Il ne me donna aucune explication; il parut refuser au contraire d'entrer dans des détails.

Le Président. Avez-vous vu le roi?

Le Maréchal. J'ai vu le roi. Je ne pus d'abord, et dans les premiers instans de mon arrivée, pénétrer jusqu'à lui; mais en rentrant chez moi, diverses personnes de ma famille m'assurèrent qu'il était convenable que je me présentasse devant S. M. J'insistai donc pour être admis, et je le fus. Le roi ne savait, ou ne se rappelait point les ordres donnés par le duc de Dalmatie, et ne m'entretint d'aucunes dispositions militaires. On a dit que j'avais donné l'assurance que je ramènerais Bonaparte dans une cage de fer : ceci n'est point exact et serait une sottise. J'ai dit qu'en hasardant une entreprise si folle, il mériterait, s'il était pris, d'être mis dans une cage de fer ; mais je ne me suis point chargé, moi, de l'exécution. Dussé - je être passé par les armes, et déchiré en lambeaux, je suis prêt à confirmer cette déclaration.

Le Président. Reconnaissez-vous les ordres qui vous ont été transmis par le ministre de la guerre?

(Un huissier de la chambre présente au maréchal différens papiers qu'il examine.)

Le Maréchal. Oui, je les reconnais.

Le greffier donne lecture de ces ordres signés du maréchal Soult, et contresignés d'Albignac. Ils portent en substance, que le prince de la Moskowa se rendra dans son gouvernement de Besançon, et fera quelques dispositions relatives au cantonnement des troupes et à la garnison de plusieurs places.

Pendant la lecture, le maréchal s'est assis sur l'invitation du chancelier.

Le Président. Accusé, quelle fut votre conduite à Besançon?

Le Maréchal. Je n'avais rien à faire à Besançon; j'y commandais des dépôts : j'y serais resté les bras croisés. Je me rendis le 12, à Lons-le-Saulnier. Je rappelai aux troupes, là et partout où je les rencontrai sur la route, leurs sermens à l'autorité royale.

Le Président. Que s'est-il passé depuis?

Le Maréchal. Des émissaires de Bonaparte arrivèrent de toutes parts, et m'ont circonvenu : quelques-uns étaient des officiers de la garde déguisés. C'est à tort que dans l'instruction il a été établi que l'un d'eux était manchot : il était seulement blessé au bras. Ils m'ont tous dit, m'ont tous assuré que l'Autriche et l'Angleterre étaient d'accord avec Napoléon, que j'étais responsable de la guerre civile et du sang français qui pourrait être versé. Jusqu'alors j'avais été fidèle: il n'a pas fallu moins que des considérations de cette valeur, et le nom si sacré de la patrie, pour me faire oublier mes engagemens. On a dit, et le ministère public a répété, que j'avais hésité quand le roi m'avait présenté sa main. Je déclare que les sentimens qui me l'ont fait prendre avec respect, étaient dans mon cœur, que je n'ai point alors dissimulé. J'ai pu être égaré, jamais perfide.

Le Président. Pourquoi n'avez-vous pas conservé la lettre qui vous fut écrite par Bonaparte ou par le général Bertrand ?

Le Maréchal. Je n'en ai pas été le maître : madame la maréchale, dans un moment d'affliction et de terreur bien explicables dans une femme, avait ordonné qu'on la brulât. Je ne suis arrivé à Paris que le jour même où Labédoyère a été fusillé. Je n'ai pu sauver cette lettre, je la regrette : elle contenait des détails qui m'auraient été profitables.

Le Président. Reconnaissez - vous cette proclamation ? (On lui présente une feuille imprimée.)

Le Maréchal. Cette proclamation est fausse : elle avait été répandue (je l'ai su depuis), avant même que j'en eusse connaissance. La signature qu'elle porte n'est pas la mienne. Avant que je l'eusse connue elle était imprimée à Dôle, je le suppose: mon nom et mes qualités n'y sont point dans l'ordre que j'ai coutume de signer.

On relit cette proclamation (c'est celle du 14 mars).

Le Président. La vôtre était-elle dans les mêmes termes?

Le Maréchal. Dans les mêmes.

Me Berryer fait observer que ces deux pièces manquent d'identité.

Le Président demande au maréchal comment on ébranla la fidélité qu'il devait au roi.

Le Maréchal. En me disant que tout le monde savait que l'affaire de Bonaparte était arrangée d'avance, en me montrant, ce qui était une vérité, l'espèce de rage et d'enthousiasme qui emportait vers lui les soldats et les habitans des campagnes.

M. Bellart. Je prie M. le président de demander à l'accusé s'il ne lui fut pas remis, dans la nuit du 13 au 14, des plaques de la Légion-d'Honneur à l'effigie de l'usurpateur, et des aigles pour les drapeaux de ses régimens.

Le Maréchal. A moi, personnellement, il ne me fut rien apporté. Les chefs des différens corps remplacèrent les signes royaux par des aigles et des couronnes de laurier. Nulle part les drapeaux blancs ne furent insultés.

M. Bellart. Quelles décorations portait l'accusé? Veuillez-le lui demander, M. le Président.

Le Maréchal. Je portais celles du roi; je les ai portées à Auxerre; j'ai abordé Napoléon avec elles; je les ai portées jusqu'à Paris.

Le Président. Quelles actions se sont passées dans la matinée du 14?

Le Maréchal. J'étais chagrin, j'avais besoin de conseils, et je n'en eus point. Ceci deviendra évident dans les débats. Je sommai, au nom de l'honneur, MM. les lieutenans-généraux Lecourbe et Bourmont de m'aider de leurs lumières, et de me prêter leur appui : je n'en obtins rien.

Le Président. Quels ordres donnâtes-vous alors?

Le Maréchal. Ceux qui me furent transmis par

le général Bertrand , et qui consistaient à diriger les troupes sur Auxerre.

Le Président. N'avez-vous donné aucun autre ordre, et particulièrement à M. de La Genetière?

Le Maréchal. Je ne le crois pas , et je ne me le rappelle point.

Sur l'invitation du président, le greffier donne lecture d'un *itinéraire* qu'ont dû suivre les troupes sous le commandement du maréchal Ney, se dirigeant sur Lyon par Mâcon et Saint-Amour. Les principales dispositions de cet ordre du jour sont que le 5e régiment de hussards ouvrira la marche; qu'une double ration de pain et de vin sera distribuée aux soldats , et une paie extraordinaire comptée aux officiers ; que tous ces traitemens seront acquittés sur le trésor de l'État; que les décorations militaires seront échangées ; que le drapeau tricolore sera repris par l'armée.

Le Maréchal. Je crois en effet que cet ordre fut donné dans la matinée du 14; depuis, le général Bertrand disposa absolument de la marche des troupes.

Le Président. Pourquoi aviez-vous donné ces ordres , et pourquoi ces dépenses, ces doubles rations?

Le Maréchal. Ces dispositions m'étaient étrangères; elles venaient de l'état-major de Bonaparte. Je n'ai joué dans tout cela qu'un rôle secondaire. Tout le monde sait que Bonaparte en agissait ainsi, et qu'il n'était point rare qu'il donnât 50 fr., jus-

qu'à 100 fr. par jour à ses officiers dans des marches extraordinaires.

Le Président. Que dites-vous à M. le colonel
de La Genetière? Ne lui montrâtes-vous pas une
lettre, un ordre que vous disiez avoir reçu?

Le Maréchal. Je ne lui montrai point d'ordre;
ce ne fut jamais ni dans la discipline militaire,
ni dans mon habitude de montrer à un subalterne
les lettres que je pouvais recevoir des officiers d'un
grade que je regarde comme supérieur. Un seul
colonel me montra une noble résistance, et c'est
M. Dubalen. Je lui dois cet éloge : lui seul me proposa sa démission : « Vous êtes libre, mon cher
colonel, lui dis-je; je vous conseille seulement de
vous retirer promptement pour échapper aux
mauvais traitemens de vos propres soldats. » En
effet, il se retira à Besançon.

Le Président. Avez-vous fait cette proclamation
qui fut lue le 14 mars?

Le Maréchal. Jamais. On la lut à la vérité : je
l'ai lue moi-même, et je n'ai jamais cherché à dissimuler ce tort; mais je ne l'ai point signée.

Le Président. Expliquez-vous sur un ordre qui
fut donné par vous d'arrêter plusieurs officiers
soupçonnés de ne point partager vos sentimens.

Le Maréchal. Cet ordre, je l'avais reçu moi-
même.

La pièce originale est représentée à l'accusé. Il
continue. « Je crois en effet que c'est celui-là. (On
donne lecture de cette pièce.) Il ajoute : On re-
marquera que j'y suis appelé maréchal *d'empire*, ce

qui prouve évidemment qu'il m'était venu du quartier-général de Bonaparte. On connaît son extrême célérité à prendre toutes sortes de mesures, à prévoir toutes les conséquences. Tout le monde sait encore qu'il n'eût jamais permis, qu'il n'eût jamais pardonné qu'un maréchal arrêtât l'un de ses généraux. Je le répète, je n'ai joué qu'un rôle secondaire. Toutes les mesures décisives étaient prises sans ma participation.

Le Président. N'y a-t-il pas eu quelques troubles à Lons le-Saulnier, en votre présence?

Le Maréchal. On a beaucoup parlé de ces troubles: le fait est qu'il n'y a pas eu un verre cassé. J'ai fait venir chez moi le maître d'un café où l'on prétendait que l'on avait causé quelque dommage. Je lui ai offert de l'indemniser de ma propre bourse: cet homme s'est retiré sans demander d'indemnité. Si on parle des cris, des élans de joie et de quelques rumeurs populaires, pouvais-je empêcher des femmes, des enfans, des vieillards, une ville tout entière, de manifester cette sorte d'ivresse où partout on était trop généralement.

Le Président. Pourquoi avez-vous donné l'ordre au commandant de la ville d'Auxonne de rendre la place?

Le Maréchal. Auxonne était tout rendu: le 6ᵉ régiment de hussards y était.

Le Président. N'avez-vous pas écrit à M. le duc de Bassano?

Le Maréchal. Je l'ai fait par l'ordre du général Bertrand, au nom de l'empereur. J'étais chargé de lui prescrire de suspendre, à Paris, tout mouvement qui eût pu troubler la tranquillité de cette capitale ; de lui dire que Napoléon arriverait sans avoir besoin d'appui ; que toute sa marche était triomphale ; que son entrée à Paris ne coûterait pas une goutte de sang ; qu'il ne serait pas tiré un seul coup de fusil.

Le Président. Huissiers, faites entrer le premier témoin, et successivement les autres.

Le premier témoin est introduit : c'est le duc de Duras.

Le président lui demande s'il connaissait l'accusé avant les événemens relatés dans l'acte d'accusation.

Le duc de Duras. Je le connaissais, il était venu chez moi ; je l'avais rencontré plusieurs fois chez le roi. Le 9 mars, étant auprès de S. M. avec les personnes qui ont coutume de l'entourer, M. le maréchal Ney fut introduit par le premier valet de chambre ; il alla au-devant du roi d'un pas assuré, parut entendre avec reconnaissance les assurances que lui donna S. M. de son extrême confiance en lui ; puis, en se retirant, il lui baisa la main, et promit de tout entreprendre pour ramener Bonaparte dans une cage de fer.

Le Maréchal. Je croyais avoir dit que Bonaparte mériterait d'être mis dans une cage de fer, et non que je voulusse l'y mettre. Il se pourrait, cependant que, dans le trouble où m'avait naturellement jeté cet événement, et la présence du roi, ce mot me fût échappé : je n'ai nulle raison de mettre en défiance les assertions de M. le duc de Duras.

Le prince de Poix, deuxième témoin. Il dépose dans le même sens que le duc de Duras, et affirme la vérité des mêmes circonstances.

Le comte de Scey, ancien préfet du Doubs, *troisième témoin.* Durant ses fonctions de préfet dans la sixième division militaire, il a connu l'accusé, qui se rendit chez lui à son arrivée à Besançon, pour le voir et s'informer si le duc de Berri arriverait. Le maréchal Ney lui demanda de l'argent et des chevaux. Il tint des discours propres à lui faire penser qu'il était dévoué au roi. L'enthousiasme était général à Besançon et les sentimens unanimes dans l'attachement à la cause des Bourbons. La veille, les voitures du duc de Berri étant arrivées, elles avaient été traînées en triomphe. On fit partir des canons de la forteresse ; on lui dit, sur les observations qu'il fit à ce sujet, que ces dispositions étaient hors des attributions de sa place. Il demanda des armes pour les volontaires royaux, il ne s'en trouva pas. Le baron Passinges de Préchamp lui dit, en parlant de Napoléon : « Il ne s'en ira pas comme vous croyez, » et cela dans un sens et avec un ton à lui faire concevoir des alarmes.

Le Maréchal. Je ne vous ai point demandé d'argent : il est vrai que j'avais un bon de 15 mille francs, donné par le ministre de la guerre, sur les caisses publiques de Besançon, mais cette affaire fut réglée par mon secrétaire et posté-

rieurement à mon départ de Besançon. Je vous ai
demandé des chevaux, et je le faisais dans l'esprit
de mes instructions et de mes devoirs : vous ne les
avez pas fournis. Rien n'est sorti de la citadelle en
armes ou canons ; vous n'avez point eu la précaution de faire distribuer des cartouches aux troupes
de passage dans votre résidence. Je ne sais pas de
quel nom je dois caractériser, M. le préfet, votre
déposition, inexacte en presque tous ses points.

Le Témoin. Je ne dis pas que cet argent fût
pour un autre emploi que celui que commandait
l'inté ét public. J'ai redemandé ce bon comme
une pièce de comptabilité : il avait été envoyé
pour régulariser les comptes généraux.

Le Maréchal. Vous rappelez-vous, M. le préfet,
que vous m'offrîtes 700 mille francs, et que je vous
dis, sur cet argent mis à ma disposition, « que ni
moi ni mes soldats n'avions besoin de rien, et que
ces fonds devaient être réservés pour les urgentes
nécessités qui ne pouvaient manquer de naître, et
pour le service du roi. »

Le comte de Scey donne ici quelques explications trop vagues pour que nous les rapportions
toutes. Il dit qu'il y avait en effet, dans la caisse
de Besançon, 700 mille francs, et qu'il eût été
possible de réunir une somme plus forte, si l'on
en avait eu besoin.

Le Maréchal. Je crois que c'est de Besançon, M. le
préfet, qu'est partie, à son origine, cette infâme
calomnie, d'avoir reçu 500 mille francs pour faire
mon devoir. On ne la reproduit plus aujourd'hui,

parce qu'on a senti qu'il était trop odieux et trop absurde d'accuser d'une pareille bassesse, un homme tel que moi ; mais si j'eusse été assassiné dans mon transfert d'Aurillac à Paris, comme j'en ai couru vingt fois les risques, mes enfans n'auraient pu se laver de cette tache.

Le témoin veut parler des munitions qui auraient manqué et de quelques détails militaires. Le maréchal ajoute :« Ce n'était pas là votre affaire, et vous n'étiez pas responsable ; mais ce qui vous regardait ne fut point exécuté. — J'ai supplié M. le préfet de faire des dispositions administratives : il ne les a point faites. Les paysans, les habitans ont jeté dans le canal les canons dont il parle. On a dit que j'avais voulu éloigner, disséminer les gardes nationales : je ne les ai point désunies comme on le prétend ; j'ai appelé au contraire autour de moi tout ce qui se sentait du courage et du dévouement; mais beaucoup de gens de bonne volonté paraissent aujourd'hui, et à cette époque il n'y en avait pas.

M. DE ROCHEMONT, *quatrième témoin*. Il était employé à Lons-le-Saulnier dans l'administration des impôts indirects. Le 13 mars, le maréchal Ney ayant fait chercher un homme de confiance pour l'envoyer à Mâcon sonder l'esprit public, et observer les forces de Napoléon, il s'offrit et fut agréé. Le maréchal, l'ayant fait venir chez lui, lui fit beaucoup de questions sur les malheurs que lui et sa famille avaient éprouvés pendant la révolution; il le complimenta sur la résolution où il était de

donner au roi une preuve de zèle ; il lui demanda
s'il était bien affermi dans sa résolution. Sur sa
réponse positive, il lui fut donné une mission par
écrit, et une lettre du général Lecourbe au général
Gauthier, à Bourg. Le maréchal lui promit de
rendre compte à S. M. de la conduite qu'il allait
tenir, et de solliciter son avancement dans son
administration. Sur sa réponse qu'il y avait peu
de jours qu'il avait fait un voyage de Paris, il tira
de sa poche cinq pièces de 20 francs, et les lui
donna, en lui assurant qu'il lui serait compté une
somme plus forte à Bourg, s'il en avait besoin. Il
alla ensuite trouver le préfet, marquis de Vaulchier, qui le complimenta également. Il ne put
partir que le 14 de Lons-le-Saulnier. Il arriva à
Bourg le soir. Le général Gauthier était absent ; il
alla chez un capitaine de la gendarmerie, connu
pour son attachement à la cause royale. Là il apprit de mauvaises nouvelles. L'officier voulut l'engager à retourner sur ses pas : il persista à continuer son voyage. Il arriva à Mâcon à onze heures
du soir. A peine entré dans une auberge, pour y
souper, un commissaire de police, accompagné
par deux gendarmes, vint examiner son passeport
avec beaucoup de soin. Le commissaire sortit. L'un
des gendarmes revint pour lui dire qu'il n'avait
pas un moment à perdre, qu'on avait le projet
de l'arrêter. Portant sur lui une commission écrite,
qui pouvait le faire fusiller, il jugea à propos de
fuir, après avoir donné deux pièces de 20 francs au
gendarme, en reconnaissance de l'avis qu'il venait

d'en recevoir. Il fit trois lieues à pied avant de pouvoir se procurer des chevaux de poste. Sur la route il trouva beaucoup de troupes criant toutes *vive l'Empereur*. Il apprit à Lons-le-Saulnier, le matin du jour suivant, que le maréchal Ney avait fait une proclamation en faveur de Napoléon, et enimené ses troupes avec lui.

Le président demande au maréchal quelle était son intention en envoyant cet émissaire.

Le Maréchal. Mon intention ne peut être douteuse : je voulais, dans les intérêts du roi, m'éclairer sur la vérité ; j'avais mis quelqu'un en campagne, comme cela se pratique. Je n'ai aucune autre observation à faire sur cette déposition.

Le comte de FAVERNY, *cinquième témoin*. J'ai connu le maréchal avant les événemens du 14 mars. J'étais à Lons-le-Saulnier à cette époque, et, dans les journées des 10 et 11, je m'assurai des dispositions des gardes-d'honneur que je commandais. M. de Bourmont, que j'allai trouver, me renvoya au maréchal. Le maréchal me dit : « Il ne faut pas amener ici vos royalistes ; vous voyez bien que je ne puis pas me battre ici : Lons-le-Saulnier n'est pas une position militaire. Le 15, j'étais à Poligny, où j'appris que les généraux de Bourmont et Lecourbe allaient passer. J'allai au devant d'eux jusque hors des portes de la ville. Les chevaux de poste manquaient, et les voyageurs devaient faire halte : je les engageai à venir attendre chez l'un des habitans, M. Legagneur. Là, dans le salon où nous étions réunis, le général Lecourbe nous annonça que tout était fini, que le maréchal Ney avait dit que *tout était arrangé,* et que la reddition des troupes à Napoléon n'avait été pour lui qu'un jeu d'enfant.

Le Maréchal. Je prie monsieur de me dire si je ne lui ai pas parlé à lui-même constamment dans les intérêts de S. M. Lui, sans doute, avait de bonnes intentions; mais qu'il déclare s'il aurait pu réunir trois hommes. Quant à ce qu'on lui *a dit* que *j'avais dit que tout était arrangé,* cela ne se rapporte qu'à ce que je tenais moi-même du général Bertrand.

M. de Faverny. J'avais beaucoup d'hommes qui m'avaient donné parole de marcher. Qu'on ne dise pas, sur ce que j'ai avancé touchant M. le général Lecourbe, que j'invoque le témoignage d'un mort : il vivait quand ma déposition a été faite; à cette époque, nous avions tous l'espoir de le voir lui-même à Paris.

Le président demande à M. de Faverny s'il y avait d'autres témoins de la conversation qu'il entendit à Poligny.

M. de Faverny. Oui, monsieur le président : M. Legagneur, maître de la maison, et quelques autres personnes.... J'ai entendu dire encore au général Lecourbe qu'il irait trouver Bonaparte, et qu'il lui ferait de vives remontrances sur sa conduite; qu'il déclarerait que, s'il traitait encore les généraux comme il l'avait fait autrefois, on saurait bien se défaire de lui; qu'au reste, tout était en subversion; que si Bonaparte était tué, ils étaient cinq ou six qui voulaient être empereurs, et que la France ressemblerait à l'empire romain dans sa décadence. Le général Lecourbe a détaillé ensuite que les troupes avaient été échelonnées par le maréchal Ney, et divisées en petits pelotons pour mieux opérer leur défection, et prévenir toute résistance.

Le Maréchal. Il était impossible que Lecourbe tînt de pareils discours : il savait que les troupes étaient en marche et suivaient l'itinéraire tracé par le ministre de la guerre; qu'ainsi il n'était pas en mon pouvoir de séparer les troupes en détachemens partiels.

M. Bellart insistant pour que l'accusé donne à ce sujet une explication plus précise, celui-ci répond que les troupes étaient parties de Besançon à l'époque où il y arriva, et qu'ainsi tous les ordres qu'elles ont exécutés ont été, jusqu'au 14, apportés par le général comte Bourmont.

Le lieutenant-général comte BOURMONT, *sixième témoin*. Il a connu le maréchal avant l'époque de sa défection, dans un voyage que fit *Monsieur* dans les départemens de la 6e division militaire. « J'ai déjà fait, dit-il, à Lille, une déposition en vertu d'une commission rogatoire : je m'étais abstenu de charger l'accusé. Je n'avais répondu que sur des faits où j'étais strictement obligé de donner des détails. Je fus retenu par la commisération qui s'attache à une grande infortune; mais aujourd'hui qu'il m'attaque, qu'il a déposé que j'approuvais sa conduite et sa proclamation, que je lui avais fait

entendre qu'il faisait bien de quitter le parti du roi
pour celui de Bonaparte, je vais m'expliquer avec
plus de détails : de pareilles allégations touchant à
mon honneur, je parlerai; et si je l'inculpe davantage, qu'il ne s'en prenne qu'à lui.

Le 13, M. le baron Capelle arriva à Lons-le-
Saulnier. Il vint me voir, et me dit que Bourg
était insurgé. Je portai avec lui cette nouvelle au
maréchal; il en parut fâché : il pensa que nous
persévérions dans notre attachement à la cause du
roi. Le 14 au matin, arriva le 8ᵉ régiment de
chasseurs à cheval; j'allai le dire encore à M. le
maréchal : il me donna l'ordre de le faire mettre
en bataille. « Eh bien ! mon cher général, me dit-
il ensuite, vous avez lu les proclamations que répand l'empereur, elles sont bien faites, qu'en pen-
sez-vous? Elles doivent avoir une grande influence sur les soldats. » Je lui répondis, qu'en
effet il s'y trouvait des expressions qui étaient d'un
effet immanquable sur leurs esprits, telles que
celle-ci : *La victoire marchera au pas de charge*, etc.
« Vous avez été surpris, ajouta-t-il, de voir l'armée
se diviser pour aller en avant, c'est ainsi qu'elle a
fait sur tous les points, et tout est fini. » Le général Lecourbe entra : il lui tint le même langage.
Il dit qu'il y avait trois mois que tout le monde
savait à Paris cet arrangement; que, si nous y eus-
sions été, nous l'aurions su comme les autres; que
toute l'armée était fractionnée par deux bataillons
et trois escadrons: « Le roi n'est plus à Paris, dit-il :
s'il y était, il eût été enlevé : ce n'est pas qu'on en

veuille à sa personne. Qu'il s'en aille, qu'il s'embarque; malheur, malheur à qui entreprendrait rien contre lui ou quelqu'un de sa famille ! Il faut aller trouver l'empereur. » Je m'en défendis. « Il vous traitera bien, me dit-il : au reste, vous êtes le maître : mais Lecourbe viendra avec nous.

Le général Lecourbe dit : « Ma foi, je n'ai jamais reçu que des mauvais traitemens de Bonaparte, et le roi ne m'a fait que du bien; j'ai de l'honneur, d'ailleurs, et je ne veux pas manquer à mes sermens. — Et moi aussi, dit le maréchal, j'ai de l'honneur, et c'est pour cela que je vais rejoindre l'empereur : je ne veux plus voir ma femme rentrer en pleurant le soir, de toutes les humiliations reçues dans la journée. Il est évident que le roi ne veut point de nous. Les maréchaux et l'armée doivent avoir de la considération, et Bonaparte seul peut leur en donner.

Le général Lecourbe voulut se retirer à la campagne, le maréchal insista pour le retenir. Il nous lut alors la proclamation qu'il allait lire aux soldats. Le général Lecourbe et moi, nous étions entièrement opposés à ces sentimens; mais nous crûmes qu'il avait été pris contre nous des mesures en cas de résistance: nous pensâmes d'ailleurs que l'influence du maréchal serait grande sur l'esprit des troupes. Nous allâmes donc sur le terrain pour juger l'effet qu'il allait produire. Nous étions tristes et abattus; les officiers vinrent nous prendre la main, en nous disant : « Si nous avions su cela, nous ne serions pas venus. »

Cependant les troupes criaient *vive l'empereur.*
M. le maréchal Ney était si bien résolu d'avance à
prendre le parti de Bonaparte, qu'une demi-heure
après cette lecture il portait le grand aigle à l'effigie de l'usurpateur ; et, à moins de croire qu'il
l'eût apporté dans l'intention de servir le roi, je
demande ce qu'il faut penser de la conduite du
maréchal.·

Le Maréchal. Il paraît que M. le comte de
Bourmont a fait son thême depuis long-temps,
que depuis huit mois il avait préparé ses dénon-
ciations à Lille. Il s'était flatté peut-être que nous
ne nous verrions jamais ; il a cru que je serais traité
ici, comme le fut Labédoyère. Il est fâcheux que
le général Lecourbe ne soit plus ; mais je l'invoque
dans un autre lieu ; je l'interpelle contre ces témoignages dans un tribunal plus élevé. Ici M. de Bourmont m'accable ; là, nous serons jugés l'un et l'autre.

Cependant je fis venir ces deux officiers chez
moi ; je les sommai, au nom de l'honneur,
de me dire leur pensée. M. de Bourmont me dit :
Je suis de l'avis de la proclamation. Lecourbe dit:
Cela vous a été envoyé? Je ne répondis point;
mais j'insistai pour m'éclairer de leurs lumières :
nulle réponse. Quelqu'un m'a-t-il dit : « Où allez-
vous? Vous allez risquer l'honneur et votre réputation pour une cause funeste. » Je n'ai trouvé que
des hommes qui m'ont poussé dans le précipice.
Je les invitai à rester chez moi, ils se retirèrent.
Ce fut le général Bourmont qui fit assembler les

troupes : il eut deux heures pour réfléchir. S'il jugeait ma conduite criminelle, ne pouvait-il pas me faire arrêter? J'étais seul, je n'avais pas un homme avec moi, pas un cheval de selle pour échapper. Il s'éloigna, il se réfugia chez M. le marquis Vaulchier, formant ensemble des *cotteries* pour être en garde contre les événemens, et s'ouvrir, dans tous les cas, une porte de derrière. Enfin, tous les officiers rassemblés vinrent me prendre, et me conduire sur la place d'armes, jusqu'au milieu du carré.

Le Président. Qui avait donné l'ordre de faire revenir les troupes?

M. de Bourmont. Ce fut moi, sur l'ordre verbal de M. le maréchal.

Le Maréchal. Il les a rassemblées après communication de la proclamation.

M. de Bourmont. A onze heures.

Le Président. Comment se fait-il qu'ayant désapprouvé la conduite de M. le maréchal, vous l'ayez ensuite suivi sur le terrain?

M. de Bourmont. Je voulais voir s'il se manifesterait quelque esprit d'opposition dans les troupes. Quant au moyen de parer à l'influence que devait exercer le maréchal, il n'y en avait qu'un seul : c'était de le tuer lui-même. On a dit que je pouvais rejoindre le roi ; j'ai craint d'être arrêté ; et m'éloigner était d'ailleurs manquer mon objet, qui était de rendre compte de tout à S. M. Si je passais par Dôle ou Besançon, je tombais nécessairement sous la puissance du maréchal. Ma voiture s'est cassée ; le pont de Méry-sur-Seine

était impraticable, et m'a obligé à faire un long
détour. J'étais à Paris le 18, et j'ai rapporté au roi
ce dont j'avais été le témoin.

Le Maréchal. M. de Bourmont a dit que j'avais,
à Lons-le-Saulnier, la plaque à l'effigie de Napoléon ; cela est inexact : j'ai porté jusqu'à Paris les
décorations du roi. Vous me supposeriez donc un
misérable ! J'aurais donc, comme l'ont prétendu
les ministres, emporté de Paris l'intention de
trahir le roi. Je suis fâché qu'un homme d'esprit
emploie des moyens aussi faux et aussi petits ; il y
a vraiment quelque indélicatesse à déposer de pareilles suppositions.

M. Bellart. Je prie M. le président de demander
à M. le maréchal s'il ne s'est point élevé quelque
querelle personnelle entre lui et le déposant.

Le Maréchal. Aucune.

Le Président. M. le comte de Bourmont a-t-il
continué à servir ?

Le Maréchal. Il a suivi la colonne, et ensuite
s'est échappé.

Le Président. Pourquoi avez-vous compris le
général de Bourmont dans l'ordre d'arrêter quelques officiers ?

Le Maréchal. L'ordre a été donné à Auxerre,
et personne n'en a été frappé. Cet ordre venait de
Bonaparte. M. de Bourmont a disparu d'auprès de
moi ; je ne sais si c'est par mauvaise honte, ou
par quelque sentiment que je ne saurais m'expliquer : le fait est qu'il a contribué à me pousser
à la défection.

M. Berryer. Que M. Bourmont nous dise à qui il faut attribuer l'ordre de faire marcher l'armée par fractions.

M. de Bourmont. Au ministre de la guerre.

Le Maréchal. C'est vous qui en avez apporté l'ordre et qui l'avez fait exécuter : il est au moins curieux de savoir comment on veut m'attribuer cet ordre.

Ici M. de Bourmont donne quelques explications qui paraissent peu intelligibles aux défenseurs de l'accusé.

Mᵉ Dupin. Il s'agit de répondre juste, et comme le fait toujours l'accusé : il faut savoir ici qui a donné cet ordre et l'a fait exécuter. Il doit rester pour constant, malgré les hésitations qu'on oppose, que l'ordre était exécuté le 9, et M. le maréchal arriva à Besançon le 10.

M. de Bourmont. Je représentai que la marche par deux bataillons était dangereuse. M. le maréchal parut en convenir et approuver mes dispositions. Je dois dire que toutes ses actions, jusqu'au 14, me parurent dans les intérêts du roi.

Le baron *Séguier* demande à l'accusé d'expliquer comment il se faisait que les troupes de la division de Besançon retinssent prisonnières celles qui se trouvaient échelonnées sur Dôle et Lons-le-Saulnier, ainsi qu'il l'avait déposé dans l'instruction écrite. Le maréchal répond qu'on a mal entendu sa définition, que la figure géométrique qu'on lui ferait ainsi tracer sur la carte en démontrerait la fausseté.

Me Berryer. Permettez-moi, M. le président, de demander à M. de Bourmont, qui prétend avoir été conduit sur la place d'armes par un sentiment de pure curiosité, si c'était aussi la curiosité qui l'amenait au banquet donné à l'état - major par M. le maréchal après la proclamation.

M. de Bourmont. Il fallait écarter les soupçons, et empêcher qu'on ne m'arrêtât. Le maréchal était inquiet de moi : il envoyait fréquemment des officiers pour savoir quel parti j'allais prendre ; il fallait enfin remplir mon objet.

Le Maréchal. Je n'ai fait arrêter qui que ce soit : j'ai laissé tout le monde libre. Vous ne m'avez fait aucune objection ; personne ne m'en a fait. M. le colonel Dubalen vint m'offrir sa démission ; seul il se conduisit en homme d'honneur. Vous aviez un grand commandement ; vous pouviez me faire arrêter ; vous auriez bien fait. Si vous m'aviez tué, vous m'auriez rendu un grand service, et peut-être était-ce là votre devoir !...

Sur ce que M. de Bourmont a rappelé que Bonaparte était déjà à Lyon le 15 avec cinq mille hommes : « Pourquoi tromper sur le nombre ? ajoute le maréchal : tout le monde sait qu'il était à la tête de quatorze mille hommes, sans y comprendre les soldats qui se rendaient de toutes parts à sa rencontre ; et cette foule d'officiers à demi-solde ! Je voyais la guerre civile inévitable : il eût fallu marcher sur 60,000 cadavres français. »

Le *président* demande au témoin s'il croit que le maréchal eût pu opérer quelque résistance

contre les troupes de Napoléon. M. de Bourmont
répond que tout eût dépendu d'une première démarche : « Si le maréchal eût pris une carabine,
dit-il, et eût chargé le premier, nul doute que son
exemple n'eût été décisif, car aucun homme n'avait
plus d'empire sur l'esprit de l'armée. Cependant je
n'oserais affirmer qu'il eût été vainqueur : l'issue
de l'événement tenait à des dispositions militaires,
sur lesquelles on ne peut faire que des conjectures.

Le Maréchal. Cela eût été impossible. L'eussiez-
vous fait, vous ? Je ne vous crois ni assez de fermeté ni assez de talens.

M. *Bellart* fait observer que ces explications
sortent de la controverse, et qu'on doit se renfermer dans la question.

Me Dupin. La question demeure à résoudre.
Nous faisons une injonction au déposant; c'est au
déposant à répondre. M. le procureur-général ne
peut prendre sa place, et son droit n'est ici que le
nôtre.

Le Président. On demande enfin si le maréchal
eût pu (sa proclamation à part) faire marcher ses
troupes contre Bonaparte.

M. *de Bourmont.* Il eût pu disposer de celles qui
étaient encore à Poligny, à Lons-le-Saulnier, à
Saint-Amour, et qui n'avaient pas pris la cocarde
de la rébellion.

Me Dupin. M. le maréchal ne vous lut-il la proclamation qu'une fois ?

M. *de Bourmont.* Il la lut une seconde.

Me Dupin. Je demande si, quand il la lut la

seconde fois¹, vous saviez ce qu'allait faire M. le maréchal.

M. de Bourmont. Nul doute.

Mᵉ Dupin. Avez-vous fait quelques dispositions contraires à l'effet qu'on voulait produire?

M. de Bourmont. Je n'en ai pas eu le temps.

Mᵉ Dupin. Comment saviez-vous donc que les troupes penchaient pour le roi?

M. de Bourmont. Je ne pouvais pas en répondre.

Le baron Séguier. Demandez, M. le président, si un officier ne fut pas arrêté le 15 par les ordres de l'accusé.

M. de Bourmont. On m'a dit que cet officier avait parlé de se rendre à Bonaparte : je le fis arrêter ; mais comme c'était un militaire recommandable, je le fis seulement conduire à Besançon.

Le baron Séguier. Pourquoi n'avez-vous pas fait arrêter les émissaires de Bonaparte?

M. de Bourmont. Je n'ai eu connaissance de leur arrivée qu'après que le maréchal m'en eut instruit.

Le Maréchal. Il y eut en effet un officier arrêté le 13, et ce fut M. de Bourmont qui le dénonça; mais il y avait impossibilité d'arrêter les autres. Je doute même que celui-ci ait été conduit à la citadelle de Besançon.

Un Pair demande comment le maréchal pensait, le 14 mars, que le roi eût quitté Paris.

Le Maréchal. Cela résultait des feuilles du *Moniteur,* où des nouvelles alarmantes étaient semées :

je l'ai cru , j'ai dû le croire avant de me décider à faire une démarche qui étouffait la guerre civile.

*M*e *Berryer.* Nous supplions M. le président de demander à M. de Bourmont quel effet produisit la lecture de la proclamation.

M. de Bourmont. Les soldats criaient : *Vive l'empereur* ! les officiers étaient stupéfaits.

*M*e *Berryer.* Qu'on demande à M. de Bourmont s'il a crié *vive le roi !*

Quelque rumeur se fait entendre dans l'assemsemblée.

Un Pair. Vous sortez de la question de l'instruction.

Après une pause, le greffier donne lecture de la déposition écrite du général Lecourbe : elle confirme celle du comte de Bourmont.

Un Pair prie le président de demander à l'accusé comment il se fait qu'il ignore le nom des émissaires que Bonaparte ou Bertrand lui ont envoyés.

Le Maréchal. Les émissaires qui m'ont été envoyés sont , je crois, à Paris dans ce moment. Je ne dois ni ne veux les nommer. C'est bien assez que je sois compromis, sans compromettre encore d'autres personnes.

Le Président. Mais cela peut vous être utile, M. le maréchal.

Le Maréchal. Quels que soient les secours que je puisse attendre d'une pareille révélation , je ne la ferai pas.

Mᵉ Berryer demande que le joaillier du maréchal soit entendu.

M. Bellart. Cela est inutile. Que pourra dire le joaillier? Qu'il n'a pas vendu d'aigle au maréchal; mais ne peut-il pas en avoir acheté chez un autre marchand? Ne se peut-il pas faire encore que le maréchal ait conservé une de ses anciennes décorations?

Les défenseurs du maréchal insistent pour que le joaillier soit entendu.

Plusieurs pairs interrogent successivement le maréchal et M. de Bourmont. Il ne résulte aucun éclaircissement remarquable de ces questions.

Le marquis DE VAULCHIER, *septième témoin.* Il dépose de l'arrivée à Lons-le-Saulnier du maréchal Ney, dans la nuit du 12 mars. En apprenant l'entrée de Bonaparte à Lyon, le maréchal se plaignit des mauvaises dispositions qui avaient été prises contre lui. Il ajouta : « Si je m'étais trouvé auprès de S. A. R. Monsieur, je serais monté dans sa voiture, et je lui aurais dit : —Marchons, Monseigneur, il faut aller aux avant-postes ; c'est là le seul moyen d'opposer quelque résistance aux progrès de Bonaparte. » Le maréchal parla ensuite des raisons particulières de mécontentement qu'il avait, et surtout des mortifications qu'on avait fait éprouver à la cour à madame la maréchale. Puis il s'étendit sur les motifs du mécontentement de l'armée, et sur la conduite qu'on aurait dû tenir à son égard. Le témoin rend compte enfin de l'événement du 14, qui lui avait été raconté par des personnes présentes à la lecture de la proclamation sur la place de Lons-le-Saulnier. Après s'être fait raconter tous les détails relatifs à cette lecture, il prit la résolution de se retirer. Avant de se mettre en route, il vit le maréchal. Ce dernier ne mit aucun obstacle à son départ; seulement il l'invita à désigner parmi les notables de la ville un successeur pour administrer le département au nom de l'empereur. Le doyen des conseillers de la préfecture prit, quoique avec beaucoup de répugnance, les rênes de l'administration.

Antérieurement à ces mesures, M. de Vaulchier avait reçu une lettre du maréchal, dans laquelle celui-ci lui donnait l'ordre de continuer à administrer le département au nom de l'empereur. Il l'assurait qu'aucune arrestation n'aurait lieu et que tout se passerait avec calme.

Le Maréchal au témoin. Je me rappelle en effet avoir eu à Lons-le-Saulnier un entretien avec vous; mais si notre conversation a duré dix minutes, c'est tout au plus; et certes, on conviendra que j'avais alors autre chose à faire que de vous donner des explications si longues. Je déclare, au surplus, que vous avez refusé de servir l'empereur.

M. de Vaulchier termine sa déposition, en affirmant, comme l'a fait M. de Bourmont, que, le 14, le maréchal, après la lecture de sa proclamation, était décoré de *l'aigle* de la Légion-d'Honneur.

Le Maréchal. Cette assertion est contraire à la

vérité : cent mille témoins en pourraient affirmer la fausseté.

Le baron CAPELLE, *huitième témoin.* Sa déposition est à peu de chose près semblable à celle de M. de Bourmont. Ayant manifesté quelques inquiétudes sur la fidélité du maréchal Ney, le général le tranquillisa en lui disant : « Je crois qu'à défaut de dévouement, on peut compter sur la loyauté du maréchal. « Tous deux se rendirent chez ce dernier. Le témoin lui raconta qu'il avait été forcé, par la défection des troupes, de quitter Bourg, chef-lieu du département dont il était préfet. Le maréchal parut affecté de ce rapport et en témoigna une profonde indignation. Le témoin proposa un plan d'attaque qui consistait à marcher sur les derrières de Bonaparte pour faire rétablir l'autorité du roi à Grenoble. Il dit que les Suisses étaient prêts à faire un mouvement favorable, et à venir au secours de S. M. A cela, le maréchal répondit : « Si les étrangers mettaient le pied sur le sol de la France, ce serait alors que tous les Français se déclareraient pour Bonaparte. Le roi n'a d'autre parti à prendre que de se faire porter sur un brancard à la tête des soldats ; sa présence leur imposera, et son aspect vénérable anéantira toute idée de défection. Au surplus, ajouta le maréchal, je ne peux pas arrêter l'eau de la mer avec la main. »

Le *président* demande au baron Capelle s'il a remarqué quelle décoration portait le maréchal. Le témoin crut remarquer qu'il portait le grand *aigle*, et en même temps la croix de Saint-Louis. Cependant il n'oserait l'affirmer.

Le comte de Grivel, inspecteur des gardes nationales du Jura, *neuvième témoin*. Il rend hommage au dévouement de l'accusé jusqu'au 14 mars. Il se rendit à la revue, le jour de la lecture de la proclamation ; et comme il se trouvait placé au centre du carré formé par les troupes, le maréchal, qui avait ordonné qu'on fît retirer les personnes étrangères, lui ordonna de s'en aller. Il obéit. Il parcourut les rues de Lons-le-Saulnier en criant *vive le roi*. Mais tous ses efforts furent inutiles : il ne put opposer aucune digue au torrent. Il alla voir le préfet, et partit pour Besançon, désespéré de tout ce qu'il avait vu.

Le comte de La Genetière, *dixième témoin*. Major en second d'un régiment qui était à Besançon, il alla offrir ses services au général Bourmont, qui l'employa à l'état-major. Il était présent à la lecture de la proclamation. Cette lecture causa un grand enthousiasme parmi les troupes. Le maréchal embrassa presque toutes les personnes qui l'entouraient. Le cœur navré, le témoin alla trouver ensuite les généraux Bourmont et Lecourbe, qui étaient également très-affligés de ce qui venait de se passer.

Il suivit d'abord le mouvement du maréchal jusqu'à Dôle ; mais dans la nuit il écrivit à ce dernier une lettre qu'il lui fit remettre trois jours après son départ ; et il partit pour Besançon. Là, on lui fit voir l'ordre de l'arrêter, qui pourtant ne fut pas exécuté (1).

Une discussion s'élève, au sujet de cette lettre, entre le témoin et l'accusé, qui prétend ne pas l'avoir reçue.

Interrogé sur la question de savoir si le maréchal portait, après la lecture de la proclamation, la plaque de la Légion *à l'aigle*, le comte de La Genetière répond qu'il n'a fait aucune remarque à cet égard; il ne peut affirmer ni le pour ni le contre.

Le baron CLOUET, *onzième témoin.* Sa déposition est peu importante; elle rappelle en partie celle de M. de Bourmont. Il était à Tours lorsque le maréchal partit de sa terre pour se rendre dans son gouvernement. Il vint à Paris, d'où il se rendit à Lons-le-Saulnier. Il n'eut avec le maréchal que des explications vagues. Il lui demanda la permission de se retirer : elle lui fut accordée. Ce fut le général Bourmont qui lui donna ensuite les détails de tout ce qui s'était passé relativement à la lecture de la proclamation, car il ne rejoignit le maréchal que postérieurement à sa défection.

Le témoin ajoute: «L'automne dernier, j'accompagnai le maréchal dans son gouvernement lorsqu'il s'y rendit pour recevoir S. A. R. Monsieur. Il m'a souvent entretenu, dans son voyage, de son

_____

(1) Cette lettre est rapportée en entier dans l'acte d'accusation.

respect, de sa vénération, de son profond dévouement pour la famille des Bourbons. J'ai été attaché pendant huit ans à M. le maréchal Ney, et la facilité de son esprit à recevoir des impressions vives et promptes peut seul m'expliquer sa conduite. »

Le duc de REGGIO, *douzième témoin.* Ce qu'il dit se borne aux deux lettres qu'il a reçues, dans le temps, du maréchal Ney, et qui sont parmi les pièces de la procédure. Ces deux lettres, dont le greffier donne lecture, sont relatives aux mesures que le maréchal croyait devoir être prises dans l'intérêt du roi.

Il est cinq heures et demie. Le chancelier annonce que la chambre suspend l'audience, pour la continuer le lendemain à dix heures.

Séance du 5 décembre.

Les dépositions des 13e, 14e, 15e, 16e, 17e et 18e témoins n'ajoutant rien aux faits déjà connus, nous les passerons sous silence.

M. GRISON, capitaine, *dix-neuvième témoin.* Il était à Landau quand le maréchal y arriva dans le courant d'avril, visitant le cordon des troupes par ordre de Bonaparte. Il dépose, qu'ayant fait assembler le corps des officiers, le maréchal ferma la porte de la maison où ils étaient réunis, et dit : « J'espère qu'il n'y a ici ni étrangers, ni intrus. » Il se répandit ensuite en propos outrageans contre la famille royale.

Le Maréchal. Un maréchal de France, un officier quelconque, faire retirer les clés d'un lieu où sont assemblés des officiers!.. Cela n'est point vraisemblable. Je n'ai rien dit d'outrageant pour la famille royale; les instructions secrètes de Bonaparte contenaient l'injonction formelle d'en respecter tous les membres, de favoriser leur retraite, de s'abstenir de tout mauvais procédé. Je ne sais pas, monsieur l'officier, par qui vous êtes envoyé pour me dénoncer; mais je répète que vos allégations n'ont pas même de vraisemblance.

Le témoin. Vous avez dit des mots injurieux, des paroles contre la famille royale, que je n'ose pas répéter. Vous avez dit que plusieurs maréchaux de France avaient pensé à la république.

Le Maréchal. Je n'ai ni observation ni réponse à faire.

M. DE BAILLAUCOURT, colonel, *vingtième témoin.* Il connaît le maréchal depuis long-temps. Il a entendu dire qu'avant de se rendre à son gouvernement de Besançon, il avait dans sa voiture tout ce qu'il a lu à Lons-le-Saulnier.

M⁰ Berryer, ayant invoqué le témoignage du joaillier de l'accusé, demande qu'il comparaisse. M. Cailloé, passementier et joaillier, est appelé à déposer. Il déclare que ce ne fut que le 25 mars que les plaques et les décorations du maréchal lui furent apportées pour y ajuster les ornemens impériaux. Il montre ses comptes relatés sur son registre.

M. Batardi, notaire, *vingt-unième témoin*. Il
déclare que c'est de sa bouche que le maréchal a
appris le débarquement de Bonaparte à Cannes. Le
maréchal témoigna le plus vif étonnement et une
grande affliction : « Mon malheureux pays! dit-
il…. que vient faire cet homme qui n'a que la
guerre civile à nous apporter? S'il n'eût pas compté
sur des mésintelligences et des ressentimens, il
n'eût pas osé mettre le pied sur le sol français. »

Le duc de Maillé, *vingt-deuxième témoin*. Il
dépose, après un narré succinct de sa propre conduite dans les événemens de mars, qu'il laissa le
maréchal à Lons-le-Saulnier dans les dispositions
le plus favorables pour la cause du roi. Il ajoute :
« Je dois encore à la vérité de déclarer que j'ai entendu M. le maréchal donner les ordres les plus
rassurans, et dire en propres termes à M. le comte
Bourmont : — « Allons, mon cher général, il faudra
marcher contre Bonaparte : nous serons peut-être
inférieurs en nombre; mais nous nous battrons
bien, et, morbleu! nous le *frotterons*. »

Le général comte Philippe de Ségur , *vingt-
troisième témoin*. « J'ai l'honneur de connaître
beaucoup M. le prince de la Moskowa. Je le vis le
7 mars. Il me dit qu'il allait combattre Napoléon.
Il me chargea, en son absence, de plusieurs
dispositions militaires. Tout ce que j'entendis
de sa bouche était digne du général français qui
a fait la gloire de son pays dans vingt campagnes. »

Le marquis DE SAURAN, *vingt-quatrième té-moin.* « J'ai parcouru, dit-il, à l'époque de mars dernier, les départemens des 6e et 7e divisions militaires. M. le maréchal Ney, que je vis successivement à Dôle, à Besançon, à Quingey, à Poligny, me parut partout bien disposé. Une proclamation venue de Grenoble (et, je le suppose, par la voie du commerce), tomba dans ses mains ; il me la communiqua : « Ceci est bien fait ; c'est ainsi qu'on parle aux troupes et qu'on les émeut. *Le drapeau tricolore volera de clocher en clocher, jusqu'aux tours de Notre-Dame* ! »

Je tirerai sur le premier soldat, ajouta-t-il, qui refusera d'obéir ; je lui passe mon épée dans la poitrine : tout ira. Il nous faut du canon : j'ai un de mes aides-de-camp qui l'appliquera bien.

M. REGNAULT DE SAINT-AMOUR, *vingt-cinquième témoin.* Il a entendu dire au maréchal qu'il eût fallu défendre les positions du Rhône, couper les ponts de Lyon, empêcher le contact des troupes de la septième division avec les éclaireurs de Bonaparte. Ces discours étaient tenus le 11 mars, et l'accusé paraissait très-disposé à défendre les intérêts du roi.

M. BOULOUZE, négociant à Lyon, *vingt-sixième témo'n.* Il quitta Lyon dans la matinée du 11, par la crainte des troupes de Bonaparte. Arrivé à Lons-le-Saulnier, un officier, empressé de savoir des nouvelles, s'adressa à lui et le conduisit auprès du maréchal. Celui-ci l'interrogea long-temps. Le témoin lui donna tous les détails de l'entrée de Napoléon à Lyon, lui communiqua une proclamation datée de Grenoble. Le prince de la Moskowa eut beaucoup d'égards pour un voyageur dévoué à la cause du roi, et le laissa emporter, en le quittant, la certitude qu'il délivrerait la France de son *fléau.*

Madame MAURY, *vingt-septième témoin.* Elle raconte qu'à Dijon, le 16 ou le 17 mars, un comte Byano, Italien, qui voyait le prince de la Moskowa, alors dans cette ville, lui parla beaucoup de sa préoccupation, de ses regrets; lui dit qu'il maudissait les circonstances difficiles où il s'était trouvé, et que le sentiment de sa patrie l'avait emporté sur tout.

Le baron PASSINGES DE PRÉCHAMP, colonel d'état-major ,*vingt-huitième témoin.* Il était à Besançon au moment du départ du maréchal pour Lons-le-Saulnier. Tous les discours, toutes les dispositions dont il a pu juger, respiraient le plus sincère attachement à la famille royale. Les soldats, dit-il, pouvaient être guidés, s'ils fussent restés casernés; en contact avec la population, ils étaient perdus. Le 14, à la fatale revue, toutes les figures étaient pâles, et annonçaient une grande catastrophe. Je pressentis le retour du régime de 93, où les officiers furent chassés par les soldats. Je me rendis, par ordre du maréchal, au quartier-général de Bonaparte; mais je dois dire que le but de cette mission honore le maréchal : il s'agissait seulement de faire régler avec le général Bertrand, et assurer la subsistance des troupes. Je quittai Lons-le-Saulnier : depuis ce temps je ne servis plus.

M. DE BOURSILLAC, sous-préfet à Poligny, *vingt-neuvième témoin*. Il a vu le maréchal avant sa défection. Il le reçut chez lui, lui offrit de mettre à sa disposition les gardes nationales, et de donner lui-même l'exemple de prendre les armes. Il a entendu le maréchal se plaindre du roi, de M. et de Mad. de Blacas, du rejet qu'on avait fait à la cour des services de la vieille garde. Le 15 mars, il apprit l'événement de Lons-le-Saulnier, qui lui fut confirmé le soir même par les généraux Lecourbe et Bourmont.

Le Maréchal. Sur ce que j'ai dit de la vieille garde, je dois une explication. Oui, j'ai dit au roi qu'il était politique et généreux de se l'attacher ; qu'elle avait des droits à défendre sa personne ; que la garde impériale était la récompense de toute l'armée, et qu'il ne fallait pas l'anéantir. Ce discours, je l'ai tenu à Compiègne, dans un moment où S. M. daignait me donner une confiance toute particulière. Bonaparte l'a su, et m'a dit depuis : « Si le roi eût suivi vos conseils, jamais je n'eusse mis le pied en France. »

Le chevalier DURAND, maréchal-de-camp, commandant d'armes à Besançon, *trentième témoin*. Il dépose en ces termes : « M. le maréchal Ney arriva à Besançon dans la matinée du 9 mars ; je lui fus présenté par le général Bourmont avec les officiers de la place. La conversation du maréchal, dans cette entrevue, nous donna la plus grande confiance dans ses dispositions ; il nous dit, entre autres choses, qu'il était heureux que Bonaparte eût tenté sa folle entreprise, que ce serait le cinquième acte de sa tragédie. Il donna des ordres pour le départ des troupes de la garnison ; lui-même partit le 11. Les troupes se mirent en marche ; les chefs principaux étaient dévoués au roi : cependant les soldats et les simples officiers ne donnaient pas la même garantie. Le maréchal nous dit, avant de se mettre en route, qu'il faisait son affaire de Bonaparte. Nous n'élevâmes aucun doute sur ses intentions : son caractère connu, sa franchise, l'influence qu'il avait sur les soldats, la haine qu'il témoignait contre Bonaparte, tout devait nous rassurer. Dans les journées des 12 et 13, plusieurs ordres du maréchal parvinrent dans la place ; tous étaient dans les intérêts du roi. Dans la soirée du 14, arriva le sieur Duldeau, officier du génie. Il nous apportait plusieurs dépêches : l'une nous annonçait l'affaire du 14 et la défection du maréchal. Deux autres dépêches, signées du maréchal prince de la Moskowa, nous parvinrent le 15. Ces dépêches, adressées au général Mermet, commandant par intérim de la division, contenaient quatre ordres : le premier, pour faire partir six pièces d'artillerie ; le second, pour faire partir tous les hommes disponibles de la garnison ; le troisième, pour faire proclamer Napoléon et arborer les couleurs tricolores ; le quatrième, pour faire arrêter plusieurs individus, auxquels M. le maréchal avait rendu la justice de penser qu'ils ne suivraient pas son exemple.

Je donnai le conseil de n'exécuter aucun de ces ordres, et de faire fermer les portes de la ville; mais la crainte de causer du tumulte et de voir répandre du sang, empêcha de suivre mon avis : on laissa les communications libres, les batteries et les troupes sortirent le 18, et le 21, à cinq heures du soir, on arbora les trois couleurs.

Sur l'observation de Mᵉ Berryer, le témoin rectifie une erreur qu'il a commise dans sa déposition. Ce n'est pas le 9 mars, mais le 10, que le maréchal arriva à Besançon : il en partit le 11.

Le lieutenant-général comte HEUDELET, *trente-unième témoin*. Il résulte de sa deposition que, dans les départemens sous son commandement et les pays environnans, le mouvement d'insurrection était général : on ne pouvait point compter sur les soldats ni sur les habitans; le parti du roi était d'une infinie minorité; il en était de même, à ce qu'il croit, dans le gouvernement du maréchal. Il donna des renseignemens conformes au ministre de la guerre, au duc de Bellune et au duc de Reggio, avec lesquels il était en correspondance : « Les habitans étaient exaspérés et portés à se réunir à Bonaparte », ajoute-t-il, sur une question que lui adresse Mᵉ Berryer à cet égard. »

La déposition du *trente-deuxième témoin* n'est relative qu'à la décoration que portait le maréchal à Lons-le-Saulnier, le 14 mars. Le témoin n'a fait aucune remarque à ce sujet.

On va appeler de nouveaux témoins.

M. Bellart. Les témoins qui vont être appelés

doivent déposer de faits absolument étrangers à
l'acte d'accusation : ils doivent parler d'une difficulté qu'on prétend élever au sujet de la convention de Paris , du 5 juillet. Il est bien tard pour
faire valoir de pareils moyens: cependant les commissaires du roi ne s'opposent point à l'audition de
ces témoins; ils ne veulent pas qu'on puisse supposer qu'ils aient manqué d · générosité.

Le maréchal prince d'ECKMULH, *trente-troisième
témoin.*

Invité par Me Berryer à donner quelques éclair-
cissemens sur ce qui est relatif à la convention de
Paris, du 5 juillet, il dit : « Dans la nuit du 2 au 3
juillet, étant sous les murs de Paris avec l'armée
que je commandais, et au moment où je faisais mes
dispositions pour donner une bataille générale , je
reçus ordre, de la commission du gouvernement,
de faire des ouvertures à l'ennemi, pour traiter de
l'évacuation de la capitale. On me porta des instructions, auxquelles j'ajoutai quelques articles relatifs à la désignation d'une ligue militaire. Les
premiers coups de fusil avaient déjà été tirés. Je
me hâtai d'envoyer aux avant-postes , afin d'éviter
l'effusion du sang. J'envoyai au quartier-géneral
pour faire les premières ouvertures : elles furent
accueillies ; et MM. Bignon, de Bondi et le général Guilleminot se rendirent auprès du duc de
Wellington et du maréchal Blücher, en qualité de
plénipotentiaires, pour traiter de la convention militaire. Le général Guilleminot, chef d'état-major
de l'armée, avait pour instruction expresse de re-

jeter toute proposition qui ne serait pas favorable à la ville de Paris, à ses habitans, aux autorités civiles et militaires. Le 3 au soir, on me rapporta la convention signée. »

Me Berryer. Qu'auriez-vous fait si la convention proposée n'eût pas été acceptée ?

Le prince d'Eckmuhl. J'aurais livré la bataille ; j'avais une belle armée, bien disposée : j'avais 25,000 hommes de cavalerie, 4 ou 500 pièces de canon ; et toutes les chances que peut prévoir un général en chef m'étaient favorables.

Me Dupin demande au témoin, quel effet devait avoir dans sa pensée, l'article 12 de la convention, relatif à la sûreté des personnes pour leurs opinions. M. Bellart s'oppose, au nom des commissaires du roi, à ce que le prince d'Eckmuhl réponde à de pareilles interpellations, comme étant étrangères à la cause.

Le maréchal Ney. Cette capitulation était protectrice de tous les Français, quelles qu'aient été leurs opinions et leur conduite antérieure. C'est sur la foi de cette convention que je me suis reposé ; sans cela, pense-t-on que j'eusse balancé à périr le sabre à la main, si j'avais prévu que je dusse figurer sur le banc des accusés ?

Le comte de BONDI, *trente-quatrième témoin*. Il fut chargé avec les autres plénipotentiaires, de traiter de la convention de Paris. L'article 12, qui garantissait la sûreté des personnes, n'éprouva aucune difficulté : il fut adopté par les généraux Blücher et Wellington, de la manière la plus rassurante pour les personnes auxquelles il pouvait se rapporter le plus directement.

Le général comte GUILLEMINOT, *trente-cinquième témoin*. Comme chef de l'état-major de l'armée réunie sous les murs de Paris, je fus chargé de stipuler dans la convention pour les militaires : il m'était expressément recommandé de renoncer au traité, dans le cas où leur sûreté ne serait pas garantie. L'armée était prête à combattre, c'est l'adoption de l'article 12, que l'on considérait comme la principale base du traité, qui fit poser les armes.

La liste des témoins est épuisée. Nous touchons au dénouement de ce grand drame.

M. Bellart prend la parole pour résumer l'accusation. Il fait constituer le crime dans la proclamation lue le 14 mars, par le maréchal Ney, aux troupes assemblées sur la place de Lons-le-Saulnier.

Il termine son plaidoyer en ces termes.

« Messieurs, vingt-cinq années de troubles et d'orages politiques, n'ont que trop affaibli les principes de la morale; dans ces derniers temps surtout, ces principes ont été trop souvent méconnus : que d'hommes, que je n'accuse point pourtant, et dont les circonstances doivent atténuer les erreurs, se sont écartés de leurs devoirs! Mais si l'on aime à chercher quelques excuses pour des fautes nées des événemens, il est bien douloureux et bien pénible de rencontrer, au nombre des vrais coupables, l'un de ces citoyens illustres qui firent long-temps la gloire de la France, et de le trouver au premier rang de nos guerriers, dont l'honneur devrait composer l'existence toute entière.

« Si, pour la première fois, en effet, l'accusé eût redouté le péril, ne lui restait-il pas une autre ressource, moins glorieuse pourtant que celle qui lui était naturellement offerte; et ne devait-il pas au moins rentrer dans la retraite pour y conserver religieusement la foi qu'il avait jurée?

« Je m'arrête, Messieurs, et je laisse à vos consciences le soin d'apprécier les charges contenues dans l'acte d'accusation.

« Je me réserve de répondre aux moyens qui seront présentés par l'accusé. »

M. Bellart ayant cessé de parler, le président, après avoir consulté les défenseurs du maréchal, suspend la séance : elle est reprise le lendemain 6 décembre. Mᵉ Berryer établit alors la défense de l'accusé dans un mémoire écrit dont la lecture dure plusieurs heures, et dans lequel il s'attache à prouver que le maréchal n'a été mu que par un seul sentiment, celui d'éviter la guerre civile, et qu'il n'a pris aucune part à la rédaction de la proclamation de Lons-de-Saulnier. Nous allons extraire les parties les plus saillantes de ce mémoire, tout en regrettant de ne pouvoir le mettre en entier sous les yeux de nos lecteurs.

...... « Je parlerai peu, Messieurs, de vingt-cinq ans d'illustration et de services rendus à la patrie : ils n'excuseraient pas l'accusé de l'avoir trahie; mais j'en tire au moins cette conséquence,

que, père de quatre enfans jeunes encore, rien
ne pouvait, à la fin de sa carrière, le rapprocher
d'un guerrier dont l'étoile avait pâli dans les funestes campagnes de Saxe et de Russie, et l'atta-
cer à ce fougueux dominateur.

..... « J'arrive au 14 mars, et je pars du principe
que le maréchal Ney était encore innocent. Pour expliquer comment il ne serait devenu ensuite qu'une
créature de Bonaparte, il est important de fonder
l'état de sa position, et les circonstances qui lui
appartiennent. Il est dans l'ordre des choses et de
la nature de ne pouvoir tout définir; cette époque
de notre histoire restera toujours obscure et con-
fuse; je ne chercherai point à expliquer, moi,
faible individu, le désastreux retour de Bonaparte et à rappeler tout ce qu'en ont dit les anec-
dotes, les gazettes.... On conçoit à peine ce phé-
nomène quand il est accompli. Cette flotte étrangère, chargée de surveiller le captif, le laisse échapper ; nul obstacle ne s'oppose à son débarquement
sur le littoral de la France : pourquoi veut-on que
le maréchal Ney en supporte tout seul la responsabilité ? Bonaparte, comme le génie du mal,
semble réoccuper l'univers et l'enivrer du souvenir
de sa gloire bien ou mal acquise. Au 14 mars, sa
chance n'était plus douteuse, sa marche était
triomphale; il était entré dans la seconde ville du
royaume. La révolution était faite; elle l'était à
Lons-le-Saulnier, comme elle le fut six jours après
pour Paris.

.... « M. de Bourmont a déclaré que le ma-

réchal avait dit dans la fatale matinée du 14 : « Le
« roi est parti; malheur à qui entreprendrait d'in-
« quiéter sa retraite! » Il dut donc penser qu'il ne
s'agissait plus du gouvernement des personnes ,
mais du salut des choses.

« Vous peserez, Messieurs , les devoirs d'un
général conduisant une troupe désordonnée, et
ses obligations pour faire échapper les citoyens a
à la fureur des soldats, et pour les protéger. La
proclamation attribuée au maréchal était anti-
datée; elle portait la date du 13, et désignait l'accusé sous le titre de maréchal d'Empire. Il la
lut à ses soldats pour calmer leur impatience, et
comme un simple ordre du jour.

« Le matin, il a fait venir les deux hommes les
plus distingués de son armée, MM. les généraux
Lecourbe et de Bourmont. La proclamation fut
soumise pendant plus de deux heures à la réflexion
de M. de Bourmont. C'est lui qui fit rassembler les
troupes, et le général Lecourbe dépose qu'il fallut
aller sur la place d'armes , sous peine de courir un
danger inutile. Quand on vient donc nous parler
d'une curiosité dérisoire, cela n'est pas vrai : on
s'y rendit par le sentiment de sa propre conservation. Il a donc été un moment où la peur n'était
pas dans le cœur du maréchal, mais ailleurs; et je
n'ai pas besoin d'en dire davantage.

« J'ai établi qu'il n'y avait aucune préméditation
de la part de l'accusé : ma tâche devrait être finie.

...... « Je sais qu'en révolution on récrimine
contre tout; que le zèle de quelques nouveaux

convertis est surtout intolérant ; qu'un patriote
exclusivement attaché à la gloire nationale, qui
ne sut jamais plier ses mains aux convenances des
salons, ne peut manquer d'avoir eu des ennemis ;
mais que nous reproche-t-on enfin? La lecture
d'une proclamation.

« M. de Bourmont dit, et le général Lecourbe
dépose dans son testament de mort, que la *géné-
ralité* des troupes manifesta son opinion en criant
vive l'empereur! et décida les opposans, s'il y en
eut.

« Quand on compare à tout ce qui a été produit en notre faveur, l'objection faite par quelques
officiers civils (qui ne brillèrent pas dans l'occasion), qu'il eût fallu mêler les citoyens aux troupes, cela vaut-il la peine d'être pris en considération?

« On a dit que le maréchal aurait dû rejoindre
le roi. Vos nobles consciences vont m'entendre :
c'eût été sans doute, et sans tirer l'épée, un moyen
sûr de conserver ses titres, ses droits, sa tranquillité ; mais un général quitte-t-il son armée, doit-il
s'enfuir? S'il eût abandonné la sienne, Messieurs,
que de malheurs et de dévastations dont on l'eût
accusé! Le maréchal a fait respecter les hommes
et les propriétés. Je remercie les témoins qui ont
reproduit ses ordres du jour; ils sont un manifeste
des sentimens les plus dignes de l'humanité.

« Le maréchal a été emporté par son armée ; il
ne l'a point quittée : s'il l'eût fait, quel bien en serait-il résulté? Ceux qui ont couru de Lons-le-

Saulnier à Paris ont-ils été plus utiles au roi?
Non. Qu'ont-ils entrepris pour sa cause? Rien. Bonaparte les a trouvés à Paris, comme il les eût
trouvés à Auxerre. Cette précaution n'est pas un
acte qui puisse être en faveur de ceux qui accusent le maréchal, et lui *jettent la pierre* (laissez-
moi me servir de cette expression). A Paris, on
ignorait, le 19, qu'il eût opéré sa défection : cet
incident ne fut donc d'aucun effet sur les résolutions générales.

« On a dit qu'il avait outragé, par des paroles,
les membres de la famille royale : demandez à l'un
des témoins présens dans cette enceinte, avec quel
respect il en parla toujours, et s'il n'a pas versé des
larmes sur la fin déplorable du malheureux
Louis XVI. On a poussé la licence jusqu'à compromettre sa digne compagne, en disant qu'elle
pleurait chaque soir sur les humiliations reçues à
la cour. La famille à laquelle elle appartient répond à cette calomnie.

« Quel profit devait donc enfin retirer le prince
de la Moskowa, de la lecture de la proclamation?
celui d'aller dire à Bonaparte, que, s'il régnait en-
coreen tyran, on était prêt à se défaire de lui; celui
d'aller s'enfermer en exil dans sa terre des Coudreaux; celui d'en sortir après deux mois, pour
aller verser son sang dans les champs de Fleurus
et de Waterloo!

... « Je crois avoir complétement justifié M. le
maréchal Ney sur le fait de la préméditation dans le
crime qui lui est imputé; je crois avoir démontré

jusqu'à la dernière évidence, que le maréchal n'a-
vait rien prévu, rien médité. Dans toute sa conduite, dans toutes ses actions, il n'a eu d'autre objet en vue que la patrie. Quelle que soit la nature
des gouvernemens qui se sont succédé en France,
le maréchal Ney, dans tous ces orages politiques,
n'a jamais cessé d'être guidé par l'amour de son
pays. Ne l'a-t-on pas vu, dans le mois de mars de
l'an dernier, à Fontainebleau, dictant, en faveur
de la France, à Bonaparte, l'abdication de son
pouvoir? Ne l'a-t-on pas vu, dans sa lettre au gouvernement provisoire du mois de juillet dernier,
sacrifier encore à la patrie, et ne dissimulant aucun
des dangers dont nous étions menacés? Enfin, en
dernier lieu, à Lons-le-Saulnier, n'est-ce pas encore la patrie qui l'a décidé à adopter la route fatale qu'il a suivie? Il était alors persuadé de l'absence du gouvernement royal; il voyait la guerre
civile près de dévorer la France, et il se rangea du
parti odieux pour lui, qu'il embrassa. Rappelez-
vous, Messieurs, avec quelle franchise il eut le
courage, devant les représentans de la nation, de
ne dissimuler aucun des périls qui nous environ-
naient de toutes parts après la bataille de Waterloo.

« Le maréchal Ney n'a jamais connu qu'un souverain au monde, la patrie : elle fut constamment
l'objet de son culte sacré. Cette vérité incontestable, et démontrée d'ailleurs par tant d'éclatantes
actions, doit faire disparaître toute idée de criminalité de la part du maréchal. Encore un coup, il

faut attribuer exclusivement le fait reproché au
maréchal , au désir ardent qu'il avait d'éviter que
les Français répandissent le sang des Français. »

Après avoir donné à ces idées tous les dévelop-
pemens dont elles sont susceptibles, Me Berryer
traite la question sous le point de vue des rapports
qu'elle peut avoir avec la convention de Paris du
3 juillet, avec les traités conclus à Vienne, les 13 et
25 mars, et enfin le traité du 20 novembre. Il rappelle que les deux premiers traités avaient eu pour
objets principal de maintenir dans son intégrité le
traité de Paris de 1814, et de défendre la cause de
la légitimité. Il a fait remarquer que le roi les
avait signés comme allié des puissances de l'Europe. Il invoque divers articles de ces traités, et va
essayer d'en faire l'application à la cause.

Le procureur du roi se lève et dit :

« Avant que les défenseurs s'engagent dans de
nouveaux raisonnemens, absolument étrangers au
fait de l'accusation, je dois éviter un scandale de
plus dans ces pénibles discussions. Nous sommes
Français, ce sont les lois françaises seules qu'il faut
invoquer. Nous avions bien pressenti qu'on avait
eu l'idée de nous présenter les moyens qu'on se
dispose à faire valoir ; mais nous avions cru, je
l'avoue , que la réflexion y ferait renoncer ; nous
attendions, pour y répondre , qu'on développât la
défense de l'accusé ; mais puisqu'on s'écarte si no-
toirement de la controverse , puisqu'on oublie
même l'arrêt que la Cour a rendu pour fermer la
discussion sur la question préjudicielle , je déclare

que les commissaires du roi s'opposent formellement à ce que les défenseurs de l'accusé s'écartent
plus long-temps du point de fait qu'ils sont appelés à discuter. »

Ce discours *est appuyé par le président de la
Chambre*.

Me *Dupin*. Nous avons trop de respect pour les
décisions de la Cour pour nous permettre aucune
réflexion sur l'arrêt qu'elle vient de rendre. L'observation que je veux faire maintenant ne se rapporte qu'au dernier traité, celui du 20 novembre,
qu'il est assurément permis d'invoquer. En vertu
de ce traité, Sarrelouis ne fait plus partie de la
France, et nous avons vu que les individus nés dans
un pays cédé à un autre avaient besoin de lettres
de naturalisation pour conserver les droits attachés à leur état primitif. M. le maréchal Ney est né
à Sarrelouis : il n'est pas seulement sous la protection des lois françaises, il est sous la protection
du droit général des gens. Il est toujours Français
d'intention, mais il est né dans un pays qui n'est
plus soumis au roi de France : j'ai cru devoir faire
cette observation dans l'intérêt de M. le maréchal.

Le Maréchal (se levant avec vivacité). Oui,
Messieurs, je suis Français, je saurai mourir Français. Jusqu'ici ma défense avait paru libre, je
m'aperçois qu'on l'entrave à l'instant. Je remercie
mes généreux défenseurs de ce qu'ils ont fait et de
ce qu'ils sont prêts à faire ; mais je les prie de
cesser plutôt de me défendre tout-à-fait que de
me défendre imparfaitement. Je suis accusé con-

tre la foi des traités, et on ne veut pas que je les invoque! Je fais comme Moreau, j'en appelle à l'Europe et à la postérité.

M. Bellart. Il est temps de mettre un terme à ce système de longanimité qu'on a constamment adopté. On a fait valoir des maximes bien peu françaises. On a poussé jusqu'à la licence la liberté de la défense. Doit-il être permis à un accusé d'intercaler dans sa défense des matières qui y sont absolument étrangères? Les défenseurs ont eu plus de temps même qu'ils n'en avaient demandé. A quoi bon les dérogations du fait capital auxquelles ils se livrent? Ce n'est porter aucune atteinte à la défense que de vouloir la faire circonscrire dans les faits de l'acte d'accusation. Les commissaires du roi, quelles que soient les résolutions de M. le maréchal, persistent dans leur réquisitoire.

Le Président. Défenseurs, continuez la défense en vous renfermant dans les faits.

Le Maréchal. Je défends à mes défenseurs de parler, à moins qu'on ne leur permette de parler librement.

Un moment de silence.

M. Bellart. Puisque M. le maréchal veut clore les débats, nous ne ferons plus, de notre côté, de nouvelles observations. Nous ne répondrons même pas à ce qu'on s'est permis de dire contre quelques témoins, et nous terminerons par notre réquisitoire.

Ici le procureur-général lit son réquisitoire. Il requiert, au nom des commissaires du roi, que la

chambre applique au maréchal Ney les articles du
Code pénal, relatifs aux individus convaincus du
crime de haute-trahison et d'attentat à la sûreté
de l'État.

Le Président. Accusé, avez-vous quelques observations à faire sur l'application de la peine?

Le Maréchal. Rien du tout, monseigneur.

Le Président. Faites retirer l'accusé, les témoins et l'audience.

L'accusé, les témoins et le public se retirent. La
Cour reste dans la salle. Il est cinq heures.

La séance est reprise à près de minuit. Les ministres sont présens. Le président ordonne aux
huissiers d'appeler les défenseurs de l'accusé : ils
sont absens. On ne fait pas venir le maréchal.

Le président prononce l'arrêt rendu par la
Chambre.

Cet arrêt porte en substance que Michel Ney,
maréchal de France, duc d'Elchingen, prince de
la Moskowa, ex-pair de France, convaincu du
crime de haute-trahison et d'attentat à la sûreté de
l'État, est condamné à la peine de mort.

Le maréchal est pareillement condamné aux
frais de la procédure.

Après le prononcé de l'arrêt, le procureur-général requiert que, conformément à la loi, le président déclare que le condamné ne fait plus partie
de la Légion-d'Honneur.

Le président prononce que le maréchal, ayant
manqué à l'honneur, ne fait plus partie de la Légion-d'Honneur.

Voici le résultat de la délibération des pairs :

Sur 161 membres présens à la discussion, 128 votèrent pour la mort, 17 pour la déportation; 11 voix furent déduites pour avis semblables entre parens, et 5 membres opinèrent pour que le maréchal fût remis à la clémence du roi.

Nous avons dit que le maréchal Ney n'était pas présent lorsque l'on fit lecture de sa sentence de mort. M. Cauchy, secrétaire-archiviste de la Chambre des pairs, fut chargé de la pénible mission de la lui lire.

Le 7 décembre, à trois heures et demie du matin, il se présenta à la prison du maréchal, qui dormait profondément, et qu'il fallut réveiller.

En entendant la lecture de son jugement, le prince de la Moskowa céda à un premier mouvement conforme à l'impétuosité de son caractère: alors un vieux grenadier de la garde royale, qui avait servi dans la garde impériale, et sous les ordres du maréchal, s'approcha de lui, et lui dit: « Mon général, j'ai dû quelquefois penser à la mort, et j'ai toujours pensé à Dieu en même temps. » Tu as raison, répondit le maréchal : tu es un brave homme. »

Cet avis, donné avec toute la franchise militaire, parut produire une forte impression sur l'esprit du prince.

Lorsque la lecture de la sentence fut achevée, M. Cauchy dit au maréchal qu'il lui était permis de faire ses adieux à sa femme et à ses enfans : « J'y consens, répondit le maréchal, et je vous prie de leur écrire qu'ils peuvent venir me voir entre six et sept heures du matin; mais j'espère que votre lettre ne dira point à la maréchale que son mari est condamné : c'est à moi à lui apprendre mon sort. »

Le maréchal se jeta ensuite tout habillé sur son lit. Il se rendormit avec beaucoup de calme, jusqu'à cinq heures du matin, heure à laquelle arrivèrent la maréchale et ses quatre enfans, qu'il ne lui avait pas été permis de voir depuis le commencement de son procès.

Nous n'essaierons point de dépeindre la scène déchirante qui eut lieu pendant cette entrevue, qui devait être la dernière..... Ce fut le maréchal lui-même, dont l'âme stoïque, quoique vivement émue, n'eut pas un moment de faiblesse, qui désira d'y mettre fin. Il embrassa sa famille, et lui ordonna de se retirer.

Après cet adieu de mort, le maréchal, qui savait que sa dernière heure approchait, fit appeler M. de Pierre, curé de Saint-Sulpice, qui se hâta de se rendre aux vœux du condamné. Celui-ci paraissait préoccupé d'une seule pensée : c'était de connaître le genre de supplice qui lui était réservé. L'idée de mourir sur un échafaud lui était affreuse. Il en fit la demande au vénérable ecclésiastique, qui lui apprit que sa mort serait celle du champ de bataille. A cette nouvelle, un éclair de joie brilla sur tous les traits du maréchal.

Après un entretien assez long, M. de Pierre se retira, en promettant au maréchal qu'il viendrait l'assister à ses derniers momens. En effet, le ministre de Dieu était de retour à huit heures.

L'autorité avait été informée que beaucoup d'officiers qui avaient servi autrefois sous les ordres du maréchal Ney s'étaient rendus de grand matin du côté de la plaine de Grenelle, lieu affecté à l'exécution des jugemens militaires. Elle avait aussitôt ordonné que le maréchal serait mis à mort dans l'enceinte même du Luxembourg. On avait proposé d'abord la pépinière de droite, mais on décida ensuite que ce serait sur l'emplacement situé entre la grille qui fait face au palais et la rue d'Enfer.

Cependant, depuis l'instant où la maréchale avait quitté son mari, elle était accourue aux Tuileries, et s'était rendue chez le *duc de Duras* pour obtenir une audience du roi. Le duc, qui, en sa qualité de pair, avait prononcé quelques heures auparavant la sentence de mort du prince de la Moskowa, fit attendre la maréchale, jusqu'à ce qu'il fût informé que le jugement venait d'être exécuté; et ce fut lui qui osa lui en donner la nouvelle, en lui annonçant que *l'audience qu'elle réclamait du roi était maintenant sans objet!* Pendant que ceci se passait au château des Tuileries, le 7 décembre, à huit heures et demie, par un temps froid, sombre et brumeux, le maréchal Ney, vêtu d'une redingote bleue, et portant un chapeau rond, descendait l'escalier de la chambre qui lui avait servi de prison pendant la procédure. Deux lignes de soldats bordaient son passage, et se prolongeaient jusqu'à la voiture qui l'attendait à la porte du jardin. Au

moment d'y monter, il dit au curé de Saint-Sulpice , en lui cédant le pas : « Vous resterez plus
long-temps que moi sur la terre : c'est à moi à
vous faire les honneurs de ce monde (1)   »

Le cortège se mit en marche, et traversa le
jardin du Luxembourg. Pendant le trajet, le visage
du maréchal était animé comme un jour de bataille. Arrivée à la grille de l'Observatoire, la voiture s'arrêta; un officier de gendarmerie ouvrit la
portière, et annonça au maréchal qu'il était tout
près du lieu de l'exécution. Le maréchal alors mit
pied à terre avec une fermeté admirable, et fit ses
adieux à M. de Pierre, après lui avoir donné une
boîte d'or, qu'il le pria de remettre à la maréchale,
et des aumônes pour les pauvres de la paroisse de
Saint-Sulpice.

Le maréchal alla se placer de lui-même en face
du peloton de vétérans commandé pour l'exécu-

___

(1) C'est à tort que quelques journaux annoncèrent dans
le temps que le maréchal Ney avait été conduit au lieu destiné pour son exécution, dans la voiture du grand-référen-
daire de la Chambre des pairs. Le maréchal monta dans une
voiture qui avait été amenée par les ordres de l'état-major
de la place, auquel la personne du maréchal et la garde du
palais avaient été données depuis cinq heures du matin.

« Pendant l'instruction du procès, la garde du prince de
la Moskowa avait été exclusivement confiée à des individus
éprouvés, et choisis par la faction qui avait résolu sa mort.
On y avait reconnu des gardes-du-corps anciens et nouveaux,
des officiers vendéens et chouans, et d'autres individus qui
s'étaient volontairement offerts. »

tion de l'arrêt. Sur la proposition qui lui fut faite
de lui bander les yeux, il répondit : « Ignorez-
vous que, depuis vingt-cinq ans, j'ai l'habitude de
regarder en face et les balles et les boulets? » Il
ajouta : *Je proteste devant Dieu et la patrie contre le jugement qui me condamne. J'en appelle
aux hommes , à la postérité , à Dieu : vive la
France !* Il allait continuer ; l'officier chargé de
l'exécution ne l'interrompait pas ; mais le général
comte de Rochechouart ordonna aux soldats de
faire leur devoir.

Alors le maréchal ôtant son chapeau de la main
gauche, puis posant l'autre sur son cœur, et
s'adressant ensuite aux vétérans : *Camarades,* leur
dit-il, *faites votre devoir, et tirez là !..*

Il tomba au même instant, percé de six balles au
cœur, de trois à la tête et au cou, et d'une seule
au bras.

Ainsi périt, à l'âge de quarante-six ans , *le brave
des braves,* offert, dit-on, en holocauste aux puissances étrangères : certes, la restauration ne pouvait choisir une plus noble victime (1).

---

(1) Après la révolution de juillet, la veuve du maréchal
Ney présenta une requête aux Chambres, tant en son nom
qu'au nom de ses enfans, afin de faire reviser le procès du
prince de la Moskowa; mais le gouvernement, reconnaissant
qu'aucune loi n'autorisait l'intervention qui lui était demandée, décida que les conclusions de cette requête ne pouvaient être accueillies. Les motifs de cette décision furent
exprimés dans un rapport adressé au roi, le 15 février 1832,
par le garde-des-sceaux Barthe.

Voici ce qu'on lit au sujet du procès du maréchal Ney dans les *Mémoires d'un pair de France*,
(tome IV, page 390 et suivantes)... « Le procès
du maréchal Ney touchait à sa fin, et l'on pouvait
en prévoir le dénouement. Il y avait des gens qui
se flattaient que la grâce du roi descendrait sur ce
grand coupable. On croyait que les belles actions
de sa vie le sauveraient; que l'on ne voudrait pas
achever de répandre ce sang déjà presque tout
versé pour la France. Je ne partageais nullement ces illusions; je savais de source certaine que
Louis XVIII s'était figuré que cet exemple était
nécessaire, et qu'il fallait frapper inexorablement
celui que tout le royaume aurait voulu sauver,
afin d'apprendre à ceux qui songeraient à se ré-
volter, qu'en cas de non-succès, ils ne devaient pas
s'attendre au pardon. J'étais informé que les agens
anglais, ayant à leur tête Wellington, pressaient
la mort de Ney: ils voulaient, ou plonger dans
une prison sans terme, ou faire exiler du royaume
nos maréchaux et nos généraux les plus célèbres :
il fallait que la France ne pût trouver des chefs ha-
biles pour la défendre, lorsque le moment de l'ac-
cabler serait venu.

« L'Angleterre, plus que toute autre, s'achar-
nait à persécuter nos guerriers. Déjà Brune avait
été massacré; Marseille demandait le supplice de
Masséna, *l'Enfant chéri de la Victoire.* On poursuivait le maréchal Davoust et le célèbre duc de
Dalmatie. L'intrépide et habile Soult, aussi propre
au commandement des armées qu'à diriger l'en-

semble et les détails de l'administration de la
guerre, expia long-temps le tort glorieux d'avoir,
par sa résistance, enlevé au duc Wellington les
lauriers que cet Anglais croyait cueillir sous les
murs de Toulouse.

«..... Il n'y avait donc pas d'espérance de pardon pour le maréchal Ney. Il subit la peine de sa
trahison malheureuse. Il avait été faible, il devint
grand de nouveau en présence de la mort : là il se
lava de sa faute, et cette expiation terrible nous
permet d'environner sa mémoire de l'auréole de
gloire qu'elle mérite à tant de titres. Je n'étais plus
dans Paris lorsqu'il tomba sous le plomb meurtrier : on l'exécuta comme en fraude. Ce fut un
grand acte de pusillanimité, que de tromper ainsi
le public sur le lieu de son supplice : c'était donner à une exécution légale les apparences de la
surprise, et presque de l'assassinat. Il ne faut jamais
que l'autorité ait l'air de croire marcher en arrière
de l'opinion publique, sous peine de se déconsi-
dérer, et de paraître agir par esprit particulier de
vengeance, et non en vertu du pouvoir de la loi.

« Tout fut blâmable dans le procès : la limi-
tation de la défense, le choix des gardiens exté-
rieurs de la prison du maréchal, celui des soldats
chargés de son exécution, et le lieu de celle-ci. J'aurais donné ma vie pour qu'une inspiration divine
triomphât dans le cœur du roi de ses propres idées
et de l'influence étrangère. Ah! que Louis XVIII,
plusieurs années après, aurait éprouvé de satisfaction au souvenir de la grâce accordée *au brave des*

braves, à l'épée de la France, dont Masséna était le bouclier. Chacun peut dire, comme moi, que l'on improuva universellement cette justice rigoureuse; que chacun, en convenant que la conduite du maréchal Ney était coupable, disait aussi que c'était là, ou jamais, qu'il convenait de se montrer clément.

« J'étais à Nantes lorsqu'on apprit la nouvelle de sa mort : elle causa un deuil général dans la ville. Les ultras, et je le dirai à leur louange, n'osèrent pas s'en réjouir; ils continrent leur allégresse, en vertu de ce sentiment des convenances que chaque Français connaît si bien. Les Anglais seuls ne cachèrent pas leur triomphe : nos ennemis étaient joyeux du trépas de l'un de nos héros. »

Le corps du maréchal Ney fut porté à l'hospice de la Maternité, où il demeura exposé aux regards du public jusqu'au lendemain. Il fut gardé par les sœurs de la charité, qui se relayaient d'heure en heure, et récitaient les prières des morts.

Madame la maréchale réclama et obtint la dépouille mortelle de son mari, qu'elle fit inhumer au cimetière du Mont-Louis.

LES FRÈRES FAUCHER.

DE tous les procès qui marquèrent l'époque de réaction de 1815, le plus infâme est celui des frères Faucher. Accusés de crimes imaginaires, ils subirent la peine due aux grands criminels. Leur sang a coulé sur l'autel bourbonnien, en expiation de leur patriotisme. Que le peuple en garde le souvenir !

Les auteurs de la *Bibliothèque historique* ont publié, en 1819, alors qu'il était question de poursuivre la réhabilitation de ces malheureuses victimes, un document émané de l'une d'elles, de Constantin. Cette pièce renferme des détails curieux sur le développement de leurs facultés intellectuelles, leurs goûts et les rapports qui existaient entre eux. Elle nous servira d'entrée en matière. Nous profiterons également du travail qui avait été alors préparé par la famille.

CÉSAR et CONSTANTIN, frères jumeaux, naquirent le 12 septembre 1760, de parens pleins de mœurs, bien constitues, dans la force de l'âge. Leur père était doué d'une grande vivacité naturelle, mais accoutumé à la maîtriser par l'habitude des fonctions diplomatiques. Leur mère était vive et jouée : elle avait un cœur excellent (1).

CÉSAR.	CONSTANTIN.
Au moment de sa naissance, d'un tiers moins grand et moins fort que son frère. Confié à une bonne nourrice, chez laquelle il reste deux ans, il devient grand et fort.	Au moment de sa naissance, d'un tiers plus grand et plus fort que son frère; a une mauvaise nourrice; il en sort à l'âge de dix mois, étique, ayant eu la petite-vérole, et devenu rachitique, les jambes tournées sens devant derrière. Presque mourant jusqu'à l'âge de sept ans. Il ne put marcher qu'à cet âge, à l'aide d'un appareil à bandes de fer, qui ramena les jambes dans la direction naturelle.
Leur éducation est dure. Nourriture saine, mais simple et grossière. Accoutumés à courir les champs la tête nue et les pieds nus, ils acquièrent de la force en se développant.	

(1) Étienne Faucher, d'une famille originaire du Limousin, entra au service militaire en 1733; ses blessures le lui ayant fait quitter en 1748, il passa dans la carrière diplomatique. Il fut successivement secrétaire d'ambassade à la cour de Turin, chargé d'affaires près la république de Gênes, secrétaire-général du gouvernement de Guienne, commissaire des guerres, chevalier de Saint-Louis et de Saint-Michel. Il épousa, à La Réole, lieu de sa résidence et de son commissariat, mademoiselle Faugeroux, qui appartenait aux premières familles du pays. De ce mariage naquirent César et Constantin.

CÉSAR.

CONSTANTIN.

Pendant les années
de leur adolescence, et
le cours de leurs études,

Montre plus de faci-
lité dans les exercices
du corps ; il dessine et
écrit mieux ; il danse
mieux ; il tire mieux
des armes. La voix
plus fausse. Il n'est ni
hargneux, ni querel-
leur. Il aime la chasse ;
il est adroit au tir.

Développe une mé-
moire plus heureuse ;
plus de facilité à ap-
prendre.

La voix moins désa-
gréable. Il est har-
gneux, querelleur. Il
aime moins la chasse ;
elle lui paraît fati-
gante. Il est maladroit
au tir.

An 1er janvier 1775,
entrés aux chevau-
légers de la garde du
roi, ils restent auprès
de leur père. Au mois
d'Auguste 1780, ils
passent officiers dans
un régiment de dra-
gons. Leur père tombe
mort subitement au
moment de leur dé-
part. Les mœurs aus-
teres, la vie exem-
plaire du père, et sa
tendresse pour ses en-
fans, qui l'avait fait
ne pas s'en séparer,
leur avait conservé
leur innocence bap-
tismale. Le souvenir
respecté de ce bon
père la leur conserva
long-temps encore.

En 1784, petite-
vérole. En 1785, fiè-
vre putride et mali-
gne; convalescence lon-
gue.

Il semble que depuis
cette époque il est plus
facile à émouvoir, plus
impatient.

D'un esprit curieux
et naturellement avide
de nouveautés, ils
abandonnèrent des re-
cherches sur l'électri-
cité, pour s'occuper
avec ardeur du ma-
gnétisme. Ils aiment
les voyages et les dé-
couvertes, recherchent
l'exercice du cheval :
amis de la gaîté et des
fêtes, ils se plaisent
surtout à celles qui
sont simples et sans

Dans l'été de 1787,
un bourdonnement
d'oreilles qui l'assour-
dissait, augmenta au
point qu'il ne pouvait
plus entendre les com-
mandemens généraux
aux grandes manœu-
vres du camp d'Alsace,
et qu'il était obligé de
deviner à l'œil ceux
qu'il devait faire. Ce
bourdonnement dura

CÉSAR.   CONSTANTIN.

éclat; au goût de la   jusqu'en 1793, et dis-
peinture, de la sculp-   parut peu à peu.
ture et de l'architec-
ture, ils joignent ce-
lui de tous les beaux-
arts. La musique du
Devin du Village a
pour eux plus de char-
mes que les grands
morceaux d'opéra; ils
sont plus frappés d'un
manque   d'harmonie
dans les vers que dans
la musique.

En 1789, ils s'en-
thousiasment pour ce
qui s'annonçait devoir
être grand et beau.
Depuis cette époque,
ils se sont constam-
ment montrés parti-
sans des réformes et
améliorations qui s'an-
nonçaient avec ce ca-
ractère. Couverts de
vingt-huit blessures,
ils se sont éloignés de
l'armée, où ils ont
obtenu une réputation
de sang-froid et d'in-
trépidité Par une er-
reur des temps ré-
volutionnaires, ils fu-
rent condamnés à mort.
Leur mère, en l'ap-
prenant, éprouva un
saisissement qui la con-
duisit au tombeau,
après une longue ago-
nie. La tendre amitié,
l'union intime de ces
deux frères, les voue
au célibat, et les pré-
serve de passions vives.

Ses facultés intel·   Ses facultés intellectuelles se sont dé-   lectuelles se sont dé-
veloppées plus tard,   veloppées plus tôt.

CÉSAR.

Elles ont plus de force.
Il a le goût plus pur
dans les arts, dans les
belles-lettres.

Ses affections amou-
reuses ont eu leur objet
dans les classes élevées.

CONSTANTIN.

Elles ont plus de fa-
cilité. Il n'a pas le
goût assez difficile, et
ce qui est ornement,
bien qu'inutile, lui
plaît parfois.

Ses affections amou-
reuses ont eu leur objet
dans les classes infé-
rieures.

Ils aiment d'amour
avec abandon, d'ami-
tié avec tendresse. Ils
n'oublient jamais une
marque d'affection,
mais aisément une
marque de malveillan-
ce. Cet oubli ne tient
ni à des sentimens
religieux, ni à des sen-
mens de haute phi-
losophie; mais peut-
être seulement à ce que
les souvenirs de l'injure
sont toujours pénibles,
et que ces deux frères
repoussent tout ce
qui leur cause douleur.
D'autres n'ont vu dans
cette manière d'être
qu'une faiblesse de ca-
ractère déguisée par
l'amour-propre, sous
une apparente indif-
férence. Dans les cir-
constances fâcheuses,
pour eux, et dans tou-
tes leurs pensées dou-
loureuses, ils ont la
faculté de se distraire
en occupant leur ima-
gination d'un objet
réel ou imaginaire. Ils
sont indulgens pour
les fautes.

Il plaisante parfois,   Ayant compté déjà   Il est sec dans ses

CÉSAR.

et saisit avec facilité les ridicules.

leur 10ᵉ lustre, ils trouvent encore du charme aux illusions qui bercent la jeunesse. Ils voient avec dédain la médiocrité qui se gonfle et se bouffit en s'élevant. L'oppression les révolte. Ils savent se résigner. Nulle privation ne leur est pénible (1).

CONSTANTIN.

observations, et le plus souvent se tait.

Ces deux frères, en naissant, étaient d'une ressemblance si parfaite, qu'elle trompait quelquefois leurs parens eux-mêmes. Dans leurs garnisons, ils furent souvent obligés, pour éviter les méprises, de porter une fleur différente à la boutonnière. Cette ressemblance s'affaiblit un peu en avançant en âge; mais leur esprit conserva toujours un rapport tout extraordinaire. Si l'un d'eux, en l'absence de l'autre, discutait sur un sujet quelconque, celui qui survenait suivait avec une merveilleuse facilité les idées de son frère, en entrant dans la discussion, comme s'il eût été présent dès le commencement, tant la nature avait produit de conformité dans l'existence intellectuelle et physique des deux jumeaux!

Aux avantages d'une physionomie heureuse, ils joignaient les qualités du cœur et les agrémens d'un esprit cultivé. Bons, braves, gais, généreux, bienfaisans, serviables, ils étaient aimables, sur-

---

(1) Ces notes furent rédigées lorsque César et Constantin se firent tâter le crâne par le docteur Gall. Voyez plus loin.

tout César. La douceur de leurs manières, les grâces de leur conversation, leurs prévenances les faisaient aimer d'abord, et augmentaient chaque jour le charme de leur intimité.

Ils eurent des ennemis, sans doute, et de bien cruels; mais ils ne les comptèrent que parmi les jaloux, les envieux ou les sots. Dans une petite ville, la haine de certains hommes est toujours acquise à quiconque peut, dans les dissensions civiles, appuyer ses opinions politiques par l'influence d'une supériorité reconnue de vertus, de talens et de fortune.

César et Constantin, malgré leur esprit ardent et facile à s'exalter, ne ternirent jamais par l'excès de leur zèle leur dévouement à l'amitié et à la patrie. Aucun vice n'eut accès dans leur cœur : ils ne furent cependant pas exempts de défauts. Ceux qui exercèrent le plus d'influence sur leur vie entière furent une certaine légèreté dans les jugemens qu'ils portaient, et une confiance excessive qui les exposa souvent à se laisser surprendre par les dehors de l'amitié; peut-être furent-ils aussi un peu enclins à l'ironie et à la satire, penchant toujours funeste, quoique trop souvent justifié par le vice et la sottise.

Avec l'amour de la patrie, ils reçurent de leur père le goût de la philosophie et des lettres, qui se fortifia chez eux par les encouragemens qu'ils avaient été assez heureux pour recevoir du vieillard de Ferney. Ils surent allier à l'étude de l'art militaire l'étude des lois, et furent reçus avocats étant officiers de dragons.

Dès l'aurore de la révolution, César et Constantin se montrèrent partisans de la réforme, défendirent les droits du peuple et combattirent les priviléges. Ils rentrèrent à Paris presque après la session de l'Assemblée constituante, et suivirent avec ardeur toutes les assemblées. Necker, Bailly et Mirabeau les honorèrent de leur estime et de leur amitié.

En 1791, César fut nommé président de l'administration du district de la Réole, et commandant des gardes nationales de l'arrondissement. Constantin, fait à la même époque commissaire du roi, puis chef de la municipalité de la Réole, signala son administration par divers actes de bienfaisance et de désintéressement pendant la disette et les inondations qui désolèrent le pays.

Après l'événement du 21 janvier 1793, César et Constantin ne voyant plus de possibilité à l'établissement d'une monarchie constitutionnelle, se rattachèrent à l'idée d'une république, et se prononcèrent pour le fédéralisme. Pendant que les échafauds ensanglantaient la France, l'honneur et le patriotisme se réfugièrent dans les camps. Ce fut là que les deux frères vinrent chercher un asile. Ils s'élancèrent dans les rangs des défenseurs de la patrie, pour repousser l'Europe en armes accourue sur nos frontières. Ils formèrent un corps-franc d'infanterie, sous la désignation d'*Enfans de la Réole*, qui fut dirigé sur la Vendée où les troubles commençaient à éclater. Ils recommencèrent l'état militaire en qualité de volontaires. Leurs talens, leur conduite brillante et courageuse, les firent bientôt distinguer. Ils furent faits généraux de brigade en même temps, après avoir parcouru rapidement et ensemble tous les autres grades. Chaque promotion fut la récompense de quelque action d'éclat, et eut toujours lieu sur le champ de bataille.

Nous ne décrirons point les nombreuses rencontres dans lesquelles César et Constantin développèrent à la fois la bravoure du soldat et l'humanité du citoyen, l'expérience et les talens qui doivent distinguer l'officier supérieur.

Nous nous contenterons de citer ici un trait propre à caractériser leur enthousiasme pour la liberté.

A l'attaque de la forêt de Vouvans, le 13 mai 1793, César est enveloppé: son cheval tombe sous lui percé de coups; lui-même reste sur la place, frappé de dix coups de sabre sur la tête, d'un à la main, et d'une balle dans la poitrine. Ce fut à ses cris de *vive la république*! que les premiers cavaliers, revenus à la charge, le reconnurent, et l'arrachèrent à une mort devenue inévitable. Cette charge fixa la victoire sous les drapeaux des républicains. Constantin y fut démonté.

César ne pouvant se tenir à cheval, fut enveloppé dans une couverture et placé sur un brancard. On le transporta à Bressuire. Après une opération douloureuse, on parvint à enlever la balle. Il l'envoya

à sa mère, et lui fit écrire : « Je ne l'aurais peut-
« être pas reçue; mais elle arriva revêtue des trois
« couleurs, avec un morceau de mon habit bleu,
« un morceau de ma veste rouge et un morceau de
« ma chemise : ces couleurs nationales l'ont suivie
« à son extraction, qui ne se fit que sept heures
« après son entrée. »

Le gouvernement donna ordre, le 27 novembre,
de suspendre César et Constantin de leurs fonctions: on les accusait d'avoir fait partie du comité
autrichien, etc. Les représentans du peuple les
maintinrent.

Les fatigues que Constantin éprouva firent rou-
vrir ses blessures et le forcèrent à quitter l'armée.
Il se fit porter à Saint-Maixent, où était César.

Ces deux frères n'étaient pas encore guéris, lorsque, le 1er janvier 1794, le représentant Laignelot
ordonna, par suite d'une dénonciation des Jaco-
bins de Paris, de les arrêter et de les traduire au
tribunal révolutionnaire de Rochefort. Cet ordre
fut exécuté à Saint-Maixent. On apposa les scellés
sur leurs papiers. Leur état ne permettant pas de
les faire partir, ils furent gardés à vue dans leur appartement, ensuite transférés à Rochefort, où leur
arrêt de mort fut prononcé pour crime de fédéralisme. Il allait être exécuté; on les aidait à monter
sur l'échafaud, lorsque le représentant Léquinio,
qui se trouvait sur les lieux, ordonna de surseoir à
l'exécution. Leur intrépidité sur l'échafaud fut la
même que sur le champ de bataille. Leur conscience était pure et leur âme calme. Le jugement

fut révisé et cassé, et César et Constantin rendus à
la liberté. Aussitôt que leur état le permit, ils vinrent en litière à la Réole pour y achever leur gué-
rison : leur convalescence fut longue, surtout
celle de Constantin.

La Réole éprouvait les horreurs de la famine.
César et Constantin sollicitèrent du représentant
Ysabeau l'autorisation d'acheter des grains dans les
départemens voisins pour subvenir aux besoins de
l'arrondissement.

César, chargé par ses concitoyens d'une mission
près des comités du gouvernement, parut à la barre
de la Convention, y soutint leurs droits avec succès, et parvint à faire alléger le poids des charges
qui pesaient sur eux. Il obtint l'établissement d'un
collège à la Réole. Son influence s'exerça au profit
des proscrits d'alors et de leurs familles : plusieurs
émigrés lui durent leur radiation, quelques-uns
leur mise en liberté, d'autres enfin, la restitution
de leurs biens.

César et Constantin furent attachés, en qualité
de généraux de brigade, à l'armée du Rhin-et-Moselle. L'état de leurs blessures ne leur permit pas de
continuer le service actif: ils furent réformés le 1er
novembre. Les eaux de Barèges, les soins et un
bon régime les rétablirent entièrement. Leur ami,
le général Kléber, disait : « Ils ne peuvent plus
aller en avant; mais qu'on les place comme pièces
de position, cela leur conviendra : je les connais,
ils n'aiment pas à aller en arrière. »

Le premier consul nomma le général Constantin Faucher sous-préfet de la Réole, le 3 avril 1800, et le général César Faucher, membre du conseil-général du département de la Gironde, le 15 mai 1800. Ils exercèrent ces fonctions publiques jusqu'en 1803, et furent depuis entièrement étrangers aux affaires du gouvernement.

A cette époque, César étant resté à Paris, se livra à des spéculations qui dévorèrent une partie du patrimoine commun : il était un des actionnaires de la banque territoriale, dont la faillite fut pour lui une source de malheurs. Les deux frères résolurent, après ce revers, d'aller terminer à la Réole, dans le repos et l'oubli, une vie éprouvée par trop de peines. Leur retour dans leur ville natale fut une fête pour leurs concitoyens : ils reçurent à cette occasion des témoignages publics de leur affection et de leur estime. Constantin devint le conseil du peuple de la Réole et de tous les paysans des environs. Ils vécurent ainsi heureux et tranquilles jusqu'à la fin de 1812, époque à laquelle des discussions d'intérêt, fruits d'une longue absence, leur suscitèrent des haines de famille, et excitèrent contre eux les ressentimens de quelques coteries envieuses, qui s'efforcèrent dès-lors de détruire par la calomnie, l'influence qu'ils exerçaient à tant de titres.

Lorsqu'en 1814, les armées étrangères eurent mis le pied sur le sol de la France, les deux frères crurent que tout devait céder à l'intérêt de la patrie. Ils redemandèrent du service, et offrirent de défendre une partie de la rive droite de la Garonne.

Leur patriotisme et leur crédit pouvant faciliter des levées en masse, leurs offres ne furent pas acceptées.

On leur parla du parti qui se formait à Bordeaux, pour la famille des Bourbons ; mais sans leur faire de propositions directes, attendant sans doute qu'ils se fussent prononcés. Ils témoignèrent le désir de rester totalement étrangers à tout mouvement qui n'aurait pas pour but de combattre l'ennemi.

Après l'occupation de Langon par les Anglais, un poste d'environ quarante de leurs hussards fut placé en face de la maison de César et de Constantin, sur la rive opposée de la Garonne. MM. Lavaissière, Verduran et Peyruse (dont il sera parlé dans le procès) vinrent proposer à ces deux frères de réunir chacun douze hommes armés, et d'enlever le poste anglais. Cette proposition, qui n'était qu'un piége, fut acceptée, et le rassemblement fixé à onze heures du soir. A neuf heures, MM. Verduran et Peyruse vinrent se dédire. César et Constantin résolurent dès-lors de n'opposer aucune résistance aux troupes ennemies.

Le dépôt du 118e régiment de ligne, établi à la Réole, et qui avait rétrogradé sur Marmande, se porta en avant, y entra, et, par une marche de nuit, enleva le poste anglais placé à Saint-Macaire. On répandit que ce coup de main avait été exécuté d'après les conseils et les plans de César et Constantin. Peu de jours après, les Anglais traversèrent la Garonne à Langon, et occupèrent la Réole, après un petit combat au pont de Gironde. On parla de traduire les deux frères devant un conseil de guerre, et de les traiter comme des particuliers qui prennent, sans titre, part aux mouvemens des armées. Cependant, toute la ville savait qu'ils n'étaient pas sortis de leur maison. Vers la fin du mois de mars, quelques affaires appelèrent César à Bordeaux : il y fut insulté, mis aux arrêts, et reçut l'ordre de se rendre à la Réole (1).

La conduite des habitans de la Réole, pendant le séjour des troupes étrangères, a offert l'étrange spectacle d'une population française faisant entendre les cris de *vivent les Anglais !* Ces cris étaient répétés avec affectation devant des officiers français, invités aux bals et aux fêtes donnés à ces messieurs. César et Constantin refusèrent d'y assister. Ce refus leur attira la haine de tous ceux qui croyaient que le retour de la famille des Bourbons leur donnait le droit de faire valoir des prétentions ridicules. Quelques dames ne furent pas étrangères aux petites menées que l'on déploya contre eux.

Les opinions politiques divisaient les Français. Il devint du bon ton, à la Réole, d'être *royaliste pur;* c'est-à-dire de croire la Charte inutile. César

---

(1) Les arrêts durèrent depuis le 28 mars jusqu'au 28 avril: encore ne cessèrent-ils que parce qu'il fit intervenir le duc d'Halousie, commandant anglais, auprès du préfet Lainé et du maire Lynch, auxquels César avait écrit des lettres fort pressantes.

et Constantin ne pensèrent pas ainsi. Dès-lors, on ne vit plus affluer chez eux cette foule d'amis que donne la faveur et qu'éloigne la disgrâce.

Des affaires d'intérêt appelèrent à Paris César et Constantin, en décembre 1814. Ils y étaient encore le 20 mars. Les espérances de liberté données par Napoléon leur firent désirer de servir la patrie. César fut nommé représentant par le collége électorale de la Réole, et Constantin élu maire de la Réole. Ce dernier siégea constamment à côté de son frère à la Chambre des représentans. Tous deux furent chargés de porter une adresse au pied du trône. Le 14 juin, ils furent nommés chevaliers de la Légion-d'Honneur et maréchaux-de-camp à l'armée des Pyrénées-Occidentales. Les arrondissemens de la Réole et de Bazas furent mis sous le commandement de Constantin, lorsque le département de la Gironde fut déclaré en état de siége.

Le drapeau blanc ayant été arboré le 22 juillet, d'après l'ordre du jour du général en chef comte Clauzel, César et Constantin cessèrent dès ce moment leurs fonctions, conformément aux ordres du maréchal Saint-Cyr, ministre de la guerre. Le même jour 22, un détachement de troupes, fort de vingt-trois hommes, détruisit les enseignes blanches en traversant la Réole : les autorités ne leur opposèrent aucune résistance. Le 24, des gardes royaux à cheval de Bordeaux, et la garde nationale à pied parurent dans cette ville ; leur arrivée fut signalée par des excès. Leurs menaces faisant craindre pour la vie de César et de Constantin, des citoyens leur offrirent leur secours : ils l'acceptèrent et en prévinrent l'autorité, qui ne les désapprouva pas. Les gardes royaux et leurs auxiliaires partirent le 30, sans avoir brûlé une amorce : dès-lors le calme fut rétabli. Pendant leur séjour, Constantin pria, par une lettre confidentielle, le général en chef Clauzel, gouverneur, de faire rétablir l'ordre. Ce général, étant au moment de son départ, remit cette lettre au préfet, qui, par un arrêté, ordonna au capitaine commandant la gendarmerie du département de se rendre à la Réole. Cet officier fit des perquisitions dans la maison de César et de Constantin Faucher, dressa procès-verbal du résultat de ses recherches, le transmit au procureur du roi, qui, n'y voyant aucune preuve de délit, motiva sur les bruits publics l'ordre de les faire traduire devant lui, et les envoya en prison, sur un mandat de dépôt, comme surpris et arrêtés en flagrant délit, ayant un DÉPÔT *d'armes*, en contravention à l'article 93 du Code pénal. Les prévenus furent transférés à Bordeaux le 9 août. Ce magistrat ne parla point du prétendu dépôt d'armes; l'accusation changea d'objet. On leur fit des questions dont il ne résulta aucune prévention de crime. Les deux frères furent mis au secret le plus rigoureux et privés des douceurs accordées à tous les accusés, même à tous les condamnés, quels que soient leurs crimes : l'autorité militaire fut saisie de leur affaire. La procédure prit une nouvelle forme, et les chefs d'accusation changèrent encore. *Interrogés le* 18

et le 19, ils furent traduits devant un conseil de
guerre le 22 septembre. On leur refusa le délai
nécessaire pour trouver un défenseur. Leur éloquence ne put les faire absoudre : ils furent condamnés à mort, et le jugement de révision confirma
cet arrêt le 26 août, qui fut exécuté le lendemain.
Ils reçurent la mort en hommes accoutumés à la
braver : heureux, comme ils le disaient, de donner
leur vie, si elle pouvait être de quelque utilité à la
patrie.

Plusieurs feuilles publiques du temps ont rapporté, à l'occasion de leur supplice, l'anecdote
suivante :

« A l'époque où le docteur Gall vint à Paris
ouvrir son cours de cranologie, César et Constantin Faucher eurent occasion de dîner avec lui
dans une maison de la Chaussée-d'Antin. Frappés
de l'étendue de ses lumières et de la profondeur
de ses observations, ils cherchèrent à lier connaissance avec lui : ce qui était d'autant plus facile
pour eux, qu'ils ne lui cachaient pas l'admiration
que son talent leur inspirait.

« Il fut convenu que le docteur leur tâterait le
crâne; et comme il leur disait que les cheveux mettaient toujours un peu d'obstacle à ce qu'il distin-
guât exactement la force des protubérances, ils
n'hésitèrent pas à se faire dégarnir entièrement la
tête. Ils la soumirent ensuite à un examen très-
minutieux du docteur Gall, qui, entre autres
choses, leur assura qu'*ils mourraient ensemble le
même jour.* »

Nous pouvons garantir la vérité du fait, l'ayant entendu raconter par César et Constantin eux-mêmes.

Après cette notice de la vie d'ensemble des deux malheureux frères, nous revenons sur le fait principal, sur le procès.

Mais encore, avant de rapporter le jugement, nous croyons devoir donner le jugement, nous croyons devoir donner le journal tenu par les deux frères pendant l'intervalle qui sépare leur arrestation de leur exécution, le faisant précéder d'une note écrite au crayon par César. Ce journal explique parfaitement le procès.

NOTE.

Je reçus, le vingt et un juillet, après midi, du général Clauzel l'avis officiel que mon frère et moi devions, par une mesure générale ordonnée par le roi, cesser nos fonctions de maréchaux de camp. Je partis quelques heures après pour la Réole, sur un cheval que j'avais acheté le matin même. Je fus obligé de ménager mon cheval déjà fatigué d'une longue route dont il était arrivé la veille. Je comptais atteindre à Saint-Macaire avant minuit la diligence de Bordeaux en repos, pour continuer sa route pour Toulouse. Je n'arrivai qu'après son départ : mon cheval était blessé, et je l'étais plus que mon cheval. Je fis chercher une voiture de louage, et je pus m'embarquer, vers une heure après minuit. Il y a deux postes et demie de Saint-Macaire à la Réole, et j'estime que je restai trois heures à les faire. C'est le temps que ces voitures mettent ordinairement à faire cette route quand elles vont bien. J'étais très-incommodé, et je me couchai en arrivant. Je dis à mon frère que le général Clauzel avait fixé le point du jour du 22 pour l'érection du drapeau blanc dans son gouvernement; il le savait déjà, et avait donné ses ordres en conséquence. Mon frère était au lit, et se leva long-temps avant que j'en sortisse. Alors il écrivit au commandant de la gendarmerie de Bazas pour l'inviter à arracher un sieur Duluc, militaire qui nous avait été adressé par le général Clauzel, des mains d'une populace qui menaçait, disait-on, sa vie. Quand je fus levé, mon frère me dit l'ordre qu'il avait donné. Je lui dis alors que nos fonctions devaient cesser depuis la veille pour moi, et depuis le moment qu'il l'apprenait, pour lui; que le général Clauzel m'avait dit que nous recevrions les ordres du ministre par le premier courier, qui arriva le soir même.

JOURNAL *du* 31 *juillet au* 30 *août.*

Nos amis doivent être étonnés de notre position actuelle; et connaissant les événemens et toutes nos actions, ils doivent croire rêver, même en ayant les yeux ouverts. Nous allons leur expliquer tout cela; c'est fort simple, très-naturel; ce n'est pas bien légal, ce n'est pas bien constitutionnel, mais ce n'est pas de cela qu'il s'agit. On veut nous faire tuer.

Ne remplissant plus les fonctions de généraux, ni de maire de la Réole, ni de représentant du peuple, nous nous tînmes dans notre maison, et en cela nous obéissions au Roi qui, par la lettre du 16 juillet à nous parvenue le 22, nous prescrivait de demeurer sur nos foyers.

Des gardes royaux à cheval (1) vinrent à la Réole; ils insultèrent, outragèrent les citoyens accusés par eux de bonapartisme, et demandèrent à grands cris notre tête : nous fermâmes nos portes, nos amis vinrent à notre aide : les assaillans eurent peur, et, après avoir pendant six jours essayé de nous assassiner, ils se retirèrent et rendirent la sécurité au pays.

Le préfet, par un arrêté du 29 juillet, charge le capitaine de la gendarmerie de venir avec vingt-cinq gendarmes, soixante et dix officiers espagnols et une garde nationale nombreuse, vérifier s'il n'y a pas dans notre maison un arsenal et un rassemblement armé....... Le 31, le premier adjoint au maire les accompagne. On ne trouve ni armes ni hommes armés. Le procès-verbal le constate; mais on se ravise, et on nous envoie en prison avec un mandat de dépôt. On le fait le soir à la nuit; quatre gendarmes nous accompagnent seuls, mais on avait aposté des gens nombreux qui eu-

(1) Lisez toujours *volontaires royaux*.

rent bien le courage de crier dans l'ombre, mais qui n'osèrent pas nous assassiner.

Le 1er août, on nous fait paraître devant le juge d'instruction. On sait comment nous échappâmes par miracle à l'assassinat qui était préparé au milieu de gens ivres, et combien les trois gendarmes qui nous accompagnaient coururent de dangers pour nous défendre. On remarque que les auditions devant le juge instructeur ont toujours lieu le matin, que celles-ci se bornent à deux simples questions ; . . . .
. . . . On se rappelle que les gardes nationaux, joints aux trois gendarmes pour nous escorter, étaient Tellier, secrétaire du sous-préfet, ***,.... et autres semblables, qui eurent le soin de s'éloigner de nous au milieu de la cohue. . . . .

Cette instruction criminelle commencée ne pouvait pas s'arrêter ainsi : on était obligé d'y donner suite. On donne des assignations au vendredi 4 août.

Nos amis, les bons citoyens de la Réole, crurent d'abord qu'il y avait quelque chose de sérieux dans cet appareil judiciaire ; ils reconnurent bientôt leur erreur. . . . . Quand on vit qu'on avait manqué le coup, on laissa là ce moyen, et on s'y prit de manière à réussir autrement.

Nous avions, dès le trois auguste, écrit de la Réole, à M. Ravez à Bordeaux, que, par l'indiscrétion des complices, nous apprenions qu'ayant manqué l'assassinat ouvertement tenté pendant six jours contre nous, à la Réole, on s'assurait les moyens de l'exécuter à notre arrivée à Bordeaux, où nous allions être conduits.(1).

A Monsieur RAVEZ *Jurisconsulte.*

Monsieur,

Nous vous dénonçons notre position actuelle, fruit de la réaction royale qui nous tourmente depuis dix jours : je ne sais si vous serez plus frappé de son ridicule que de son atrocité.

Le vendredi 21 juillet, mon frère et moi dûmes cesser nos fonctions de généraux, et nous fixer dans nos foyers, d'après l'ordre du roi à nous transmis par le maréchal Saint-Cyr son ministre. Je le déclarai au commandant de la gendarmerie, seul corps militaire qui fût à la Réole.

Le samedi 22, jour fixé pour les enseignes blanches, je fis, en ma qualité de maire de la Réole, enlever et détruire les enseignes tricolores, et au point du jour les drapeaux blancs flottèrent par mes ordres sur les monumens et bâtimens publics.

J'écrivis le même jour, à M. le sous-préfet, une

(1) Nous rompons l'ordre du journal pour insérer au fur et à mesure les lettres écrites par César et Constantin à M. Ravez et au procureur-général. Ces lettres expliquent la suite donnée à la procédure et la nature des accusations sur lesquelles on l'appuya, et les basses intrigues des réactionnaires, et la conduite de ceux qui s'étaient toujours honorés de l'amitié des deux frères.

lettre, que je fis inscrire au registre de la municipalité, à la suite du procès verbal de mon installation de maire. J'y disais que je tenais à honneur d'avoir été élu maire, mais que le danger des circonstances avait pu seul me faire accepter la délégation provisoire de ces fonctions par le préfet; que je ne voulais plus les remplir, à présent qu'il n'y avait plus de dangers, et que mes adjoints administreraient jusqu'à nouvelle disposition.

Il en fut ainsi, et tout resta calme le samedi et le dimanche.

Seulement, dans la journée du samedi 22, des soldats de troupes en marche, portant encore la cocarde tricolore, allèrent chez le sous-préfet, et lui demandèrent pourquoi on avait abattu le drapeau national. Il répondit que cela ne le regardait pas. Ces soldats descendirent et détruisirent les drapeaux blancs.

Le lundi 24, au matin, l'effroi se répandit dans la ville....... Des cavaliers armés ; appelés *gardes royaux*, arrivaient de Bordeaux, disait-on, accompagnés d'un ramas de paysans venus des arrondissemens voisins.

Le sous-préfet accueillit cette troupe.

En ce moment, la municipalité royale vint à la maison-commune reprendre ses fonctions d'autorité, sans nouvelle installation, sans mot dire aux adjoints qui exerçaient en ce lieu même, et qui, apprenant que le premier acte de la municipalité nouvelle allait être d'assister à un *Te Deum*, la suivirent à l'église.

La garde royale et ses auxiliaires, en venant à la Réole, avaient inauguré des drapeaux blancs et installé des maires, notamment le sieur Mouchés à Caudrot. On arrêtait les gens pour leur faire crier *vive le Roi*. Un colon partiaire du sieur Vacquey, à la Réole, sans armes, n'ayant pas crié assez vite ou assez haut, fut excédé de coups : il en est mort, dit-on, avant-hier.

Parmi cesdits gardes royaux était un sieur D...aud, fils de M. D...aud des domaines, attaché au comte d'Artois. Ce sieur D...aud, à cheval et le sabre à la main, criait : *A bas les brigands Faucher! à bas les généraux de la Réole! il faut les tuer!....*

Deux de ces gardes royaux se rendirent à la prison de la Réole, où ils avaient été détenus il y a quelques années. Ils parlèrent au concierge en présence de sa femme, de ses enfans, du sieur Bressot, du sieur Descornes aîné, négociant, etc., et ils dirent entre autres choses du même genre : *Je boirais avec plaisir un verre du sang des Faucher.*

Un groupe d'environ *cent cinquante* personnes en tumulte se forme devant le bâtiment appelé les Bénédictins où sont réunis la municipalité, la sous-préfecture, le prétoire du tribunal, etc. *Ces hommes étaient étrangers à la Réole.* Des cris s'élevèrent : *Il faut aller tuer les généraux Faucher! il faut tuer les généraux de la Réole...* Madame Pirly, épouse du sous-préfet, court aux Bénédictins, où était son mari avec d'autres fonctionnaires publics : « *Mon ami, cours, on va égor-* « *ger MM. Faucher; viens vite!....* » Elle répète plusieurs fois ces cris, et, voyant que son mari ne se hâtait point, elle ajoute : » *Mais, Monsieur,* « *vous voulez donc les laisser périr?...* » Ceci se passait en public.

Ce groupe partit pour venir nous attaquer : mais la bonne contenance des citoyens effrayés et toutefois révoltés de ce projet de crime eut bientôt diminué le groupe qui se dissipa, et on n'entendit plus, pour le moment, dans la ville que les cris poussés en divers lieux par les débris de ce groupe, disant toujours : *Il faut tuer ces Faucher!...*

Ce groupe se réunit encore vers le soir. Il se porta en tumulte chez les citoyens qu'il accusait de bonapartisme, ou d'avoir caché des drapeaux tricolores. Le sieur Charrier, instituteur, vieillard tout-à-fait infirme, courut de grands dangers dont il fut sauvé par la gendarmerie. On put détourner la fureur de ces gens, en leur désignant une chambre isolée, où l'on se réunissait pour lire les nouvelles, et où le vendredi 21 flottait encore un petit drapeau tricolore. Ils s'y portèrent avec violence.

Le sieur D....aud fils, garde royal, se porta avec un de ses camarades, dirigé par le sieur B...tin fils, au domicile du sieur Dupont, accusé de bonapartisme. Ils n'y trouvèrent que sa mère et sa femme. Ils fouillèrent la maison avec des flambeaux, firent ouvrir les armoires, etc., en disant : *Nous voulons l'avoir* MORT OU VIF.

Dans cet état de choses, nous écrivîmes à M. le

maire de Réole la lettre n° 1 (1). N'en recevant pas de réponse, nous fermâmes nos portes, et accueillîmes les bons citoyens qui, par affection, nous offrirent leur secours.

Le lendemain 25, nous reçûmes la réponse du maire datée de la veille n° 2 (2). Il nous mande que les diverses autorités de la ville se sont réunies à lui pour appeler la gendarmerie et la garde nationale au secours de l'ordre public.

Ce lendemain 25, des gardes royaux parcouraient l'extérieur de notre maison qui touche à sept rues. Le sieur *Laubenac*, neveu du sous-préfet, les dirigeait : nous l'avons vu.

Ce même jour 25, nous écrivîmes la lettre n° 3 (3).

Le 26, M. le maire nous répondit la lettre n° 4. Il ne blâme pas nos mesures de précaution ; il ne dit pas que nous ne courons pas de dangers ; mais il nous assure que *les rassemblemens , de quelque genre qu'ils soient,* (il n'excepte pas les gardes royaux) *ne forceront notre porte qu'en ensanglant son écharpe municipale.*

---

(1) Ils lui demandaient de faire respecter l'inviolabilité de leur domicile.

(2) Lettre de six lignes, insignifiante, purement administrative.

(3) Adressée au maire. Elle fait connaître des violations de domicile et des assassinats, en demande la punition, et compare les événemens du retour des Bourbons à ceux qui ont accompagné le retour de Napoléon.

Le 27, de nouveaux outrages, de nouvelles menaces nous firent écrire nos lettres n°s 5 et 6 (1) adressées au maire.

Un adjoint nous répondit la lettre n° 7 ; il assure que le tocsin n'aura pas lieu ; et quant aux gardes royaux, dénoncés pour avoir arrêté nos domestiques, et pour avoir fouillé nos paquets, avec injures, M. l'adjoint nous dit, non pas que le commandant des gardes royaux condamne ou blâme cette conduite, mais *qu'il engagera ses gardes à se conduire désormais avec plus de mesure.* L'éveil donné qu'on devait sonner le tocsin éventa cette mine, et fit avorter le projet des turbulens agitateurs. Nous instruisîmes de notre position le général Clauzel, gouverneur, dans une lettre datée de ce jour 27, et nous le fîmes en simples particuliers qui avaient des liaisons avec lui n° 8 (2).

Le 29, M. de Peyrusse, maire de la Réole, nous

---

(1) Ils préviennent le maire que les *volontaires royaux* annoncent que le tocsin doit sonner le soir et qu'ils sont menacés.

(2) Nous donnons cette lettre en entier, parce qu'elle a servi de pièce principale au procès.

« Général, vous commandez encore, et, jusqu'au dernier moment, nous vous rendrons compte de la situation des contrées que vous avez confiées à notre commandement.

« Nos fonctions de général *cessèrent avec la journée* du 21 juillet..

« Le 22, à l'aube, conformément à votre ordre du jour, le drapeau blanc fut arboré par mes soins, comme maire de la Réole. Quelques heures après, je déclarai par écrit au

écrit la lettre nº 9, dans laquelle, en se moquant
des remueurs et des meneurs de mouvemens, qui,

---

sous-préfet que je tenais à honneur d'avoir été élu maire de
la Réole, mais que, dès ce moment, je cessais mes fonctions
de maire *provisoire*, parce que, n'y ayant plus de danger, je
ne voulais pas remplir des fonctions arbitrairement délé-
guées par le préfet.

« Peu après, les drapeaux blancs *furent abattus par des militaires d'un corps en marche*, qui allèrent auparavant en
prévenir le sous-préfet.

« Ces militaires ont sans doute fait une faute.......;
mais, général, jugez de l'influence de leur erreur! A l'ap-
parition de la cocarde et du drapeau blanc, l'armée de Toulouse s'est débandée. Plusieurs militaires arrivant sur des
bateaux, ayant vu le 21 flotter sur notre maison un grand
drapeau tricolore, s'y rallièrent, et une députation de qua-
rante-cinq sous-officiers vint en leur nom me demander de
les conduire sous ces couleurs au service de la patrie : « Nous
« voulons mourir pour elle! » me disaient-ils... puis des larmes
tombaient sur leurs galons. En me voyant dans l'impossibilité de leur parler par ma trop grande émotion, ils me
pressèrent dans leurs bras : les uns me touchaient les mains,
d'autres la tête, d'autres mes habits..... Général, ce ne
sont pas là de mauvais Français.

« De nombreux soldats, une armée se serait ralliée encore ici
dans ces derniers momens; mais ouvertement, officiellement, on met en usage tous les moyens de dissoudre nos
corps militaires. Des hommes revêtus d'uniformes, dits
gardes royaux, sont arrivés lundi 24 à la Réole, et, de concert avec les autorités constituées, ils disent aux divers détachemens de militaires : « Notre bon roi n'a plus besoin
« d'armée : c'est un bon père, il vous renvoie chacun dans
« vos familles. Recevez une feuille de route, et on va vous
« fournir le logement et la nourriture. » C'est ce qui est fait

depuis cinq jours, affligeaient la ville, il touche
l'homme du doigt et nous dit :

Se croire un personnage est fort commun en France.

Puis, en nous parlant des complices du person-

---

sur-le-champ. Par ce moyen, nous voyons *régulièrement*
licencier, à la Réole, l'armée de Bayonne, une partie de celle
de Toulouse, et de nombreux détachemens de celle de Bordeaux.

« Les faits des hommes, dits gardes royaux, ne se bornent
pas là. Nous mettons sous cette enveloppe les lettres que
nous avons écrites au maire de la Réole, le 24 et le 25. Vous
y verrez la violation des domiciles, les excès commis sur des
citoyens........ Nous apprenons que des scènes semblables
ont eu lieu à Bordeaux.

« Cesdits gardes royaux ont à leur tête (1) le fils unique
d'un sieur D...aud, employé de la régie de l'enregistrement
à Bordeaux, et attaché à la maison du duc d'Angoulême.
Avec lui sont entre autres le fils unique du sieur Menou, de
Casseuil (2), près la Réole : les autres sont plus connus à Bordeaux qu'ici. Le sieur D...aud, à cheval à la tête de sa
troupe, crie tout haut en parcourant les rues, qu'il est venu
avec ses amis pour enlever les généraux Faucher, morts ou
vifs...... Leurs complices sont Durand-Laubessac, et Du-
rand-Lavison, cousins du sous-préfet.

Dans cet état de choses, notre maison est réellement en
état de siège; et, *au moment où nous écrivons, nos armes*

---

(1) M. D...aud a été désigné, par erreur, comme le chef du détachement des
gardes nationales qui se porta à la Réole : c'est M. Johnston, capitaine de la
garde nationale à cheval, qui le commandait. (Note du *Mémorial Bordelais.*)

(2) Le *Mémorial Bordelais* nomme ce village *Cassenie*. Il n'y en a point de
ce nom près de la Réole. Il n'y a, dans les environs de cette ville, qu'une famille
Menou, et elle habite Casseuil : c'est la seule qui ait paru amie de César et Constantin jusqu'en 1814.

nage, il nous dit encore : *Ces gens-là se croient, de la meilleure foi du monde, on ne peut pas plus nécessaires.*

Le 50 au matin, les gardes royaux partirent, et

---

sont là ; nos avenues éclairées, et le corps de la place en défense, et nous ne craignons pas la désertion de la garnison de la place.

«Cet état respectable est respecté par ces messieurs, qui attaquent, frappent des hommes faibles, des enfans.....

« Le sous-préfet Pirly est l'âme de ce mouvement de crime et de désorganisation. C'est lui qui, par le moyen de MM. Duhamel de Castets, a fait venir ici, le 24, des bandes de paysans armés, appelés des arrondissemens voisins; c'est lui qui a appelé lesdits gardes royaux.....; c'est lui qui ouvertement les pousse en avant; et comme les amis du préfet Fauchet doivent avoir une conduite analogue, chacun dans l'ordre de ses fonctions, son ami Dumoulin, procureur du roi, et son substitut Montaubric viennent de lancer un mandat d'amener pour prévention de crime, non pas contre les criminels qui ont tenté d'assassiner le sieur Albert, qui ont frappé sa fille, foulé aux pieds la dame Peyroulet, etc., etc., mais contre J. Dubois-vigneron, qui a commis le crime épouvantable de dire hautement que « l'état actuel n'était que passager, et que les amis de la patrie triompheraient; qu'il l'avait lu dans un livre ancien. »

« Ces messieurs, dits gardes royaux à cheval, grossis des gardes royaux de ces contrées, ne s'élèvent pas à plus de cent chevaux. *Nous enleverions ces messieurs, et comprimerions leurs satellites : ce serait l'affaire de deux heures en plein midi, avec les seules forces que notre population bonne nous offre;* mais nous craignons que cet acte de juste défense ne puisse être le signal de la guerre civile, ou au moins ne contrarie les dispositions de notre Général, le capitaine de la gendarmerie arriva de Bordeaux avec vingt-cinq gendarmes. Dès ce moment, la sécurité fut rendue aux citoyens ; nos portes restèrent ouvertes à l'ordinaire, et tout rentra dans l'ordre accoutumé.

Le 31 après-midi, nous étions paisiblement dans notre salon, lorsque, sans se faire annoncer, le capitaine et le lieutenant de la gendarmerie entrèrent suivis d'un adjoint au maire. Trente gendarmes garnissent les cours et la principale porte de notre maison, qui est cernée par soixante-dix officiers espagnols, et de petits messieurs appelés des campagnes : plusieurs étaient perchés sur nos murailles de clôture. Une garde nationale nombreuse, composée d'hommes choisis dans un certain esprit, et étrangers à la ville, était sous les armes.

Le capitaine de la gendarmerie nous donna con-

---

spécialement encore chargé de tout ce qui tient à l'ordre public. Nous vous aurions une grande obligation si vous nous disiez quelle est la marche que nous devons tenir dans cet état de crise pour être *en aide à la patrie en souffrance.*

« Cette lettre vous est remise *par un patriote de confiance.*

« Nous sommes, etc.

« *Le général* C. FAUCHER. »

A la Réole, le 27 juillet 1815 (1).

(1) Cette lettre au général Clauzel est la copie de celle publiée par le *Mémorial Bordelais.*

naissance de l'arrêté du préfet du 29, n. 10 (1), qui relate notre lettre du 27 au général Clauzel, et notre lettre du 25 au maire de la Réole, que par erreur l'arrêté daté du 27 ; cet arrêté dit dans

---

(1) Le préfet,

Vu la lettre en date de la Réole, le 27 juillet, signée le général Faucher, adressée à M. le général Clauzel, et à nous officiellement transmise, par ledit général Clauzel, le 28 du courant;

Vu la lettre en date de la Réole, 27 juillet, signée César Faucher, Constantin Faucher, adressée à M. le maire de cette ville :

Considérant que de ces lettres résulte l'aveu que les sieurs Faucher ont dans leur maison un amas d'armes, et qu'ils y ont réuni des individus armés ;

Vu l'article 76 de l'acte constitutionnel du 22 frimaire an 8,

ARRÊTE :

Art. Iᵉʳ. Le capitaine de la gendarmerie du département de la Gironde est requis de faire dans la maison des sieurs César et Constantin Faucher, de la ville de la Réole, les perquisitions nécessaires pour s'assurer si elle renferme une réunion d'individus armés, ou un dépôt d'armes.

Art. II. Le capitaine de la gendarmerie du département dressera procès-verbal de sa perquisition, conformément aux lois, et il le remettra à M. le procureur du roi, près le tribunal de première instance de la Réole, pour être, par ce magistrat, pris telles mesures que de raison.

Fait à Bordeaux, en l'hôtel de la préfecture, le 29 juillet 1815.

Le préfet de la Gironde.
TOURNON.

nos deux lettres, que nous avons une armée et un arsenal dans notre maison.

Le procès-verbal fait dans notre maison, en vertu de cet arrêté du préfet, par la gendarmerie et par l'adjoint au maire, n. 11 (1), démontre que

---

(1) Aujourd'hui, trente et un juillet mil huit cent quinze, à une heure après midi, nous Pierre Maury, capitaine commandant la gendarmerie royale du département de la Gironde, agissant en vertu d'un arrêté de M. le préfet du même département, en date du 29 dudit mois, étant en compagnie de M. Lavaissière, adjoint de la mairie de la Réole, que nous avons requis à cet effet, nous sommes transportés au domicile de MM. César et Constantin Faucher, citoyens français, domiciliés à la Réole, rue Lamar, pour leur donner communication dudit arrêté ordonnant de faire perquisition dans leur maison, pour s'assurer si elle ne renferme pas des individus armés ou un dépôt d'armes. Où étant, nous avons requis lesdits MM. Faucher de tenir fermées les portes de leur maison, afin que personne n'y entrât ni n'en sortît sans notre autorisation, comme aussi d'avoir à nous présenter toutes les personnes qui sont actuellement dans leur maison: à quoi ils ont déféré; et à l'instant ils ont fait paraître devant nous un domestique mâle, appelé Jean Peytraud, âgé de vingt ans; Marguerite Riché sa femme, Anne Peytraud sa sœur, autre Peytraud également sa sœur, Jean Lussaud, âgé de onze ans, mademoiselle Anaïs Faucher et Jean-Jacques-Bruno Faucher, nièce et neveu desdits sieurs Faucher. Interpellé de nous déclarer s'ils n'ont pas d'autres personnes dans leur maison, ils nous ont répondu négativement, nous observant néanmoins qu'ils ont encore deux domestiques mâles, lesquels sont, en ce moment dans leur château de Boirac, commune de Pellegrue.

Nous avons invité ensuite MM. Faucher à nous présenter

nous n'étions nullement en état d'attaque ni de
défense ; que cette artillerie, dont on avait tant

---

toutes les armes qui sont dans leur maison; à quoi ils ont
obtempéré, en faisant porter devant nous dans une chambre
basse, servant de salle à manger, celles dont le détail suit :

1° Deux fusils doubles de chasse ; 2° huit fusils simples,
également de chasse, dont trois hors de service ; 3° un fusil
de munition avec sa baïonnette ; 4° une carabine de chasse ;
5° deux gros pistolets de cuivre ; 6° une paire *idem* d'arçon ;
7° trois sabres pour la cavalerie légère ; 8° deux briquets,
dont un sans fourreau ; 9° sept vieilles épées, dont cinq ne
peuvent sortir du fourreau, non compris leurs épées d'uniforme que nous avons cru devoir leur laisser ; 10° huit pétards montés sur des affûts, et qui ne sont propres qu'à
faire du bruit, et qui sont du calibre du petit doigt ; 11° enfin, sept piques, dont deux pour des drapeaux, et qui
étaient en évidence dans le vestibule de la maison.

Nous observons qu'une partie des armes à feu ont été
trouvées chargées, mais non les pétards ; nous observons
aussi que les épées, les gros pistolets et la carabine de chasse
n'étaient point, comme les autres armes, réunis dans le premier salon où nous sommes entrés, et où nous écrivons. Les
MM. Faucher les y ont fait porter sur l'injonction que nous
leur avons faite de nous présenter toutes les armes qu'ils
avaient dans leurs mains.

Interpellés de nous déclarer pour quel usage ils ont réuni
chez eux toutes lesdites armes, et pourquoi nous les avons
trouvées chargées, ils ont répondu que c'était pour leur
défense personnelle, se réservant de développer leurs motifs
dans une note particulière qui sera annexée au présent procès-verbal ; mais ne voulant pas renvoyer jusque là à dire
qu'ils n'ont fermé les portes de leur maison, et ne se sont
mis en défense que le lundi 24 du courant, lorsque les
gardes royaux à cheval traversèrent la ville suivis de paysans

parlé, consiste en huit canons, joujoux d'enfans,
qui ne peuvent que faire un peu de bruit, pour
une fête, dans une cour, et qui sont depuis deux

---

armés venus de l'arrondissement voisin, des cris s'élevèrent
de cette bande : *Il faut tuer les généraux Faucher!* que
ce jour même cette troupe se porta avec violence sur la
maison du sieur Albert, désigné comme patriote ou bona-
partiste. outragea sa femme et sa fille, saisit son fils qui fut
excédé de coups, et chercha le père qu'elle disait vouloir
tuer; que la même troupe en entrant dans la ville, sous le
même prétexte de bonapartisme, excéda de coups le faisan-
dier ou colon partiaire du sieur Vacquery, et qui, dit-on,
en est mort hier; qu'elle frappa et outragea les dames Bousquet; que, dans cet état de choses, ils écrivirent au maire de
la Réole, pour lui annoncer les dangers qu'ils couraient, et
l'engager à faire respecter leur domicile; que n'ayant pas
reçu de réponse, ils acceptèrent les secours des bons citoyens;
qu'ils en rendirent compte le lendemain à M. le maire,
lequel, dans sa réponse qui nous a été exhibée, ne blâme
pas leurs mesures de précaution, mais leur dit que les
attroupemens ne forceront leur porte qu'après avoir ensan-
glanté l'écharpe municipale (ce sont les propres expressions
de M. de Peyrusse, maire de la Réole), et que MM. Faucher
ont demandé à faire consigner littéralement dans notre procès-verbal, ainsi que toutes les expressions contenues dans la
présente déclaration.

Interpellés de nous désigner les personnes qui, d'après
leur déclaration, se sont réunies chez eux pendant la nuit,
depuis le vingt-quatre jusqu'au trente du courant, ils ont
répondu que ce sont leurs concitoyens qui ont pour eux
amitié et estime; qu'ils ont cessé de venir chez eux, comme
eux-mêmes de prendre aucune mesure définitive du moment que les hommes armés, s'appelant gardes royaux,
ont quitté la ville, et que la gendarmerie y est arrivée; ce

cents ans dans notre famille pour cet usage. Ces huit canons liés ensemble, ainsi que leurs affûts, par une même ficelle, ont été portés par un gen-

---

qui a eu lieu simultanément, et a rendu toute sécurité aux citoyens.

Interpellés de nous représenter les munitions de guerre qu'ils peuvent avoir dans leur maison, ils nous ont à l'instant fait apporter un vase de terre contenant trente-neuf cartouches du calibre de guerre, qu'ils ne pouvaient employer qu'en coupant les balles, comme cela a déjà été fait en partie, ainsi qu'il paraît dans le même vase, qui contient de plus six pierres à fusil.

Interpellés enfin de nous déclarer s'ils n'ont pas d'autres armes ni d'autres munitions dans leur maison, ils ont répondu négativement. Sur quoi nous avons à l'instant procédé dans ladite maison et toutes ses dépendances aux perquisitions ordonnées par l'arrêté précité de M. le préfet, et nous n'avons trouvé aucune arme ni munitions, malgré les plus exactes recherches, dans toute la partie des bâtimens occupée par MM. Faucher.

Nous déclarons qu'à notre arrivée au domicile de MM. Faucher, nous avons trouvé la porte d'entrée extérieure fermée au loqueteau seulement; que nous sommes entrés sans obstacles, et qu'ayant fait part auxdits sieurs Faucher de l'objet de notre mission, ils y ont déféré sans aucune hésitation ou difficulté.

De tout quoi nous avons fait le présent procès-verbal, lesdits jour, mois et an que dessus, au domicile de MM. Faucher et en leur présence, lesquels vont le signer avec M. l'adjoint du maire et nous.

César FAUCHER, Constantin FAUCHER, LAVAISSIÈRE, MAURY.

En suivant notre opération, nous avons de suite fait mettre en faisceau les armes susmentionnées, et les muni-

darme qui les balançait dans sa main. On nous a
demandé toutes nos armes, tout ce qui en avait
la figure. Nous avons fait fouiller greniers, garde-
meubles, etc., et il s'est trouvé sept épées, dont
cinq ne peuvent pas sortir du fourreau, cinq fusils
de chasse.....

Voyant que nous n'avions pas même autant d'armes qu'en ont en général des hommes de notre
âge et de notre état, les officiers de gendarmerie,
l'adjoint du maire et le chef d'escadron commandant les Espagnols, qui était survenu, furent
d'avis d'écrire au procureur du roi pour qu'il vînt
s'assurer par ses yeux du ridicule de ces imputations. Le capitaine de la gendarmerie lui écrivit.
Le procureur du roi lui répondit qu'il ne viendrait
point, mais que le procès-verbal lui montrerait s'il
y avait lieu à son intervention.

---

tions susdites dans un sac, pour le tout être sur-le-champ
transporté chez M. le procureur du roi de la présente ville,
devant lequel nous avons fait sur-le-champ conduire lesdits
sieurs César et Constantin Faucher, en exécution de son
ordonnance de ce jour, que nous venons de recevoir à
l'instant, et dont nous avons donné connaissance et laissé
copie auxdits sieurs Faucher, qui ont déclaré être prêts à y
déférer.

Fait et clos lesdits jour, mois et an que dessus, à sept
heures de relevée, et ont les susnommés signé avec
nous (1) :

Constantin FAUCHER, César FAUCHER, LAVAISSIÈRE,
MAURY.

(1) Ces armes ont été vendues avec le mobilier de César et de Constantin. Le
prix des canons a été de 4 à 7 fr.

Le commandant espagnol, en riant de pitié de l'importance qu'on avait voulu donner à tout cela, partit en faisant retirer sa troupe.

M. le chevalier Dunoguès, nommé commandant de la Réole, alla trouver cet officier, et lui demanda quel était le résultat de la visite. L'officier espagnol lui répondit en lui donnant les détails de cette opération, et lui exprimant ses regrets qu'elle eût eu lieu. M. Dunoguès lui dit : « Venez avec moi chez le procureur du roi. » Ils y allèrent. M. le sous-préfet y était. L'Espagnol véridique répéta les mêmes détails. Le sous-préfet dit : « Quoi! il n'y a pas des canons longs comme ce sabre!.... » L'Espagnol se prit à rire et affirma que le procès-verbal constatait que ces canons étaient du calibre du petit doigt. Le procureur du roi, le sous-préfet et le commandant Dunoguès se concertèrent, et le procureur du roi lança contre nous l'ordonnance n. 12 (1), en la motivant sur les bruits publics.

Le commandant espagnol, que nous voyions ce jour-là pour la première fois de notre vie, nous porta cette ordonnance, et nous donna ces détails,

---

La Réole, le 31 juillet 1815.

(1) M. le capitaine de gendarmerie,

Le bruit public m'informe que, par suite de l'opération à laquelle vous procédez chez les frères Faucher, et dont vous m'informez par votre lettre de ce jour, vous avez trouvé plusieurs fusils, épées, sabres et pierriers. Si ce fait est vrai, il me paraît constituer le crime prévu par l'article 93 du Code pénal.

En conséquence, et procédant en vertu des articles 45 et 51 du Code criminel, j'ai l'honneur de vous requérir de

en présence des officiers de gendarmerie et de l'adjoint au maire.

Nous déférâmes à cette ordonnance.

(1) . . . .

Le procureur du roi borna notre interrogatoire
à la seule question, si nous reconnaissions la vérité
du procès-verbal, et, sur l'affirmative, lança le
mandat d'amener, et nous envoya en prison par
ce mandat, n. 13 (2).

---

faire saisir et traduire devant moi les deux frères Faucher,
et d'y faire apporter les armes et autres pièces à conviction
trouvées chez eux.

J'ai l'honneur de vous saluer,

Le procureur du roi,
J. J. DUMOULIN.

(1) Ce paragraphe est relatif au père et à l'aïeul de M. le
procureur du roi, J. J. Dumoulin. Il donne les motifs de
la haine qu'il portait à César et à Constantin Faucher.

(2) Le procureur du roi près le tribunal de première instance, séant à la Réole, en vertu de l'article 45 du Code
criminel, mande au concierge de la prison de la Réole de
garder sous la main de la justice, en état de mandat d'amener, les sieurs César Faucher, } frères, habitant la Réole,
    et Constantin Faucher, }
surpris et arrêtés en flagrant délit, ayant un dépôt d'armes,
en contravention à l'article 93 du Code pénal ;

En conséquence, de leur fournir tout ce qui est prescrit
par les lois et réglemens, notamment par l'article 18 du
décret du 18 juin 1811.

Fait à la Réole, au parquet, le 31 juillet 1815.

Le procureur du roi,
J. J. DUMOULIN.

Je soussigné, maréchal-des-logis de la gendarmerie en
résidence à la Réole, déclare avoir signifié le mandat de

Dès ce moment, le sous-préfet et le commandant Dunoguès ont accumulé sur nous les outrages qui ont donné lieu à notre lettre au maire
de la Réole, en date du premier auguste, n° 14 (1).

Le maire nous a répondu par sa lettre n° 15 (2).

D'après l'intervention du maire, le chevalier
Dunoguès, commandant la Réole, permet à notre
petit-neveu et à sa sœur de nous voir; mais nos
domestiques mêmes sont empêchés d'entrer pour
nous porter à manger, etc.

Enfin le juge d'instruction nous fait appeler hier
premier auguste. Le 31 juillet, pour nous arrêter,
on avait employé soixante-et-dix officiers espagnols,
vingt-cinq gendarmes et une garde nationale
nombreuse; et ce 31 juillet était un jour sans fête,
sans marché, sans réunion d'aucune espèce : hier,
premier auguste, était le jour d'une grande foire,
et six mille étrangers étaient dans la ville de la Réole.
Dans la matinée on avait fait proclamer, à son
de tambour qu'on traduirait devant une commission militaire tout individu qui serait découvert
ayant chez lui des armes de calibre.

---

l'autre part à MM. César et Constantin Faucher, auxquels
j'ai laissé la présente copie.

A la Réole, le 31 juillet 1815.

RAFCHET, *maréchal-des-logis.*

(1) Dans cette lettre ils se plaignaient qu'on empêchât de
venir jusqu'à eux leurs parens, leurs amis et les personnes
de leur service; qu'on exerçât enfin envers eux toutes les
rigueurs du secret.

(2) Il les prévient qu'il a donné l'ordre de laisser pénétrer dans leur prison leur neveu et leur nièce.

La population de la ville était dans la terreur.

Et à cinq heures de l'après-midi, au moment où la foire était la plus nombreuse, où les têtes étaient échauffées par le vin, et lorsqu'auraient pu se rassembler après leur dîner certains hommes forts pour l'assassinat *d'un seul*, lorsqu'ils sont en masse, en ce moment je suis appelé devant le juge d'instruction, ayant à traverser la foire tout entière.....

Trois gendarmes me sont donnés pour m'escorter, et on y joint pour gardes nationaux, ***,...., *Tellier*, secrétaire du sous-préfet, et deux autres de leurs camarades. Les hommes apostés, se cachant derrière les premiers rangs, vomissent contre moi des injures et des menaces par torrens. M. le chevalier Dunoguès est présent et se tait. Je vois le sous-préfet : il se dérobe dans la foule et se tait. Mes gardes nationaux s'éloignent. Les trois gendarmes, en voulant me défendre, courent de tels dangers, que, pour conduire mon frère le moment d'après, le gendarme Morel et ses deux camarades déclarent qu'ils ne partiront pas sans avoir un piquet de gendarmerie et un détachement d'officiers espagnols : avec les gendarmes et les officiers espagnols, la vie de mon frère est sauve.

M. le juge-instructeur avait ordonné, dans son mandat, de me mener seul et le premier devant lui. Ses questions se bornèrent à nous demander si nous reconnaissions le procès-verbal fait chez nous par la gendarmerie, et le procès-verbal d'audition chez le procureur du roi. Sur notre réponse affirmative, il dicta : « Et attendu que cet interrogatoire n'a pour but que de *régulariser la déten-*

tion, nous renvoyons à le suivre, au moment où l'instruction et les recherches de M. le procureur du roi auront pu nous procurer d'autres renseignemens. »

Sur cela intervint le mandat de dépôt n° 16 (1), que je viens de copier littéralement sur le livre d'écrou.

M. le juge-instructeur est venu modifier la consigne donnée à la garde qui surveille les prisons. Il nous est permis de recevoir notre neveu et sa sœur, nos domestiques et gens d'affaires; et cela, de six heures du matin à six heures du soir.

Plusieurs de nos voisins sont assignés par le juge-instructeur pour le vendredi 4 de ce mois, pour y déposer sur les faits et circonstances mentionnés en la plainte portée par M. le procureur du roi sur délits et crimes.

Nous n'avons point connaissance de cette plainte.

Nous n'avons pas eu de copie de nos courts interrogatoires devant le procureur du roi et devant le juge d'instruction.

Nous n'avons pas gardé copie de notre lettre au général Clauzel, relatée dans l'arrêté du préfet.

Tel est l'état actuel des choses.

Je ne ferai que cette seule réflexion :

Autrefois nous avions dans notre maison dix-huit fusils de calibre, douze fusils de chasse, dix

---

(1) Délivré par François Richon, juge d'instruction du tribunal de première instance de la Réole.

paires de pistolets, et je ne comptais pas cette misérable ferraille et mauvais fusils à qui on vient de nous forcer de faire voir le jour. Et tout était dans l'état le plus calme et le plus tranquille.

Aujourd'hui on menace notre vie; on le crie tout haut; le maire en est instruit par nous; il ne blâme pas les précautions que nous prenons et dont nous l'instruisons, pour ainsi dire, au jour le jour. Nous le mandons au gouverneur de la province... et cependant ces mêmes précautions sont dénoncées comme un crime, et notre maison comme un château-fort devenu un repaire.

Le procès-verbal, qui prouve notre innocence, sert de prétexte pour nous mettre dans les prisons.

Nous sommes les victimes d'une haine qui triomphe depuis dix jours, et on nous traite plus que révolutionnairement; car il n'y a pas d'exemple, je crois, que jamais, en 1793, on ait réuni autant d'absurdité dans le prétexte, et autant de cruauté dans les mesures.

On annonce tout haut, que si on n'a pas pu nous égorger pendant le séjour des gardes royaux à la Réole, et si on a manqué le coup hier pendant la foire, on réussira certainement quand nous serons traduits à Bordeaux.

Nous envoyons notre homme de confiance vous porter cette dépêche: il attendra votre réponse. Il est impossible que l'autorité qui nous a traduits ainsi dans l'opinion sur le chemin de l'échafaud, ne recule pas, quand elle verra le ridicule dans le motif et l'épouvantable but qu'on se propose.]

Pour nous tirer de cet enfer d'abominations, il faut courage, talens et puissance : qui pouvons-nous invoquer que vous....

Vous connaissez l'impérissable dévouement des deux jumeaux.

Constantin FAUCHER.

La Réole, 2 auguste 1815.

P. S. Je regarde notre conduite comme si régulière dans tout ceci, que, si les mêmes circonstances se présentaient, je croirais que nous devrions nous conduire exactement de la même manière.

La prison que nous habitons est un cachot que le soleil n'éclaire jamais, et qui vous ferait horreur.

Suite du Journal.

Cependant nul avis officiel ni public de notre translation de la Réole à Bordeaux n'était parvenu à la Réole ; mais les complices étaient bien instruits.

Quoique les assignations sur notre affaire fussent données au 4 auguste, à la Réole, et que nous dussions y rester pour l'instruction sur cette accusation, M. le procureur-général ordonne le 2 de nous conduire *sans délai* à Bordeaux pour y être à sa disposition, n° 17 (1).

---

(1) Le procureur général se nommait *Rateau*. L'ordre portait de faire conduire les deux frères au fort du Hâ.

La correspondance de la gendarmerie mit plus de temps à porter cette ordonnance qu'on ne l'avait calculé, et ces mots, *sans délai*, de M. le procureur-général, donnant à entendre qu'on nous menerait sur-le-champ en voiture, un attroupement de six cents personnes fut porté à notre rencontre sur le chemin du Bouscaut ; et comme il se divise en deux branches, on en porta les deux directions, de manière à ne pas nous manquer : ces attroupemens ne se retirèrent qu'à trois heures du matin.   •

Des gardes en uniforme, ayant parlé avec assurance, le soir, à l'état-major de la réussite de ce moyen, l'état-major où se trouvaient des militaires peu accoutumés à méditer des assassinats, l'état-major expédie sur-le-champ, cette nuit même, des ordonnances sur le chemin de Langon, pour donner avis à la gendarmerie de cette tentative d'assassinat, et charger le commandant de notre escorte de nous faire changer de route, de prendre des déguisemens, etc. Le sergent Aubry, employé dans les bureaux de l'état-major de la place, et frère de M. Aubry, major du 66e régiment, nous a donné ces détails.

Mais en recevant l'ordonnance du procureur-géral le 5 au soir, le capitaine de la gendarmerie, pour déjouer les attentats préparés, fit requérir sur-le-champ un bateau pour nous transporter avec notre escorte à Bordeaux, pour partir deux heures après, et ne prit pour confident que le sous-préfet pour les réquisitions de bateaux, d'escorte, etc. Il ordonna que notre escorte serait composée d'un maréchal-des-logis de gendarmerie et quatre gendarmes, de cinq officiers espagnols, et de dix gardes nationaux de la Réole.

Les méchans disent que la force de la gendarmerie et des officiers espagnols fut paralysée, pour que notre assassinat pût être plus facilement exécuté; que, pour cela, le détachement de la garde nationale fut composé d'hommes étrangers à la garde nationale de la Réole, ou déserteurs poursuivis et dans un état d'exaltation connu, et au lieu de dix gardes nationaux, on en nomma quatorze,

Tellier,	*Déserteur* (1)		Husson,	*Déserteur*
Goubert (Bastien),	*id.*		Charles Lanoize,	
Audebert,	*id.*		Charasse,	
Gachet,			Darguey,	
Monzas,			Lamon,	*id.*
Martron,	*id.*		Romaseille,	
Touzet,			Dubroca,	*id.*

qu'on fut choisir au bal, au lieu de les prendre à tour de rôle dans la garde nationale...... Mais comme ils n'auraient pas suffi, et comme le capitaine de gendarmerie très-prudemment n'avait pas ébruité son ordre, qu'on ne l'avait pas connu assez tôt pour faire avertir les meneurs de Bordeaux,

---

(1) Les gardes nationaux désignés déserteurs n'étaient pas des militaires qui venaient d'abandonner leurs drapeaux, mais qui avaient été poursuivis dans les cent-jours, pour n'avoir pas voulu rejoindre les corps auxquels ils appartenaient.

afin de former à notre arrivée sur le port un attroupement qui permît de nous massacrer, M. L...the s'en chargea, quitta le bal, et courut tout de suite de la Réole à Bordeaux pour avertir que nous débarquerions le matin même aux Salinières.

Nous voyagions sans nous en douter, et nous allions être frappés, poignardés par-derrière par ces petits messieurs, au milieu d'un attroupement préparé aux Salinières. Leur indiscrétion les trahit et nous sauva : le sieur T...ier dit à ses camarades : L...the a promis de nous attendre au marché. Nous étions étendus les yeux fermés sur le matelas de Brassille (1). Nous prîmes à part le maréchal-des-logis de la gendarmerie, Bensfield, et nous lui fîmes connaître ce complot, en lui demandant de faire arrêter le bateau au port de Brienne (2). En entendant cet ordre, que le maréchal-des-logis donna sur-le-champ, le sieur T...ier dit qu'il commandait aussi, qu'il fallait aller aux Salinières ; mais la gendarmerie commandant partout où elle est, l'ordre de Bensfield fut obéi. Ces petits messieurs, se trouvant désappointés, voulurent, dès qu'on fut au pont de Brienne, envoyer quelques-uns des leurs dans la ville, ne fût-ce que pour chercher une voiture pour messieurs Faucher.......... Nous demandâmes que

(1) Maître du bateau.
(2) Demi-lieue avant Bordeaux.

cela leur fût défendu ; et Bensfield consigna à bord
le sieur T...ier comme les autres. Lanoir (1) fils
courut chercher un carrosse, et dès qu'il fut arrivé,
on donna ordre de prendre la rue Saint-Jean pour
arriver au fort du Hâ, sans passer dans Bordeaux.
Le sieur T...ier fit bien mettre un garde national
derrière la voiture, pour annoncer de loin que
c'était de ces prisonniers que les attroupemens at-
tendaient. Notre voiture allant fort vite, nous
échappâmes à toutes les embûches préparées, et
nous entrâmes au fort du Hâ . . . .
. . . . Des méchans disent
qu'il avait été chargé par ... d'aider à nous assassiner le jour de la foire. Il est digne de remarque
que c'est ce sieur T...ier qui était venu demander
à Colineau, commandant du poste de la Réole, de
ne nous laisser parler à personne, et de faire sortir
d'auprès de nous notre petit-neveu et sa sœur ; il
est remarquable aussi que c'est ce sieur T...ier qui
se trouvait, depuis tous ces mouvemens, constamment commander les gardes nationaux chargés de
nous insulter ou de nous laisser insulter. On dit
que ce sieur T...ier avait mission du sieur P...y de
lui rendre compte, en arrivant à Bordeaux, de la
manière dont cela aurait fini : sa lettre était prête,
il n'y avait que les détails à ajouter.... Le sieur
T...ier entra au greffe du fort du Hâ, y finit sa
lettre, en donnant à son commettant la mauvaise

_____

(1) Matelot du bateau.

nouvelle qu'on avait encore manqué l'occasion. Il la cacheta, la donna au gendarme Fougnet, qui repartait à l'instant même par la marée, dans le même bateau, et qui fut chargé de la remettre en arrivant.

A leur arrivée au fort du Hà, les frères Faucher écrivirent à M. le procureur-général :

Monsieur le procureur-général,

Nous arrivons au fort du Hà sur une ordonnance de vous, du 2 de ce mois ; et, en vertu de cette ordonnance, on nous place avec les condamnés : nous en avons trois dans notre chambre. On se refuse à nous mettre dans toute autre section, et le geôlier nous dit que *telle est votre volonté.* Sans préjuger témérairement sur le résultat des actes qui nous ont conduits ici, il est au moins une chose avérée et certaine, c'est que nous n'avons pas été jugés.

Nous vous faisons connaître avec confiance notre position, parce que votre intégrité est connue, et que par conséquent vous nous ferez rendre justice.

Nous vous demandons de nous faire placer dans une division qui, à l'avance, ne nous flétrisse pas du titre de condamnés, et d'ordonner qu'il n'y ait pas d'exception défavorable pour nous.

Nous sommes, etc.

Cr FAUCHER. Ch FAUCHER.

Le 4 août 1815.

Ce jour, on essaya de nous faire assassiner par
des condamnés auxquels on avait donné de l'argent: des condamnés nous sauvèrent. Quelques
heures après, on voulut mettre des boudins de
poudre dans notre paillasse. Les condamnés sou-
tinrent, en présence des gardes nationaux, que
c'était les gardes nationaux qui leur avaient donné
de l'argent pour cela. MM. ** et *** avouèrent
avoir donné de l'argent, mais nièrent que ce fût
pour commettre ce crime.

On répandit dans les rues un feuilleton où l'on
nous accusait de grands crimes, puis d'avoir volé
des canons.... On invitait à nous égorger.... Dix
gardes nationaux en uniforme vinrent lire ce feuilleton à haute voix dans la cour, à côté de la
nôtre.

Les guichetiers refusèrent l'entrée de notre cour
à ces messieurs, comme le guichetier Maurice
avait refusé courageusement de laisser entrer les
gardes royaux en grand nombre qui voulaient parvenir jusqu'à nous.

Nous écrivîmes alors à M. Ravez, jurisconsulte.

Monsieur,

Nous vous conjurons de lire les quatre lettres (1) mises sous cette enveloppe, et écrites
par nous à M. le procureur-général.

---

(1) Celles qui suivent.

La première vous apprendra la tentative machinée, à prix d'argent à notre arrivée au fort du Hà.

La deuxième, la tentative, aussi à prix d'argent, pour mettre de la poudre à canon sous notre lit....

(Il est douloureux de remarquer que les mêmes noms, des noms connus, paraissent à l'occasion de ces deux attentats.)

La troisième vous montrera la calomnie diffamatoire répandue contre nous par les presses de la veuve Cavazza, calomnie dont un prêtre, nommé Rousseau, se rend le complice et le propagateur, en nous outrageant jusque dans nos cachots.

Nous voulons satisfaction de l'outrage et réparation de la calomnie.

Nos lois nous assurent l'une et l'autre.

Sous le voile de l'anonyme, le complice de l'abbé Rousseau nous dénonce :

1° Pour avoir fait périr des hommes sur l'échafaud ;

2° Pour avoir volé de l'argent à des particuliers ;

3° Pour avoir volé les pierriers appartenant à la ville de la Réole.

4° Pour avoir volé deux pierriers à M. ***.

Et il affirme que ces pierriers, volés par nous, ont été trouvés chez nous par M. Lavaissière, adjoint au maire, et par la force armée, qui s'y sont transportés pour constater le crime.

Monsieur, on attaque plus que notre vie, on nous assassine dans notre honneur. Nous demandons vengeance. Nous l'obtiendrons, fût-ce par nos exécuteurs testamentaires (1), si la réaction actuelle doit réussir à nous assassiner physiquement avec ou sans les formes, avant la réparation obtenue.

" En attendant, voici un nouveau fait que nous devons porter à votre connaissance.

Des citoyens ont été assignés pour le fait de notre crime d'amas d'armes et de réunion d'une armée dans notre maison, au centre de la ville.

Les assignations ont été données pour le vendredi 4 août ; et ce vendredi *quatre*, on a renvoyé les assignés, en leur disant qu'ils devaient regarder les assignations comme non avenues.

Ainsi, parce que (2). . . . . celui-ci (3) peut impunément nous plonger et nous retenir sans motifs dans les cachots, à l'aide des formes judiciaires !

Ainsi, et parce que la réaction n'a pas réussi à nous assassiner avec le poignard des scélérats, après plusieurs tentatives bien patentes, et parce que le motif, le prétexte de notre arrestation se trouve démenti, annihilé par le procès-verbal de

---

(1) La vengeance qu'ils demandaient, la seule digne d'eux, ils l'obtiennent aujourd'hui. La publication des pièces de leur procès prouve leur innocence et dévoile la conduite de leurs ennemis.

(2) Ce paragraphe est le même que celui supprimé dans la lettre à M. Ravez.

(3) M. J. J. Dumoulin, procureur du roi.

l'autorité, nous devons être indéfiniment retenus dans les cachots, et nous devons être diffamés dans les feuilles publiques !...

Nous avons soif de justice pour nous , et de vengeance pour notre honneur : nous vous con-jurons avec des larmes de sang de nous indiquer les moyens de l'obtenir.

Nous sommes, etc.

7 août 1815, fort du Hâ.

CÉSAR FAUCHER, CONSTANTIN FAUCHER.

(1ʳᵉ LETTRE.)

A monsieur RATEAU, *procureur-général.*

Monsieur le procureur-général,

Le concierge exige que nous vous rendions compte d'un fait qui a compromis notre existence, mais qui a été réprimé par la bonne contenance de trois condamnés qui habitent la même chambre que nous.

Des condamnés nous ont porté en tumulte une lettre que nous mettons sous cette enveloppe, nº 18 , (1). Ils ont été repoussés. L'orateur de la

---

(1)Cette lettre est curieuse; la voici :

« Messieurs ,

« Au nom de tous les détenus de cette prison, vous êtes « enjoints et tenus de payer votre bienvenue, comme étant troupe à qui nous avons dit que nous allions nous plaindre à vous de cette insolence, nous a répondu : *Nous tous prisonniers, vous en ferons voir.*

Le concierge a fait venir devant nous, en sa présence, ces chefs de complots. Bochardon lui a répondu : *C'est la garde qui nous a dit de le faire : venez, je vous le ferai dire par les gardes eux-mêmes.*

Un moment après, M.***, sergent, commandant le poste, et M.***, caporal, accompagnés de quelques-uns de leurs camarades sont venus nous demander de leur lire la lettre que nous avions reçue. Nous la leur avons lue, et nous l'avons confiée au concierge, qui s'en est servi pour faire l'appel des signataires. M. *** nous a affirmé que, s'il avait distribué de l'argent aux condamnés, c'était par charité, et non pour nous attaquer.

Ces coquins avaient eu l'audace criminelle de soutenir qu'on le leur avait donné pour cela, et le condamné Lacroix, bordelais, avait dit : *Un gros monsieur de la garde nationale nous a dit, que si on voulait nous punir, il se chargeait d'empêcher que nous fussions mis au cachot.*

« entrés nouvellement dans cette demeure; et les lois étant
« telles, vous n'ignorez pas qu'il faut se conformer aux lois
« du plus fort.
     « Par monsieur le président :
               « Bochardon, *Magdonald.*
   « Les membres,
       « *Belgy, Dutertre, Richel, Lacroix, Gros.* »

Le concierge a fait mettre au cachot ces brigands, et tout est rentré dans l'ordre.

Nous sommes, etc.

CÉSAR FAUCHER, CONSTANTIN FAUCHER.

(2e LETTRE.)

Monsieur le procureur-général,

Il est de notre devoir de vous faire connaître ce qui, depuis le peu d'heures que nous sommes entrés au fort du Hâ, s'y est passé de plus important pour l'ordre public et nous ayant pour objet. Votre haute magistrature vous fera juger de ce qui a pu être fait méchamment contre nous à la Réole, à dix postes de l'autorité protectrice, par ce qui se passe ici à votre porte, et pour ainsi dire sous vos yeux même.

Vous êtes instruit que nous sommes déposés dans la division des condamnés, et que la cour de cette division est séparée de la grande cour par une cour intermédiaire où sont les détenus pour dettes, etc.

Il existe dans une muraille latérale de la cour des condamnés, une ouverture fortement grillagée de fer, qui permet les communications avec la grande cour, où sont la garde nationale de service, et tous les détenus à qui on accorde la faculté de s'y promener.

Il n'y a jamais dans cette cour des condamnés

pendant le jour, nulle sentinelle militaire, ou factionnaire : c'est un usage constant.

Dans sa visite, occasionnée par le mouvement
des condamnés, dont il vous a rendu compte il y
a trois heures , (et pour lequel on a exigé la lettre
que nous avons eu l'honneur de vous écrire), le
concierge a témoigné publiquement son étonnement de voir dans notre cour un factionnaire,
quand il ne pouvait y en avoir que par son ordre,
et il a dit qu'il le ferait lever. Ses occupations le
lui ont fait oublier. On vient de fermer les portes,
et la sentinelle n'a pas été levée.

Il est remarquable qu'à courts intervalles, ce
factionnaire a été relevé sans le caporal. Parfois
des gardes nationaux sont venus seul à seul, prendre l'arme de la sentinelle, et se sont mis successivement à sa place ; et, ce que nous ne devons pas
vous laisser ignorer, et que vous apprendrez avec
peine, c'est que ces factionnaires successifs ont
tous causé avec les condamnés.

Les valets de prison, *Pomez* et *Mille-Pieds*, par
l'ordre du concierge, ont vidé notre paillasse de sa
vieille paille, dans notre cour, elle y a été brûlée
selon l'usage. Selon l'usage encore, on a apporté
dans la cour la paille fraîche pour remplir de nouveau la paillasse. Trois bottes étaient portées : il en
fallait encore deux, ces valets sont allés les chercher. Ils ont été long-temps absens. Une heure
après, ils sont revenus en disant qu'on ne voulait
pas laisser remplir la paillasse dans la cour ; qu'il

fallait emporter la toile, et remporter les trois bottes de paille fraîche.

Aimant que pour nous on ne s'écarte pas de l'usage, et craignant qu'on ne mît de vieille paille, nous avons demandé qu'on remplît notre paillasse dans notre cour, en notre présence. On nous a répondu qu'on avait ordonné le contraire, et le guichetier *Fourcade,* qui tenait la porte ouverte, a demandé qu'on emportât sur-le-champ la toile de la paillasse et les trois bottes de paille qui étaient déjà depuis quelques heures à la porte de notre chambre : ce qui a été fait malgré notre résistance.

Un moment après, notre paillasse nous a été rapportée garnie de sa paille. En ce moment nous causions avec M. Mathey, factionnaire de garde dans notre cour. C'est un horloger de la place Dauphine, qui nous a reconnus pour nous avoir vus à l'armée. Les valets qui portaient la paillasse nous ont appelés, et Pomez, l'un d'eux, nous a dit : *On a voulu nous donner de l'argent pour mettre deux boudins de poudre dans votre paillasse ; un monsieur, borgne, de la garde nationale, me les a présentés pour cela. La petite fille de M. Rey l'a entendu, et je l'ai chargée d'aller le dire à son père.*

Et il est remarquable que cette enfant était venue le dire à son père avant que Pomez rentrât dans la cour avec la paillasse. Nous sommes sortis sur-le-champ de notre chambre, et nous sommes revenus auprès de M. Mathey, factionnaire, en le priant de faire appeler le concierge. Celui-ci est venu : nous lui avons rendu compte du fait devant M. Mathey. Pomez a persisté, en présence du factionnaire et du concierge, à soutenir que cette proposition lui avait été faite par ces messieurs, notamment par ce monsieur borgne, que la petite de M. Rey l'avait entendu et le déclarerait, etc.

Le concierge a emmené ce Pomez pour le confronter avec ceux qu'il accusait. Ce Pomez n'est plus revenu dans notre cour.

Nous avons continué à causer avec le factionnaire, et il nous a dit : « Je connais ce garde national borgne, c'est un honnête homme. » Un quart d'heure après la sortie du concierge et de Pomez de notre cour, il y est entré un des militaires du poste de la garde nationale, gras, frais et de bonne mine, qui nous a dit, en présence de M. Matey : *Ce Pomez est un coquin, on ne lui a pas donné de poudre, ni offert de l'argent pour la mettre dans votre paillasse ; mais c'est lui qui nous a dit que, si nous voulions lui donner vingt sous, il mettrait de la poudre dans votre paillasse. Ce brigand de Pomez vient d'être mis au cachot.*

Messieurs les gardes nationaux ont répété au concierge que Pomez leur avait proposé de mettre pour vingt sous de la poudre dans notre paillasse.

Monsieur le procureur-général, nous devons être étonnés que ces messieurs, à qui on a demandé vingt sous pour mettre de la poudre dans notre paillasse, n'aient pas exigé sur-le-champ la punition du brigand qui a osé leur faire une proposition aussi scélérate , et qu'ils n'en parlent que lorsqu'il se répand que c'est d'eux que vient cette proposition.....

Le concierge est revenu avec M. ***, commandant du poste , et plusieurs gardes nationaux, et nous a dit , en présence de M. Mathey que nous n'avions pas quitté, qu'il nous répondait de tout , que nous pouvions être en toute sécurité, et M.*** a ajouté: « Le serment de fidélité que mes camarades et moi avons fait au roi , doit vous rassurer parfaitement, etc.; » et comme il a répété à plusieurs fois et avec feu, et avec un ton de reproche , que le serment au roi était une caution que ne donnaient pas les autres sermens. . . . . ., nous avons laissé tomber la simple observation que M. *** avait près de lui un exemple qui prouvait qu'on n'était pas poursuivi pour avoir prêté serment à l'empereur , et l'avoir servi dans ces derniers temps (1).

Il est bon, peut-être , que vous sachiez que plusieurs des condamnés disent hautement qu'ils regrettent de n'avoir pas signé la lettre contre nous , parce qu'ils auraient été mis au cachot, et qu'ils auraient partagé les deux écus de cinq francs et les pièces blanches qu'on leur a donnés au moment qu'ils traversaient la grande cour pour aller dans le cachot.

Des gardes royaux sont venus en grand nombre

_____

(1) Le père de M.*** était fonctionnaire public pendant les cent jours.

pour entrer dans notre cour : le guichetier Maurice leur en a refusé l'entrée.

Dans la conversation , M. Mathey nous a dit :
« Vous êtes poursuivis pour vos opinions poli-
« tiques ; vous êtes bien heureux de n'être pas à
« Marseille , vous seriez égorgés ; au lieu que les
« Bordelais sont doux : ils ne font que tourmenter
« leur monde. J'aime beaucoup les Bordelais ;
« mais les Marseillais ont un plus grand caractère.
« Cependant , mes sentimens ne sont pas com-
« mandés par mes opinions politiques. Je suis très
« royaliste , et à tel point, qu'à l'époque où je vous
« vis à l'armée et où nous combattions ensemble
« les Vendéens, je fus fait prisonnier, je ne voulus
« plus revenir et j'ai combattu plusieurs mois avec
« eux. Vous étiez alors républicains : on dit que
« vous l'êtes encore , et cela n'influe en rien sur
« mes sentimens pour vous. Mais les Bordelais très
« royalistes vous poursuivent à outrance , parce
« qu'ils pensent prouver ainsi leur amour pour
« ce bon Roi que j'adore comme le meilleur des
« rois. Il n'y a pas de quoi vous condamner à rien;
« mais, en vous laissant libres de vivre en France,
« on vous défendra d'habiter votre pays où vous
« avez une très grande influence.

« Cependant, vous vous êtes mis en révolte,
« puisque vous ne vous êtes point rendus *à la*
« *garde royale de Bordeaux* (1) qui vous deman-

---

(1) On ne doit pas oublier que ce sont les *volontaires
royaux* , qui n'étaient porteurs d'aucun ordre.

« dait à grands cris à la Réole. — Mais, monsieur,
« nous nous sommes rendus au premier appel lé-
« gale qui nous a été fait : nous n'avons pas été
« contraints, nous avons obéi librement. »

M. Mathey nous a répliqué: « *Messieurs, ne parlez pas à présent d'ordre, de tribunaux, ni de lois:
il n'y en a point, et il ne peut y en avoir de quelques mois. Ceci est une révolution : les plus forts
doivent commander, les autres doivent obéir. Je
suis fâché qu'on ne vous ait pas mis dans la
grande cour, et que vous soyez dans celle-ci : on
dira que vous vous faites un parti parmi les prisonniers.* » Nous nous sommes contentés de répondre à M. Mathey, qu'il était difficile que, n'é-
tant en prison que depuis quatre ou cinq heures ,
sans avoir parlé à qui que ce fût, lui excepté, nous
pussions être accusés de nous être fait un parti
parmi des condamnés qui avaient constamment
parlé avec les gardes nationaux, dont ils recevaient
de l'argent.

Pardonnez la longueur de cette lettre à des
hommes qui, après quarante ans de services, toujours fidèles à la patrie, et vingt huit blessures reçues en la défendant, se voient attaqués plus que
dans leur vie, car c'est leur honneur que la réaction
veut immoler.

Nous sommes, etc.

C^r FAUCHER, Cⁿ FAUCHER.

(3e LETTRE.)

Monsieur le procureur-général,

Vous avez eu connaissance des dangers que nous ont fait courir des brigands, nous menaçant d'assassinats à la Réole : ils étaient étrangers à cette ville.

Des condamnés ont été ameutés à prix d'argent contre nous à notre arrivée au fort du Hâ ; quelques heures après, on a voulu mettre de la poudre dans nos paillasses.

Nous vous prions de lire la lettre que nous eûmes l'honneur de vous écrire au moment même, et que, par pudeur, nous avons retenue jusqu'ici pour ne pas fouiller de telles sentines.

Un prêtre, un sieur Rousseau, se réunit à ces gens-là, pour ajouter à ces outrages et à ces dangers.

Le concierge nous déclare que ce prêtre est entré chez lui, et lui a demandé, après *sa messe*, à nous écrire la lettre dont nous joignons ici la copie n° 19 (1), et en le chargeant de nous la remettre, il y a joint un bulletin calomnieux contre nous. Nous avons invité le concierge à nous procurer sur-le-champ quelques exemplaires de ce feuilleton. Nous vous en envoyons un, et nous gardons celui dont nous a gratifiés le prêtre.

_____

(1) Cette lettre de l'aumônier des prisons, Rousseau, est un reproche exprimé grossièrement de n'avoir pas assisté à une de ses messes.

Personne mieux que vous, monsieur le procureur-général, et les magistrats, ne connaît combien sont infâmes et calomnieuses les imputations contenues dans ce feuilleton, et dont ce prêtre se rend le complice. Votre ordonnance ne nous a condamnés ni à voir ni à entendre cet homme; et j'ignore s'il existe une loi nouvelle qui dispense ces gens-là de la peine des calomniateurs (1).

Votre haute surveillance fera ce qu'elle trouvera convenable contre l'auteur de cet outrage, que nous avons dû vous faire connaître : nous nous réservons la poursuite en calomnie contre lui et ses complices.

Nous sommes, etc.

6 août 1815.

Cr FAUCHER, Cn FAUCHER.

(4e LETTRE.)

Monsieur le procureur-général,

Des injustices répétées justifient nos réclamations successives. Ridiculement accusés d'avoir caché un arsenal et une armée dans notre maison à la Réole, nous avons été mis dans les prisons, quand le procès-verbal de perquisition fait par l'autorité civile et par l'autorité militaire prouvait qu'il n'y avait ni armes ni hommes armés.

---

(1) C'était une longue diatribe du *Mémorial bordelais* contre les deux frères.

Sur cela, on nous a traduits à Bordeaux, et on nous a jetés dans le bagne des condamnés.

Pour communiquer, même avec nos conseils, pour cesser d'être au secret, il faut attendre l'instruction, il faut que les pièces soient envoyées de la Réole à Bordeaux.

On a assigné à la Réole divers citoyens au vendredi 4 août, et, le vendredi 4 août, au lieu de les questionner, de les entendre, on leur a dit qu'ils devaient regarder ces assignations comme non avenues.

Notre supplice immérité n'a désormais qu'un terme indéfini; et cependant on nous diffame dans les papiers publics, sous les yeux de l'autorité qui nous bâillonne !

Nous sommes les victimes de la réaction qui triomphe depuis peu de jours; nous sommes spécialement les victimes de la haine personnelle d'un magistrat de la Réole.

C'est par respect pour vous, monsieur le procureur-général, c'est par respect pour la magistrature dont est revêtu le sieur Dumoulin, que nous ne consignons pas ici les causes affligeantes et depuis long-temps publiques de ses ressentimens.

Nous vous conjurons d'ordonner que sans délai on apporte devant vous :

1° Le procès-verbal de la perquisition faite dans notre maison par le capitaine de la gendarmerie de Bordeaux et l'adjoint au maire de la Réole;

2° Les procès-verbaux de nos comparutions

devant le procureur du roi, ci-devant le juge d'instruction ;

3° La misérable ferraille qui, par une plaisanterie atroce, est appelée artillerie, et a servi de prétexte pour nous plonger dans les cachots. Et si rien dans tout cela n'est contre nous, si vous n'éprouvez qu'une vertueuse indignation contre de telles horreurs, ordonnez la cessation de la détention arbitraire de deux citoyens qu'une réaction voudrait proscrire, que des scélérats peuvent poignarder, mais que le magistrat protégera de toute la puissance de la loi.

C'est avec la confiance que motive si bien la renommée de votre intégrité, que nous attendons la fin de nos persécutions.

7 août, fort du Hâ.

C. FAUCHER. C. FAUCHER.

Suite du Journal.

Le 8 et le 9, monsieur le procureur-général nous interrogea.

Il ne fut plus question de l'affaire de la Réole, de cette armée et de ces canons que nous avions cachés chez nous. C'était visible. C'était une espiéglerie de la préfecture, et une gentillesse du tribunal pour nous mettre en prison.

Le procureur - général nous questionna sur notre conduite depuis le mois d'avril, sans nous dire en vertu de quelle loi, ni dans la supposition de quel délit.

De toutes ces infamies, il ne ressortait pas que nous pussions être accusés.

Cet interrogatoire donna lieu à la lettre suivante, adressée à M. le procureur-général :

Monsieur le Procureur-Général,

(1) L'interrogatoire que vous nous avez fait subir les 8 et 9 de ce mois nous a laissé voir les causes, jusque ici occultes, de notre étrange position; et c'est avec un légitime orgueil que nous disons avec un ancien : Nos ennemis, pour dire du mal de nous, ont été forcés d'avoir recours à la calomnie.

Vous n'êtes, monsieur le procureur-général, que l'organe des interrogations que vous nous avez adressées; vous nous avez dit même « que nos « lois nous cachaient pour toujours l'auteur des « calomnies avancées contre nous, et que, quel « que fût le caractère du reproche, accusât-on « l'un de nous d'avoir voulu faire rôtir son frère « pour le manger, vous seriez obligé de nous « en faire la question sans que nous pussions « jamais descendre jusqu'à celui qui vous la dic- « tait. »

_____

(1) Cette lettre n'est pas complète. Nous avons arrangé les questions d'après l'ordre indiqué par une note trouvée avec les minutes.

Ainsi le ministère public est, en quelque sorte, une bouche de fer où toutes les délations peuvent être jetées et accueillies, et d'où la calomnie peut vomir en toute sécurité ses poisons contre nous. Dans l'impossibilité où vous nous mettez d'attaquer cette hydre corps-à-corps, nous allons la combattre dans les questions qu'elle vous a soufflées. Leur discussion fera ressortir l'absurdité des allégations. L'iniquité sera enlacée dans ses propres piéges, et prise en flagrant délit.

Que ne pouvons-nous, déchirant le voile qui nous dérobe nos lâches ennemis, les saisir dans le poste abrité que leur donne votre ministère! Nous les produirions en public dans toute leur turpitude, et nous les attacherions ainsi au carcan de l'opinion.

Nous vous prions de nous faire donner une copie authentique de cet interrogatoire, qui restera dans notre famille comme un monument de la délirante fureur qui nous poursuit en août 1815.

Cet interrogatoire deviendra l'acte d'accusation de ceux qui l'ont redigé...... Cet interrogatoire nous appartient plus qu'au ministère public, car il n'est qu'accusateur, et nous sommes accusés; s'il renferme nos réponses, il contient aussi ses questions, et c'est dans ces questions, je vous le répète, que nous saisirons le monstre et que nous le marquerons du fer chaud de l'infamie.

Il est si important pour nous, cet interrogatoire, il révèle d'une manière si éclatante les véri-

tables causes de notre persécution, que nous re-
garderions comme un déni de justice le refus qui
nous en serait fait. Cette supposition est injurieuse
au ministère public qui, au-dessus de tous les partis, ne s'abaissera pas à en servir aucun, et restera
impassible comme les lois dont il est la sentinelle.

L'atrocité de plusieurs questions qui nous ont
été faites dans nos interrogatoires, nous a ôté le
calme d'esprit nécessaire pour bien rédiger nos réponses ; mais elle nous a convaincus que la réaction
qui nous martyrise à l'aide des formes judiciaires,
trouvera bons tous les moyens de parvenir au terme
extrême de ses vengeances.

Nous devons à votre magistrature tutélaire,
monsieur le procureur-général, nous devons à
notre honneur, de vous prévenir contre l'influence
d'une atmosphère de préventions que la malveillance épaissit incessamment contre nous. C'est
dans la conscience de l'homme de bien que nous
déposons des observations ou plutôt des épanchemens qui réveilleront sans doute la sollicitude du
magistrat. Il pardonnera leur incorrection ; il
pardonnera leur inconvenance, si notre peu d'habitude de pareilles relations nous en faisait commettre.

Nous allons établir ce que nous sommes devant
vous, et comment nous sommes devant vous.

Nous avons cessé nos fonctions de maréchaux
de camp, le 21 juillet, et nous avons demeuré
sur nos foyers d'après l'ordre du roi.

Le 24 juillet, une centaine de gardes royaux à

cheval arrivent de Bordeaux à la Réole et parcourent cette ville, le sabre à la main, en poussant des cris *à bas les Bonapartistes, à bas les généraux Faucher, à bas les généraux de la Réole! il faut les égorger.....* La ville entière est dans l'épouvante.......... Nous appelons le maire à notre aide, en lui annonçant que nous nous barricadons dans notre maison, et que nous la lui offrons comme lieu de sauvegarde *pour les magistrats* et pour les lois outragées. Le maire nous répond que toutes les autorités de la ville viennent se réunir à lui pour faire respecter les personnes et les propriétés, au moyen de la garde nationale et de la gendarmerie. Il nous promet son secours et ne blâme pas nos précautions. Les lois sommeillent pendant six jours, l'asile des citoyens, même pendant la nuit, est violé; les citoyens outragés, frappés, vexés dans leurs maisons...... Nous restons renfermés dans la nôtre, et l'annonce d'une vive résistance de notre part éloigne les perturbateurs par la crainte des dangers que courraient les assaillans; pendant ce temps nous correspondons régulièrement avec le maire.

Les gardes royaux partent enfin le 30 au matin. Dès ce moment la sécurité est rendue aux citoyens, le calme à la ville, et notre maison est ouverte.

On avait échoué dans la tentative d'un assassinat à force ouverte, continuée pendant six jours contre nous. On a eu recours à une espiéglerie mi-partie administrative et mi-partie judiciaire.

Pendant notre charte privée, le 27, nous avions

écrit à M. le général gouverneur, pour l'instruire
de notre position, et nous lui demandions ses
conseils dans cette circonstance où les lois étaient
méconnues et la ville livrée à des étrangers en armes qui menaçaient de l'ensanglanter. Nous disions
au gouverneur de la province ce que nous avions
écrit au maire de la ville, que nous nous offrions
en aide aux magistrats et aux lois ; qu'avec les seules forces que nous donnait l'affection du pays,
nous enlèverions ces cent cavaliers ; mais que nous
ne voulions faire que ce que l'autorité ordonnerait. Nous lui montrions notre sollicitude pour la
patrie en souffrance.

Cette lettre était confidentielle ; car nous n'étions
ni fonctionnaires civils, ni militaires, et nos rapports avec le gouverneur n'étaient que la suite de
nos récentes liaisons avec lui. Nous épanchions
notre cœur, et la teneur de la lettre entière en
fait foi.

Ce général en chef, gouverneur, partait le 28 au
matin, même jour où on lui remit notre lettre.
Voyant, par ce que nous lui apprenions, que la
chose publique était en souffrance, il confie cette
lettre au préfet nommé par le roi, pour que l'ordre
soit rétabli à la Réole, et que ce pays soit arraché
aux gardes royaux.

Notre lettre confidentielle au général Clauzel,
confiée par lui au premier magistrat, pour amener
le rétablissement de l'ordre à la Réole, eut son
effet, et les gardes royaux furent sur-le-champ

rappelés; mais elle devint un moyen de persécution entre les mains des infatigables réacteurs.

Notre maison, fermée de l'aveu des magistrats qui la protégent contre les attentats dont elle est menacée, notre maison, par un arrêté de la préfecture, signé du préfet le 29, est désignée comme un repaire rempli d'armes et d'hommes armés, dangereux pour l'ordre public, en révolte actuelle ou prochaine.

Pour constater notre crime, le capitaine de la gendarmerie de Bordeaux a ordre de se rendre à la Réole avec vingt-cinq gendarmes; un chef d'escadron a ordre de lui prêter main-forte avec soixante et dix officiers espagnols, et on y joint une garde nationale nombreuse. Le préfet donne ordre de communiquer le procès-verbal au procureur du Roi, à qui il envoie notre lettre confidentielle que le gouverneur lui avait confiée.

On n'avait pris aucun de ces moyens pendant les six jours que la ville avait été menacée de grands malheurs, et qu'à cause de la turbulence des gardes royaux, tous les magistrats de la ville avaient été obligés de se réunir pour arrêter l'excès du désordre.

Cette force armée entoure notre maison, trouve nos portes ouvertes, et les chefs militaires et l'officier municipal nous voient seuls en famille dans notre salon.

On savait que la seule apparence des formes légales nous trouverait soumis à tout.

L'autorité civile et l'autorité militaire ayant constaté que nous étions seuls en famille dans notre maison, il n'était pas possible d'y montrer une armée ; il fallut y trouver un arsenal caché.

Nous avons dans notre maison, depuis deux cents ans, des canons, *joujoux d'enfans*, que le procès-verbal constate être du *calibre du petit doigt*, qui ne peuvent servir qu'à faire du bruit dans une cour lors des fêtes anniversaires de famille.

On joue sur le mot *canons ;* des canons sont de l'artillerie, ces canons étaient dans un garde-meuble, couverts de poussière ; c'est donc de l'artillerie cachée, et depuis long-temps. . . . .

Ainsi, l'espiéglerie administrative, qui dénote notre maison comme renfermant un arsenal et une armée, est judiciairement suivie de la gentillesse féroce qui travestit en canon un joujou d'enfant ; et sur cela on prostitue les formes de la justice pour précipiter deux citoyens français dans les cachots du crime ; et on couvre ainsi un attentat si odieux, que, dans un temps d'ordre et où les lois seraient dans leur force, votre ministère en poursuivrait la punition. Et ce qui prouve sans réplique l'état souffrant de la patrie, c'est que cet attentat n'est pas puni, c'est que d'autres attentats jouissent de la même impunité, notamment ceux du 24 juillet à la Réole.

En appelant canon un joujou d'enfant, nous, citoyens français, paisibles, sans fonctions publiques d'aucune espèce, nous avons été enlevés de notre domicile et jetés dans les cachots de la Réole, comme arrêtés et surpris en flagrant délit, ayant *un dépôt d'armes* en contravention à l'article 95 du code pénal. Nous sommes mis dans les cachots au secret, et on nous signale comme des proscrits d'une réaction qui triomphe, et comme des victimes expiatoires livrées à la fureur des mécontens.

Sur cette prévention de crime, on assigne des citoyens au vendredi 4 août ; mais comme une prévention aussi atrocement calomnieuse, basée sur un jeu de mots aussi puéril, couvrirait, par la publicité, ses auteurs d'un ridicule ineffaçable et de l'odieux d'une tentative d'assassinat, le vendredi 4 août, on dit aux assignés qu'ils doivent regarder les assignations comme non avenues.

Mais, ce même 4 août, une ordonnance de vous, non motivée, datée du 2, prescrit de nous extraire des cachots de la Réole, et nous précipite dans le bagne des condamnés, et non dans la division des prévenus, au fort du Hâ, à Bordeaux, pour y être à votre disposition.

Cette ordonnance de vous, monsieur le procureur-général, ne nous accuse d'aucun crime, d'aucun délit ; et quelque grand que soit le pouvoir discrétionnaire que les lois vous attribuent, il sera long-temps inexplicable que vous ayez fait conduire deux citoyens français dans le bagne des condamnés à *votre disposition*, sans être tenu de dire en vertu de quelle loi et sur quelle prévention.

Vous êtes puissant de toutes les forces de la société ; nous sommes seuls , sans armes....., mais nous sommes innocens.

Le but de cette marche juridique , extra-légale, extra-constitutionnelle, serait-il notre assassinat hautement annoncé, ouvertement complotté, et déjà plusieurs fois tenté impunément sous les yeux des magistrats?

Comme les dénégations sont la défense habituelle de ces messieurs, nous allons vous citer les faits tous bien à votre connaissance, mais qu'il est bon de constater ici.

Pendant six jours , les gardes royaux ont consterné la Réole par les cris : *A bas les Bonapartistes, à bas les généraux Faucher de la Réole, il faut les égorger!...* Notre attitude armée, et qui leur faisait courir des dangers dans l'attaque , nous a seule sauvé la vie, vous le savez.

Le maire de la Réole le savait; pour nous rassurer, il nous écrivit qu'il se réunissait avec tous les fonctionnaires publics de la ville, pour obtenir la sûreté des personnes et des domiciles.

Votre substitut, votre lieutenant, J. J. Dumoulin, était sur les lieux ; il s'est tû; nul acte de lui ne montre l'action de votre magistrature tutélaire.

A notre arrivée au fort du Hâ , on tente deux fois de nous faire assassiner..... Il se trouve une sorte de répugnance à se prêter à certains crimes, même dans les forçats , et ce sont des condamnés qui nous sauvent, vous en avez eu connaissance.

Vous avez dans vos mains, monsieur le procureur-général, les procès-verbaux qui constatent la vérité des faits que nous venons d'exposer; votre haute magistrature qui, dans sa grande puissance, peut, sur une prévention, sans garantie de la part du dénonciateur, plonger dans les cachots, aux fers, des citoyens irrévocables, votre haute magistrature couvre tout de sa surveillance; et cependant les presses de la veuve Cavazza publient que les procès-verbaux qui sont dans vos mains, constatent de notre part des crimes déshonorans qui mènent à l'échafaud; et ces crimes sont spécifiés détaillés; un prêtre nommé Rousseau colporte ces bulletins diffamatoires, et vient nous outrager jusque sur notre paille.... Nous vous donnons connaissance de ces faits, nous mettons sous vos yeux le feuilleton calomnieux Cavazza, et la lettre du prêtre..... Nous sommes tenus au secret, nous sommes baillonnés par vous...., et la calomnie n'est pas démentie, et les diffamateurs ne sont pas punis!.....

On marche sans obstacle au but proposé, et ce but est notre égorgement; car la populace pourrait se borner à des insultes ; à des outrages, mais cela ne suffirait pas. Il faut nous faire massacrer, et pour cela il faut mouvoir, soulever cette masse par le plus puissant de tous les leviers, celui de l'exemple: il faut armer et diriger les bras. Aussi le prêtre Rousseau et ses complices disent-ils aux sicaires dans leur virulente instruction, imprimée et distribuée en plusieurs éditions: Massacrez-les, déchirez-les en lambeaux. Entendez l'instruction elle-

même : « Les paysans surtout étaient furieux, et
« tous les voulaient mettre en pièces. Un de ces
« paysans tenait même déjà *César* par son habit;
« un mouvement de plus, et il était perdu. » Le
fait est faux; mais quel regret respire l'instruction
que ce mouvement de plus n'ait pas eu lieu !
Comme elle détermine bien l'hésitation! comme
elle pousse bien le couteau! et la réaction attend
que le coup soit porté pour monter sur nos cadavres, et là proclamer, par la seule lecture du
feuilleton Rousseau Cavazza, le jugement, et ses
motifs, et la légitimité de l'exécution.

Ainsi, et parce qu'on craint que nous n'échappions
à hache du licteur, on aiguise le poignard des fureurs populaires. Si c'est là une partie de la pompe
que la réaction prépare pour la réception de LL.
AA. RR., que l'amphithéâtre ne s'attende pas à
l'*ave Cæsar* qui retentit autrefois devant d'autres
majestés. Nous pouvons être des victimes réservées,
mais nous ne serons pas des victimes résignées. Si
on nous frappe, on nous frappera debout; et nous
ne tomberons pas sans avoir dévoilé le système de
la persécution, démasqué nos persécuteurs de tous
les rangs, et déroulé le tissu de leurs infâmes manœuvres.

On fait étinceler à nos yeux le fer des lois et
le fer des assassins. On veut que, si le sentiment
de notre innocence nous rassure contre le premier,
nous ayons la certitude de périr sous le second.
Ainsi on trace en lettres de sang sur les murs de

notre cachot, cette inscription de l'enfer : *Ici il n'y a plus d'espérance.*

Mais cette conviction même ne nous fera changer ni d'attitude, ni de langage. Nous ferons tout pour éclairer nos juges; nous ne ferons rien pour les désarmer. Il est une noble fierté que nous conserverons toujours, c'est celle qui appartient au malheur immérité. Et si la vertu, aux prises avec l'infortune, est un spectacle sans intérêt pour nos juges, il ne sera pas sans fruit pour nos concitoyens, à qui nous lèguerons de généreux exemples dans l'une comme dans l'autre fortune.

Nous vous arrêterons, monsieur le procureur général, sur ces circonstances, qui sont plus graves qu'elles ne vous le paraissent peut-être au premier aperçu.

Il est impossible de ne pas voir que la France entière est dans un état de désordre qui approche de la dissolution sociale. Les dépositaires de l'autorité sont sans force pour faire exécuter les lois; et quand ils ne sont pas, ou bénévolement, ou à leur insu, les agens du parti qui triomphe, ils sont trop souvent obligés de pactiser avec lui. Tel est le poids des circonstances. Et comment les pouvoirs secondaires ne seraient-ils pas dans cette dépendance funeste, lorsque le dépositaire suprême des hauts pouvoirs de la France . . . .

Entre mille preuves, nous vous en avons cité une : M. le comte de Langeron, commandant, pour le Roi, de la ville de Laon, publie dans son ordre du jour, que de l'ordre exprès du minis-

tre du Roi, il doit conserver cette place au Roi,
ne l'ouvrir à aucune des puissances alliées, et qu'il
est décidé à s'ensevelir sous ses ruines, plutôt que
d'y laisser entrer les étrangers. . . . . et sous les
yeux du Roi, les puissances alliées l'attaquent de
vive force, et le sang français coule . . . . ,
pour exécuter les volontés du Roi, et ce sang français est versé par les mains de ces puissances alliées
qu'on appelle *officiellement* les puissances amies du
Roi de France. Dans quel déplorable état se trouve
la patrie !

Et cependant une réaction furieuse se déploie,
elle parcourt nos provinces en rugissant, et ses
pieds de fer se baignent dans le sang, et brisent,
sur son passage, nos institutions et nos garanties.
Il faut reconnaître que ces réacteurs, qui profes-
sent ouvertement la théorie des assassinats, l'ont
dignement perfectionnée à leur usage, surtout dans
la manière de les préparer, de les amener, quand
ils ne peuvent pas, de prime abord, frapper à
force ouverte. Sous le nom de représailles, le sang
français coule par la main des Français, impunément, sous les yeux des magistrats, à Lyon, à
Marseille, à Toulouse....... jusque sur les marches
du temple de la justice ; et l'apologie du crime, ou
au moins son officieuse excuse, est publiée en présence de l'autorité.

Nous ne citerons qu'un fait, le plus récent. La
ville de Bordeaux est éminemment française ; tous
ses fonctionnaires publics, sa population entière,
sont dévoués au Roi. A Bordeaux, nul prétexte

pour les citoyens de s'éloigner de l'ordre et des
lois : nul motif pour les magistrats de ne pas faire
observer l'ordre et respecter les lois.... et cependant à Bordeaux, on vient de publier et distribuer
dans les rues, un feuilleton qui annonce que le
maréchal Brune, se rendant à Paris, avec des passeports en règle, a perdu la vie à Avignon par les
excès des réacteurs, qui ont traîné son corps en
pièces dans les rues; et cela, dans cette ville, chef-
lieu de département, sous les yeux du préfet, sous
ceux de tous les dépositaires de l'autorité qui, avec
tous les moyens que leur donne la loi, n'ont pu
conserver inviolée une maison seule, celle de la
poste; n'ont pu empêcher le massacre d'un citoyen, d'un maréchal de France, se rendant auprès
du Roi.... et ce maréchal de France n'était pas
même porté sur aucune des tables fatales publiées
par le Roi : il était donc dans la loi commune des
citoyens; mais le feuilleton sorti des presses de
Fernel, distribué publiquement et sous les yeux
de l'autorité à Bordeaux, annonce hautement
comme raison suffisante de cette antropophagie,
que *la conduite du général Brune depuis le retour
de S. M. avait porté au dernier point l'exaspéra-
tion des habitans de la Provence.*

Et cette épouvantable catastrophe avait été préparée dans la Provence et à Avignon, par la distribution publique, et sans contradiction de la part de
l'autorité, de feuilletons qui peignaient le maréchal
Brune comme un monstre digne de tous les supplices : ainsi que le prêtre Rousseau et ses com-

plices, aidés des presses Cavazza, publient qu'ils
sont dignes de tous les supplices, ces monstres, ces
frères Faucher qui ont fait périr des hommes sur
l'échafaud, qui ont volé des canons à la ville de
la Réole, qui ont volé deux canons à M. ***,
comme il conste, disent-ils, par le procès-verbal
authentique dressé par ordre de l'autorité...L'autorité citée à Bordeaux, c'est le préfet, c'est le procureur-général. Le procès-verbal qui constate que
ce sont d'infâmes calomnies, est dans les mains de
ces deux premiers fonctionnaires du département;
et c'est sous leurs yeux que cette diffamation, que
cette provocation à l'assassinat de deux citoyens
placés sous leur sauvegarde, est impunément publiée. S'il s'ensuit une catastrophe semblable à celle
du général Brune, amenée par de semblables
moyens, les regrets de M. de Tournon, à Bordeaux, seront égaux à ceux de M. de Saint-Cha-
mans, à Avignon, et les réacteurs auront leur excuse dans un bulletin qu'on publiera, pareil à celui qu'on distribue en ce moment pour justifier
l'assassinat du général Brune, et ils auront de plus
à s'appuyer sur de grands exemples.

L'excès dans l'amour de nos rois ne peut jamais
être imputé à crime. Si on les aime bien, on doit
chercher à les venger de leurs ennemis; et les
journaux publient que Louis XVIII ne doit être
ni indulgent, ni clément; que Henri IV, son
aïeul, qu'on lui cite pour modèle, fit, malgré sa
réputation de clémence, couler le sang en rentrant à Paris, et qu'on tortura et qu'on pendit

force gens, sans formalité. Ils s'épuisent en cita-
tions, pour flétrir la mémoire du *meilleur grand
homme*, et colorer et justifier ainsi les vengeances
personnelles des réacteurs.

D'ailleurs, la différence d'opinion est, dans la
morale de ces messieurs, une raison suffisante d'assassinat. Ils citent que sur des lettres closes du roi
de France, on massacrait à heure fixe, dans tout le
royaume, pendant la nuit, tous les Français qui
n'étaient pas de l'opinion du roi; et sans lettres
closes, on essaye, on tente aujourd'hui un pareil
massacre du Var au Calvados; et on répand sourdement qu'ainsi le veut le salut de l'État; qu'il
faut laisser à la suprême autorité la faveur d'une
apparente clémence, qu'il ne faut pas montrer aux
générations à venir la hache des tribunaux déci-
mant les Français pour les dissentimens politiques,
et que le poignard des muets de la réaction doit
suffire à tout, à présent, comme alors.

Sur cet océan de malédictions s'éleva un héros,
le baron d'Orthez, qui écrivit noblement au roi, et
noblement brisa les poignards levés au nom du
roi.

A deux cents ans, et à deux cents lieues d'intervalle, on rencontre un nouveau baron d'Orthez,
et M. d'*** vient de poursuivre à outrance et de
forcer à chercher son salut hors de France, ainsi
que ses compagnons, un sieur D....nil, qui, à la
tête de deux compagnies de gardes royaux, avait
outragé le préfet de Caen, violé pendant la nuit

les domiciles , enfin , répété les scènes qui ont eu lieu à la Réole.

Nous avons dit , monsieur le procureur - général, que l'influence de la réaction flétrissait presque tous les actes de cette époque. Les journaux la montrent à Avignon, à Caen, etc. ; vous l'avez vue à la Réole ; nous la retrouvons bien patente dans la série des questions que vous nous avez adressées dans notre interrogatoire. Nous allons en rappeler quelques mots.

Avant d'aller plus loin, avant toute discussion, il faut repousser pour toujours une des assertions qu'on vous a dictées, et dont l'absurdité ferait rire de pitié, si les soins qu'on met à la reproduire sans cesse dans les interrogatoires, ne découvrait la volonté criminelle d'y trouver un moyen d'accusation contre nous.

Vous nous avez dit : « Vous avez organisé des fédérés à la Réole ; les fédérés y ont fait ci, les fédérés y ont fait ça... »

Il suffit de n'être pas tout-à-fait étranger aux lois et aux réglemens militaires et d'administration, pour savoir que ce n'est pas nous, maréchaux-de-camp, employés dans l'armée , que pouvait regarder une fédération de citoyens. La fédération est une opération administrative. Les citoyens la proposent entr'eux bénévolement ; le sous - préfet la dirige, et en régularise la formation, qu'il présente au préfet, qui, s'il l'approuve, lui donne force par sa sanction écrite ; et il publie cet acte dans le journal officiel du département : et il en a été ainsi pour tous les pactes fédératifs, notamment pour celui de Sainte-Foy.

Ce n'est que lorsque le corps de fédérés était ainsi légalement constitué, qu'il pouvait être mis par l'autorité supérieure sous le commandement d'un maréchal-de-camp.

Le journal officiel, les arrêtés de la préfecture, les registres du sous-préfet, n'ont dit mot d'une organisation fédérale à la Réole : donc il n'a pas été formé un corps de fédérés à la Réole. La conséquence est rigoureuse, à la confusion de vos rédacteurs.

Lors de notre arrivée à la Réole, en qualité de maréchaux-de-camp employés, nous demandâmes au sieur Pirly, sous-préfet, de nous faire connaître où en était la fédération ordonnée par le préfet.

Ce sous-préfet nous répondit, et nous avons sa lettre, qu'il s'occupait activement de cette fédération que lui recommandait le préfet.

C'est le seul acte de nous relatif à une fédération des citoyens de la Réole.

On a joué avec succès sur le nom de *canon*, donné à des joujoux d'enfans, et on a voulu jouer sur le nom de *fédération*, donné, en juillet 1813, à une fête publique à la Réole, ainsi qu'avaient été désignées les sept fêtes qui, à de longs intervalles, ont eu lieu à la Réole en juillet, depuis la fédération de 1790; et toujours avec un programme des jeux et des distributions de prix semblables.

Nous nous arrêtons sur ce point, monsieur le

procureur-général, parce que vous nous avez répété plusieurs fois avec reproche, que c'était le
mot *fédération*, et que nous nous intitulions dans
ce programme imprimé et publié, *commissaires de
la fédération* (1).

----

(1) Voici ce programme, que nous donnons sans y rien
changer, parce que cette pièce a été évoquée au procès :

Fédération la Réolaise.

Les commissaires de la fédération la Réolaise, aux habitans du troisième arrondissement de la Gironde, et des arrondissemens circonvoisins.

Citoyens,

Les ennemis qui couvrent nos frontières nous menaçaient
des horreurs et de l'opprobre d'un envahissement; mais, un
moment divisée, la grande famille s'est réunie. Tous les
braves, tous les Français se lèvent... Jours de gloire, vivez
à jamais dans la postérité !

Nous serons tous dignes de cette époque.

Les fils aînés, les forts de la patrie l'entourent d'une ceinture de fer qu'ils ont dû faire fléchir un moment, et que
leurs jeunes auxiliaires sont allés raffermir. L'armée euro-
péenne a fait halte devant cette terrible avant-garde de la
Nation. Alors nos ambassadeurs sont partis, tenant d'une
main l'olivier et de l'autre l'épée. Les phalanges étrangères
se sont ouvertes avec respect sur leur passage. Ils vont demander aux princes coalisés une explication franche et
prompte. Ils leur diront : « Le peuple français désire la
» paix; mais il ne craint pas la guerre. Il veut conserver
» son indépendance et sa liberté, et il a reconnu et il pro-
» clame les mêmes droits chez les autres peuples. Si vos ar-

Sans insulter aux rédacteurs des questions qu'on vous fait nous adresser, nous pouvons vous faire

---

» memens n'avaient que cet objet, remettons le glaive dans
» le fourreau, et rendons à l'agriculture, au commerce et
» aux arts les bras qu'ils réclament. Si vous prétendez nous
» dicter des lois, nous imposer un gouvernement, nous
» traiter en esclaves, préparez-vous à une guerre d'exter-
» mination; mais craignez le feu que vous aurez allumé : la
» France tout entière marchera; elle périra, ou elle étein-
» dra son incendie dans la ruine de l'Europe. »

La réponse à cette noble déclaration fixera les destinées du monde civilisé.

Cependant, la patrie nous demande de maintenir l'ordre public et la paix intérieure en réprimant l'audace des malveillans et en déjouant leurs parricides complots. Elle nous demande de former un pacte sacré, une sainte fédération, qui donne l'exemple de la soumission aux lois et de l'obéissance à leurs organes. Que cette invincible association soit l'égide des bons et l'épouvante des méchans. Les enfans de la Réole, qui combattirent pour la liberté aux premiers jours de la révolution; les enfans de la Réole ont déjà formé cette union tutélaire. Ils la célébreront avec solennité dimanche prochain, 9 juillet. Des évolutions navales, la natation, la course, les danses, embelliront cette fête de famille, qui sera annuellement renouvelée.

Des armes seront décernées en prix aux vainqueurs des jeux.

Venez, habitans de nos heureuses contrées, venez augmenter la joie publique en la partageant; les enfans de la Réole vous appellent, et vous disent : entrez dans notre union; nous avons les mêmes besoins, la même volonté, le même but. Nos pères choisirent leurs compagnes chez vous......
venez, ce rapprochement préparera de nouveaux liens qui feront le bonheur de nos familles. Venez, c'est la fête de la

observer que nous sommes appelés en tête de
ce programme *commissaires de la fédération ,*

---

jeunesse, c'est la fête des cœurs sensibles et des âmes généreuses.

Venez, amis de l'égalité raisonnable , c'est votre fête; les
ridicules prétentions de la vanité n'insulteront plus à vos
vertus modestes.

Venez, acquéreurs de biens nationaux, c'est votre fête ;
des armes seront là pour vous défendre.

Venez, vous qui craignez le retour des rentes seigneu-
riales;

Venez, vous qui craignez le retour des dîmes;

Venez, enfin, vous tous, amis des idées libérales, c'est
votre fête; vous y entendrez les défenseurs de la raison et
de la morale publique.

Et vous, que nous appelons de toute l'effusion de nos
cœurs, vous que l'erreur, les préjugés, des préventions,
peut-être, tiennent encore éloignés de nous, venez aussi à
la fête de vos amis, à la fête de vos frères; nos enfans et les
vôtres se mêleront dans leurs jeux, tandis qu'assis au banquet civique, leurs pères videront ensemble la coupe de
l'amitié.

Venez, accourez tous à la fête de la Réole; vous y verrez
l'admiration pour un auguste dévouement, et le respect
pour d'illustres infortunes; vous y verrez l'enthousiasme des
vertus, l'amour ardent de la gloire nationale, le culte de la
patrie et de la liberté.

Le 4 juillet 1815.

Les commissaires de la Fédération la Réolaise,

Le général CÉSAR FAUCHER, maréchal de camp, employé à l'armée des Pyrénées occidentales,
chevalier de la légion d'honneur, etc. Représentant du peuple.

Le général CONSTANTIN FAUCHER,
maréchal de camp, employé à
l'armée des Pyrénées occidentales, chevalier de la légion
d'honneur, etc. Maire élu de la
ville de la Réole.

c'est-à-dire de la fête fédérative, et non pas *commissaires des fédérés*, comme ont été désignés dans toute la France, spécialement dans la Gironde, les commissaires des corps de fédérés. Nous vous ferons observer aussi que *fédération* ne serait pas français en ce sens.

Et enfin, pour faire ressortir le ridicule de cette inculpation, nous vous ferons remarquer que ce programme s'adresse aux habitans, et non aux fédérés des arrondissemens circonvoisins; qu'on y invite les pères, les mères, les enfans, qu'on y parle de réunion de tous les partis, d'oubli de tous dissentimens, d'affection mutuelle, et de faire asseoir au banquet civique tous les pères, tandis que, sous leurs yeux, dans les danses et dans les jeux, leurs enfans prépareront les unions qui feront le bonheur des familles....

Monsieur le procureur-général, il est difficile à la délirance protégée de vos rédacteurs de questions de trouver là un appel à une force armée subversive de l'ordre, et ayant un but criminel (voyez la pièce n° 20).

« Un sieur Albert, qui avait été, en 1793,
« membre d'un comité révolutionnaire et de la
« commission militaire, n'a-t-il pas, à la tête des
« fédérés de la Réole, assailli, le 24 juillet, par
« des cris de *vive l'empereur!* les gardes royaux
« qui y arrivaient, et ce sieur Albert n'était-il pas
« inspiré par vous? »

Voilà, monsieur le procureur-général, l'une de vos questions, et elle prouve sans réplique ce que vous nous avez déjà dit, que les questions que vous nous adressez ne sont pas de vous, que vous n'en êtes que l'organe.

Tout citoyen français, digne de ce beau titre, verra avec confusion et douleur que nos lois soient imparfaites à ce point, qu'un grave magistrat puisse être forcé de proférer hautement une question accusatrice, qui montre dans son rédacteur ignorant projet criminel et perfidie.

Vous avez vu notre indignation à son énoncé ; plus calmes en ce moment, nous vous rappelons notre réponse :

1° Il est faux qu'il y ait eu des fédérés à la Réole.

2° Il est faux qu'on ait accueilli les gardes royaux par des cris de *vive l'empereur*.

En voici une preuve sans réplique :

Ces gardes royaux, accompagnés d'hommes à cheval, formaient environ *cent* cavaliers; ils étaient suivis de deux cents paysans venus de Castets et environs; ils sont arrivés le *matin*, ils n'ont violé le domicile du sieur Albert, ne lui ont fait courir risque de la vie, n'ont excédé de coups sa famille, que le soir après sept heures.....

Comment ces jeunes cavaliers royaux auraient-ils contenu leur fureur depuis le matin jusqu'au soir ?

Pourquoi n'entend-on parler de ces cris : *Vive l'empereur*, que depuis que ces cavaliers royaux ont quitté la Réole? Pourquoi se contentaient-ils, pour légitimer leurs attentats, de dire que le sieur

Albert avait été membre d'un comité révolutionnaire, ainsi que le désigne monsieur le procureur-
général? Pourquoi ne trouve-t-on ce nouveau
prétexte que lorsqu'il s'agit de couvrir devant l'o-
pinion publique révoltée, des excès impunis qui ont
forcé toutes les autorités de la ville de la Réole de
se réunir le soir pour conserver, après le départ
des paysans venus à la suite des gardes royaux, le
respect des personnes, des propriétés; ce que ne
purent complétement opérer la gendarmerie et la
garde nationale? (Voyez la correspondance du
maire de la Réole et de l'un de MM. ses adjoints.)

5°. Ces gardes royaux n'ont pas été appelés par
le maire ; ils sont venus à la Réole sans feuilles de
route ; ils y ont resté six jours ; ils y ont été, pendant ces six jours, l'occasion de troubles.... Quand
les pouvoirs subordonnés étaient opprimés ou
comprimés par eux, quand cet état violent durait
depuis six jours, et que les autorités locales étaient
obligées d'intercéder auprès du commandant de ces
gardes royaux pour obtenir un peu d'allégeance
dans les mesures despotiquement tyranniques de
ces messieurs, qui commandaient et agissaient
sans l'aveu des magistrats, et en contravention
aux lois... (Voyez les lettres de la municipalité):
comment se fait-il que la haute-police administrative, la haute-police judiciaire, soient demeurées
muettes ?

Ces *pourquoi* et ces *comment* nous mèneraient
trop loin, sans doute, pour ce temps-ci, et nous
terminerons nos observations sur cette question

par celle qui suit, et que nous vous avons faite de vive voix.

Vous désignez le sieur Albert par le titre de *membre*, en 1793, d'un comité révolutionnaire et d'une commission militaire. Pourquoi ne pas le désigner par son titre constant et légal de négociant fabricant?..... ou, si l'on voulait un titre ancien, pourquoi ne pas lui rendre celui de vice-président de l'administration du district de la Réole? c'est la plus ancienne de ses fonctions publiques. Vous nous avez fait l'honneur de nous dire qu'il suffisait qu'il eût rempli des fonctions en 1793, pour qu'on pût lui en donner le titre, et qu'on pouvait désigner un citoyen de quelque manière qu'il plaisait, pourvu que ce fût par une désignation vraie... Dans notre surprise, nous avons dit : Mais en ce cas, nous pourrions donc, pour désigner votre substitut, le procureur du roi de la Réole, vous dire : c'est le sieur Jean-Jacques Dumoulin, fils de N. Dumoulin, que l'un de nous a . . . (1)...........

Vous voyez, M. le procureur-général, et nous vous le dîmes, qu'une telle latitude aurait ses inconvéniens, et nous ne vous rappelons ce fait que parce que ce fut le premier que nous rappela sur-le-champ votre observation.

Au reste, ce choix de désignation pour le sieur Albert signale avec évidence la réaction ; car au fond, il importe peu que le sieur Albert ait été, il

(1) Même paragraphe que celui supprimé

y a vingt-deux ans, membre d'un comité révolutionnaire. Il serait possible aussi de révoquer en doute que ce sieur Albert, qu'on montre comme un républicain si chaleureux dans son âge avancé, ait manifesté un amour si violent pour Napoléon, que jusqu'ici on n'avait songé à peindre, ni comme l'idole, ni comme l'appui des républicains. Mais dans cette accusation si étrange contre le sieur Albert, il importait de savoir si ce père de dix enfans, dont trois sont encore en ce moment sous les drapeaux, aux armées, et malgré ses cheveux plus que gris, et malgré sa constitution usée, avait osé provoquer, par des cris de *vive l'empereur* cent jeunes gens d'élite, arrivant de Bordeaux à cheval, accompagnés de deux cents paysans en armes, criant *vive le roi!..*, et si, cette provocation, ayant eu lieu à leur arrivée, il est naturel que la vengeance ait couvé dans ces jeunes et bouillans courages jusqu'après sept heures du soir.

Mais il a fallu, bien que tardivement, trouver un prétexte pour les excès auxquels cette garde royale s'est livrée ce jour-là et les jours suivans.

Eh bien! au nom du ciel, et par honneur pour l'époque actuelle, cherchons, trouvons aussi une excuse pour les magistrats que peut entacher l'impunité de ces attentats, et de tant d'autres, dont le souvenir ne sera malheureusement pas perdu.

Cette manière d'excuser un assassinat, en supposant un crime à celui qu'on assassine, nous rappelle une conversation que l'un de nous eut chez le grand-maître de l'Université avec un oncle de madame de Fontanes ; c'était un vieux jésuite qui tenait dans sa tête toute la doctrine *de la· société*. Il nous parlait des représailles que le 9 thermidor avait exercées à Lyon sur le farouche 1793. Il nous disait, qu'en plein midi, dans les places publiques, on égorgeait ceux que leurs opinions faisaient présumer être les complices des malheurs qui venaient de finir. Tous ceux qui avaient souffert, et même beaucoup de ceux qui n'avaient pas souffert, voulurent fournir leur contingent à cette grande hécatombe : plusieurs le firent avec générosité. « Mais comment, lui disais- « je, pouviez-vous légitimer ces assassinats publics, « aux yeux des magistrats ; car les représailles pri- « ses au nom du trône et de l'autel veulent tou- « jours avoir un peu l'apparence des formes lé- « gales ? — Rien n'était plus facile, me répondit le « père, on traquait ces hommes dans leurs mai- « sons ; ils fuyaient dans les rues ; le premier qui « pouvait les atteindre leur plongeait un poignard « dans le sein, ou leur brûlait la cervelle. Le ma- « gistrat était appelé, et on déclarait, et le procès- « verbal constatait que le corps était celui *d'un* « *tel*, voleur, qui, surpris en flagrant délit, s'était « suicidé pour échapper au supplice. Ce sont de « ces fraudes pieuses commandées par la morale « des gouvernemens, et même par la morale pu- « blique. Ces exécutions le sont par la raison d'é- « tat. Mon enfant, cela vous paraît étrange, sans « doute, mais vous apprendrez plus tard, qu'en « politique il n'y a de crime que les fautes, et c'en

« serait une que de laisser ce ferment dans le corps
« social. D'ailleurs , il faut toujours se hâter de
« faire commencer les hostilités ; elles prononcent
« tous les partis, préviennent les transactions , re-
« crutent la milice nouvelle de tous les gens timides,
« mettent la nation sous les armes, et durant cette
« agitation , l'autorité étend , consolide son pou-
« voir. Cet état de conflagration factice motive les
« mesures vigoureuses qui restent dans les insti-
« tutions, quand le calme est revenu, et remettent
« pour un temps le peuple dans les mains de ses
« chefs.

« Cette tendance des hommes à relâcher les liens
« qui les unissent en société , est le résultat de
« leurs passions ; et c'est pour les réprimer que
« les lois ont été établies : mais cet esprit de dé-
« sorganisation a fait, dans le dernier siècle, des
« progrès inquiétans , et les principaux cabinets
« de l'Europe en furent si alarmés , qu'ils se con-
« certèrent sur les moyens de les arrêter. On n'en
« trouva qu'un ; c'était de faire dévorer périodi-
« quement par la guerre cette superfétation rai-
« sonneuse qui se présente chez les populations
« modernes, après un repos de *douze* à *quinze* ans.
« Les nations, occupées à cicatriser leurs blessures,
« à réparer leurs pertes , laissent respirer leurs
« gouvernans ; et quand le virus raisonneur com-
« mence à se montrer , la défense des frontières
« ou le redressement de griefs prétendus appelle
« aux armes, et le repos de l'Europe est maintenu
« précisément par cette guerre qui circule sur sa

« surface. La mise en action de ce plan fut ajour-
« née par les craintes assez naturelles que faisait
« naître l'ambition des cours de Vienne et de Ber-
« lin, et l'explosion de 1789 déjoua tous les pro-
« jets, et ébranla tous les trônes. Quand l'Europe
« se sera rassise, elle sera obligée d'en venir aux
« moyens proposés, sous peine de nouvelles se-
« cousses, qui pourraient bien renverser tout l'é-
« difice social. »

Mais quittons la conversation de mon Jésuite.

M. le procureur-général, voici un de vos interrogats, très certainement supérieur à ceux des
commissions de 1793, et dont le tribunal des dix
aurait pu enrichir le code vénitien.

En nous montrant une lettre confidentielle écrite
par l'un de nous, vous nous avez dit :

« Celui de vous qui n'a pas écrit cette lettre,
« partage-t-il les opinions que l'autre y exprime? »

Ce sont donc nos opinions qu'on recherche et
qu'on poursuit! ce ne sont pas même nos opinions
publiées, ce sont nos opinions *pensées*. Partagez-
vous ces opinions?....

Voilà la réaction dans toute sa bassesse et sa férocité prise en flagrant délit, sous la toge honorée
qui lui sert de refuge.

Mais de quelque péril que nous menace une aussi
étrange interpellation, elle ne séparera pas deux
frères jumeaux qui aimeront toujours à courir ensemble toutes les chances de la vie, jusqu'à la
catastrophe que leur prépare à découvert cette

réaction exécrable : toutefois,elle ne restera pas sans compensation.

Une réflexion , peut-être tardive , nous arrête par sa gravité et nous fait tomber la plume des mains : notre lettre confidentielle au général Clauzel, gouverneur de la province, par lui confiée, au nom du salut public , au préfet du département , est devenue contre nous un moyen d'accusation publique et nous a plongés dans les cachots. Vous êtes, M. le procureur-général, notre confident forcé ; les épanchemens que nous vous adressons coulent de notre plume à mesure qu'ils se présentent, et sans ordre. Mais si l'esprit qui a si perversement abusé de notre première lettre confidentielle s'emparait de celle-ci , ne pourrait-il pas y trouver un motif de poursuite criminelle?... L'épouvante des générations passées nous rapporte qu'un juge de Louis XIII disait hautement : « Qu'on me donne « une ligne de l'écriture d'un homme , quelle « qu'elle soit, et j'y trouverai un moyen de le con- « damner à être pendu. »

Mais c'est à M. Rateau que nous confions nos pensées : il ne laissera lire à M. le procureur-général que ce qui pourra éclairer sa justice , et sous sa garantie nous pouvons continuer.

Dans cette confiance, nous vous faisons, à l'occasion de vos observations sur cette lettre, deux remarques importantes.

Vous nous avez dit :

« Vous écriviez, le 27 juillet, au général Clauzel, « comme au général en chef gouverneur, et vous

« saviez et vous deviez savoir qu'il était en ré-
« volte ; qu'il se maintenait en place par la
« terreur. »

M. le procureur-général, voilà dans une seule
phrase bien des erreurs accusatrices. Elles sont ac-
cumulées avec méchanceté contre nous : elles vont
retomber avec tout le poids de la vérité, avec ru-
desse, contre leurs auteurs.

Le général Clauzel se maintenait par la terreur !
Que les réponses à cette allégation sont claires et
péremptoires ! Le 27 juillet, le général Clauzel
n'avait pas 1,200 hommes de troupes à Bordeaux,
et en lui supposant des volontés coupables, où
est la preuve, où est l'indice que ses soldats
n'étaient pas citoyens ?

Et puis ce général en chef avait entre eux et lui,
pour intermédiaires nécessaires, des chefs, des généraux, depuis conservés par le roi, investis de la
confiance publique. Et combien, d'ailleurs, cette
allégation ne serait-elle pas outrageante pour la
ville de Bordeaux, peuplée de plus de cent mille
habitans, décorée d'une garde nationale nombreuse, brillantée d'un corps de gardes royaux ;
ville où, depuis le 29 juillet, les femmes, les enfans, agens applaudis des réglemens de police,
font des arrestations qu'on légitime ensuite, ou-
tragent, excèdent de mauvais traitemens, avec impunité, les citoyens pour des opinions mal son-
nantes dont ils se portent les juges ?... Dans une
telle ville, quelques soldats n'inspiraient pas la
terreur le 28 juillet.

A cette considération morale bien puissante, se joignent les faits suivans :

Le roi, par une mesure générale, a disposé le 16 juillet, que nous cesserions nos fonctions de généraux ; le ministre du roi a chargé le général en chef gouverneur, comte Clauzel, de transmettre cet ordre à César Faucher et à Constantin Faucher, employés maréchaux-de-camp dans son armée.

C'est par ce général en chef, gouverneur sous l'autorité du roi, que le 21 juillet, nous avons reçu cet ordre du roi.

Le général Clauzel partit le 28 dans la matinée. Ce jour-là, le général Darmagnac, maintenu par le roi, publia qu'il succédait au général Clauzel, d'après l'ordre du jour de ce général en chef gouverneur qui le chargeait du commandement.

Voilà donc l'autorité militaire, bien légitime, bien royale, reconnaissant le général Clauzel, après son départ, comme bien légitimement général en chef gouverneur, jusqu'au moment de son départ.

Voici l'autorité civile le proclamant aussi haut :

Le général Clauzel partit le 28, et le 29, vingt-quatre heures après le départ du général Clauzel, M. de Tournon, préfet du département, prend un arrêté contre nous, et dès la première ligne il vise notre lettre confidentielle au général Clauzel : « à « nous *officiellement* transmise par ce général, « hier 28. »

Ainsi, les deux grands régulateurs de la conduite

des citoyens, l'autorité civile et l'autorité militaire reconnaissent et publient que jusqu'au moment de son départ, le général Clauzel a été légitimement général en chef gouverneur.

Si nous avions méconnu ses ordres, et qu'on eût pu nous atteindre judiciairement à cette occasion, de quel poids, grand dieu, ne seriez-vous pas tombé sur deux hommes qui, sans fonctions publiques, auraient osé méconnaître l'autorité à laquelle obéissaient, que respectaient les premiers fonctionnaires publics, l'universalité des habitans du département!

Et cependant c'est vous qui nous reprochez d'avoir reconnu ce général, en lui adressant une lettre confidentielle.

Nous ne pouvons pas quitter cette lettre au général Clauzel, sans consigner une de vos allégations et notre réponse.

Vous nous avez relu le passage de cette lettre où, dans la confiance et l'abandon, nous disons au général : «Nous voudrions pouvoir être en aide à la patrie en souffrance; » et vous nous l'avez reproché...

Après quarante ans de services fidèles, et tant de sang versé pour la patrie, notre vœu pour la servir encore était bien naturel, et nous vous avons montré la France et le Roi, la patrie tout entière, non-seulement en souffrance, mais dans la désolation et l'effroi,...... et vous nous avez répondu : « Vous ne persuaderez point que *pour vous* le mot » patrie comprenne le roi. » A quelles sinistres

préventions sommes-nous donc livrés, M. le procureur-général? Pour nous, il est donc arrêté dans
l'esprit des magistrats que nos opinions sont telles
ou telles', indépendamment de ce que nous disons;
qu'elles sont assassinées, réactées! assassinées, vous
pouvez en prendre l'habitude par l'impunité; ainsi
ce ne sera pas sans être flétris par le souverain du
monde, que vous nous ferez juger pour des opinions présumées. M. le procureur-général, nous
ne persuaderons pas que pour nous, le roi soit
partie intégrante de la patrie! Nous ne persuaderons pas qu'en français, le mot patrie comprenne
le roi!

Peut-être, monsieur le procureur-général, aurions-nous le droit de récuser tout magistrat qui
manifesterait une pareille pensée; mais nous nous
bornerons encore à repousser vos attaques par des
impossibilités physiques, puisque celles-là seules
peuvent faire reculer nos sicaires accusateurs.

Vos rédacteurs de questions dignes de leur vi-
laine âme, ont tout dit de nous, excepté que nous
fussions des insensés : et puisqu'ils exagèrent même
nos moyens moraux, pour nous attribuer une plus
grande influence, ils sont forcés de convenir que
nous ne sommes point des stupides. Or, qu'est-ce
que la patrie aux yeux de l'homme le plus simple?
Est-ce le sol inerte et sourd qui porte indifféremment Ravaillac et Henri IV? Est-ce le sable brû-
lant que parcourt l'Arabe brûlé? Non, sans dou e,
et ils avaient une patrie, ces nobles Sarmates qui,
ayant leur roi à leur tête, illustrèrent l'ouest de

l'Asie et le nord de l'Europe ; ces nobles Sarmates
qui, amans de leur patrie, la trouvèrent partout où
leurs rois, leurs peuples, leurs institutions, étaient
heureux, protégés l'un par l'autre ; où la nation
polonaise était libre de suivre ses lois. Où la nation
est bien, disaient ces illustres enfans du Nord, là
est la patrie. La patrie n'est donc pas le sol : la patrie, objet des affections les plus vives, la patrie,
objet de notre culte, est la nation française entière
avec ses institutions : ce ne peut donc pas être une
fraction de la nation que nous ayons pu entendre.'

. . . .

En révolte à l'ordre formel du roi et à toute
justice, vous vous plaisez à nous supposer l'intention que par le mot patrie, nous ne comprenons
qu'une fraction de la nation française, et non pas
le roi et le peuple, quoique nous l'affirmions. Vous
vous plaisez à nous supposer l'intention de nuire,
en demeurant sur nos foyers et ne nous mêlant
pas au mouvement depuis le 22 juillet, quand
vous savez que les ordres du roi nous prescrivaient
de rester étrangers à toute action depuis le 21
juillet.

Et quand devons-nous, plus hâtivement qu'aujourd'hui 16 août, en appeler à cette garantie proclamée par l'ordre exprès du roi, qu'alors que le
journal officiel de la Gironde, l'*Indicateur*, en in-
sérant cet article de la gazette officielle, publie,
d'après le *Moniteur*, le vœu qu'ont porté au pied du
trône les membres du conseil-général du département de la Gironde. Il dit au roi : « Vous avez été

» comblé de tous les biens, nous n'avons rien à de-
» mander au ciel; mais ne soyez pas clément, ne
soyez pas indulgent... »

Nous repousserions la clémence du trône, et
jamais nous ne réclamerons d'indulgence pour
notre vie sans tache; mais nous en appelons aux
lois éternelles, aux lois de la patrie, enfin à l'ordre
exprès du roi, pour, dans le régime de sang qu'on
rappelle, n'être jugé que sur nos actions, et non
sur les opinions qu'il plaira de nous supposer, à
ces hommes qui empoisonnent tout ce qu'ils tou-
chent.

L'an 1793, d'effroyable mémoire, était un lion
qui déchirait et dispersait en lambeaux les objets
de ses fureurs. Eh! qui plus que nous en a souffert? Sous dix-sept blessures saignantes, étendus
sur le champ de bataille où nous combattîmes pour
la patrie, la liberté et la république, c'est au nom
de la patrie, de la liberté et de la république, que
ce lion nous enleva et nous envoya à la mort. Mais
alors même, et dans les plus violens paroxysmes
de sa rage, il respecta le temple de la justice. Jamais il n'en profana les formes ni les ministres.
Les magistrats furent toujours indépendans pour
prononcer sur l'honneur, la fortune, etc. des citoyens. Les agens révolutionnaires arrêtaient; des
commissions révolutionnaires jugeaient d'après les
lois révolutionnaires : jamais le délire de 1793 ne
confondit la justice et la révolution. Et l'arrêt qui
nous envoya à la mort, déclara, non pas que nous
avions volé des canons à une ville qui n'en a ja-

mais eu, que nous n'étions pas patriotes, mais bien que nous étions des aristocrates, puisque, fonctionnaires publics, et proclamant la mort de Louis XVI, nous en avions fait l'éloge, et nous en avions publiquement porté le deuil... : alors on envoyait à la mort la victime pure et sans tache de toute imputation calomnieuse.

L'année 1815 prend sur la réaction tous les crimes de la bassesse. Ce sont des femmes, des enfans, sortis des sentiers du vice, qui se portent les juges de la liberté des citoyens. Ils arrêtent sans autorisation en plein midi ; et coupables de crimes, ils osent se présenter devant les magistrats, et les magistrats ouvrent à leurs cris les cachots pour y recevoir leurs victimes. Et le temple de la justice est souillé par ces scandales, et de hauts magistrats sont forcés de se rendre les organes de monstrueux assemblages d'accusations révolutionnaires et de préventions légales, dont les premiers agens sont des gens réprouvés par nos lois. Dans quel chaos, grand Dieu! se trouve-t-on donc en 1815!

Vous succédez, monsieur le procureur-général, à un homme dont la vénération publique conservera long-temps la mémoire; vous occupez son hôtel et sa place. Qu'aurait dit cette âme vertueuse et austère, si elle avait vu les formes tutélaires de la justice à la disposition de l'homme fort du moment, et prostituées à servir la haine contre l'innocence? Qu'aurait dit cette âme vertueuse, si elle avait entendu publier dans la voie publique l'apologie de l'assassinat, pour encourager au mas-

sacre? . . . . Le vénérable Dudon, de son haut
tribunal, aurait frappé les brigands sous leur couleur protégée, ou enveloppant de la robe de
l'homme de bien l'infortuné, proscrit par une
réaction fougueuse, il serait tombé mort sur la
place publique, avant que l'on violât les lois confiées à sa garde.

Il faut donc que les temps soient bien changés!
il faut donc que la réaction soit bien puissante,
puisqu'au lieu de subir la mort ou l'infamie, les
coupables recueillent l'impunité de leurs forfaits,
et même des éloges!

Nous voyons bien dans tout cela le crime des
réacteurs encouragés par l'impunité; mais à quel
délire, aussi absurde qu'atroce, peut-on attribuer
la question qui suit?

« A votre arrivée de Paris, n'avez-vous pas dis-
» tribué à la Réole, à petits morceaux, au peuple
» qui entourait votre maison, un gros pain que
» vous lui dites que Napoléon vous avait donné
» pour cela? (1) »

_____

(1) César ni Constantin ne purent deviner ce qui avait
donné lieu à cette question. Voici le fait : A leur arrivée de
Paris, le 4 mai, un cultivateur des environs de la Réole
était chez eux ; en déchargeant leur voiture, on sortit du pain
qui était dedans. Constantin dit à ce cultivateur : veux-tu
goûter du pain de Paris? il vient de chez le boulanger de
l'Empereur. Il n'en fut donné ni offert à personne autre. Le
pain de Paris est en quelque sorte une curiosité pour la Réole,
où, comme dans tout le midi de la France, on y met du sel.

Nous l'avons dit, monsieur le procureur général, les pasteurs des montagnes du Tyrol, qui sont
probablement les plus ignorans, les plus supers-
titieux des hommes de notre Europe, ces malheureux ne pourraient pas être dupes d'une telle jon-
glerie de prêtre. Et comment la ville de la Réole
pourrait-elle être supposée le théâtre de pareilles
momeries ? . . . .

Monsieur le procureur-général, on ne pourrait
se faire cette illusion que pour favoriser un parti :
reconnaissons ce qui est vrai.

La ville de la Réole est distinguée par les mœurs
polies de ses habitans, fruit des lumières généralement répandues ; on connaît la perfection de ses
fabriques, son esprit de commerce, qui la rend le
centre de tant de relations ; la fierté de ses habitans, qui fait préférer le pain noir acquis par le
travail, aux bienfaits de la petite vanité.

Osons le dire tout haut, monsieur le procureur-
général : on reproche aux citoyens de la ville de la
Réole d'éprouver une espèce de fièvre aux mots
d'*esclavage* et de *tyrannie ;* on leur reproche l'amour
des idées nouvelles.

Eh bien ! accusez-les, s'il faut à toute force les
accuser ; accusez-les de se tromper dans l'application de ces mots ; accusez-les de manquer en ce
point de lumières suffisantes ; mais n'en faites pas
des êtres brutes et stupides comme des Hottentots
bosmans.

Cette horreur innée de l'esclavage, cet amour

des idées nouvelles qui les distinguent, ne sont pas
au moins un symptôme de stupidité.

D'ailleurs, il est un grand juge en cette matière;
et quelque déhontés que soient les réacteurs ac-
tuels, ils n'oseront pas appeler de son jugement.
Henri IV, qu'ils vantent, et dont ils fuiraient les
regards, s'il apparaissait avec sa grandeur d'âme,
son courage et son incomparable impartialité,
Henri IV connaissait bien la Réole, et en avouant
qu'il y avait, comme partout, dans cet Ouest, de
ces petits hommes vains, empressés à baiser des
fers nouveaux, dans l'espoir de les faire peser sur
d'autres, il disait de ses habitans en masse : « Ces
Gascons-là sont un peu babillards, mais ils sont
fidèles et braves. »

Monsieur le procureur général, voilà donc, de
par Henri IV, les la Réolais reconnus pour être de
la religion du bon roi. Croyez-vous que dans cette
religion de ces Gascons, aimant la danse, les plai-
sirs, un peu négligens de l'église, il est vrai, un
peu bruyans dans leur joie, un peu médisans,
peut-être enfin un peu babillards, mais fidèles et
braves, de par Henri IV, croyez-vous, monsieur
le procureur général, que, dans cette religion de
Henri IV, on puisse jouer la farce eucharistique de
donner à petits morceaux au peuple rassemblé un
gros pain au nom de Bonaparte?...

Nous avons bien vu nos prêtres et notre arche-
vêque encenser Napoléon comme le représentant
du Très-Haut; nous avons bien vu le pape le montrer au peuple, en le déclarant l'oint du Seigneur;

mais il restait au délire de la réaction actuelle d'en faire le prototype de Christ, de supposer qu'on pouvait le donner sous forme de pain aux adeptes, et de renouveler les agapes.

Bien que, dans certains cas, les magistrats, dans leur condescendance, en viennent jusqu'à un tel point, qu'ils semblent se confondre avec les plus simples habitans, ils conservent aux yeux des vrais citoyens le décorum de leurs fonctions ; et il nous semble qu'ils sont bien coupables et qu'ils comptent grandement sur son indulgence, les réacteurs qui ont osé rendre l'organe de telles inconvenances un grave magistrat. surveillant né du respect dû aux lois et à leurs ministres.

« Le 4 avril, pendant que vous étiez à Paris « (depuis le mois de décembre), n'est-il pas sorti « de votre maison à la Réole, pour être promené « dans la ville, un drapeau tricolore, brodé par « mademoiselle Anaïs Faucher, votre petite-nièce?»

Monsieur le procureur-général, on avoue que nous étions à cent quatre-vingts lieues de la Réole depuis long-temps (au 4 avril); nous ne sommes revenus que long-temps après, et on nous demande s'il y a eu un drapeau à la Réole ! Et pour essayer d'envelopper dans la proscription ce qui nous touche, on demande si ce drapeau n'a pas été brodé par notre petite-nièce !

Le magistrat doit être au-dessus des passions honteuses qui affligent à ce point l'humanité, et il doit souffrir d'être l'organe de si odieuses bassesses.

Il n'est jamais sorti de notre maison de drapeau brodé d'aucune couleur.

Notre petite-nièce n'a jamais brodé de drapeau d'aucune espèce.

Eh! qui donc sera impassible et organe digne de la loi, si l'influence funeste de la réaction se fait sentir jusque dans le magistrat conservateur de l'ordre et des lois (1)?

« N'avez-vous pas fait répandre sourdement la « nouvelle de la paix que vous proclamâtes, le 30

_____

(1) Ici il y a un interrogat sur la nomination de représentant et un autre sur celle de maire. Nous n'avons trouvé que ces notes :

A l'un : « N'avez-vous pas été nommé le 14 mai membre « à la prétendue représentation nationale par le collége elec- « toral de la Réole ? »

« Votre influence a déterminé ses opérations. »

Mon frère et moi n'en étions pas membres; nous y sommes étrangers.

A l'autre : « N'avez-vous pas été élu maire de la Réole le « 20 mai, par trente personnes seulement, les électeurs « membres de l'assemblée s'étant retirés en masse par le « trouble qui y existait ? »

L'assemblée était de trois cents personnes, et j'ai réuni plus des quatre cinquièmes des voix. L'officier commandant la gendarmerie a constamment assisté à l'assemblée, le juge de paix y était, et il n'y a eu nul procès-verbal, nulle plainte.

Mais si notre influence est si énorme qu'elle dicte le choix d'un collége electoral dont nous ne sommes pas membres, si notre influence est telle qu'elle puisse faire manger au peuple de la Réole comme agapes un morceau de pain au nom de Napoléon.....

« juin, en uniforme de maréchaux-de-camp, et
« même annoncé Napoléon II, accompagnés de
« trente perturbateurs ? »

Nous avons eu l'honneur de vous faire observer
que nous n'avions pas pu faire répandre sourdement
la nouvelle d'une paix que nous ne pouvions pas
connaître, puisqu'elle n'avait eu lieu que le 28.…
Et vous, monsieur le procureur-géneral, constant
dans l'esprit de votre interrogat, vous nous avez
dit que, la nouvelle de cette paix étant parvenue à
Bordeaux le 28, nous avions pu la faire répandre
sourdement avant de la proclamer le 30. Nous
avons été obligés de vous rappeler, monsieur le
procureur-général, que la paix n'avait été signée
dans la Vendée que le 28, et qu'une estafette pres-
sée n'avait pu porter cette nouvelle inattendue que
le 30, à dix heures du matin, à Bordeaux.… Vous
avez dû vous convaincre par-là, monsieur le procureur-général, que la confiance que vous don-
nez à vos rédacteurs de questions, peut vous jeter
dans de cruelles erreurs ; car si nous n'avions pas
à vous opposer cette inpossibilité physique, vous
détruiriez par des possibilités morales la vérité de
notre assertion, et notre justification était rejetée.

Et quant aux trente perturbateurs, qu'il plaît
à votre interrogat de nous donner pour acolytes,
nous sommes forcés, monsieur le procureur-général, de vous repousser encore durement par des
inpossibilités.

Puisque vous reconnaissez qu'il s'agit d'une proclamation faite par nous, militairement, en grand uniforme d'officiers-généraux, il est incontestable que tout ce qui était militaire nous accompagnait, notamment le lieutenant de la gendarmerie et ses gendarmes. C'était un jour de grande foire et de fête votive à la Réole; ce devait être au moins un spectacle et un spectacle nouveau pour cette population nombreuse : toute la musique du pays précédait le cortége.... Comment aurait-on empêché cette population brillante et gaie de suivre cet appareil de fête?...... Vous dites que nous sommes très-aimés dans le pays de la Réole, que nous y avons une grande influence..... Comment donc, quand nous sortions avec tant d'éclat en présence de quinze mille âmes, n'avons-nous été suivis que de trente personnes?......

M. le procureur-général, il est fâcheux que ceux qui ont dicté vos interrogats n'aient montré qu'une méchanceté aussi maladroite.

Et quant aux perturbateurs..., la gendarmerie, les magistrats étaient là. Existe-t-il un procès-verbal de troubles? y a-t-il eu lieu à une plainte?

« Le ministre Carnot ne vous a-t-il pas donné « quelques missions secrètes? »

La mission que nous a donnée M. le ministre Carnot a été de concourir de tous nos moyens au respect des lois et au maintien de l'ordre, spéciale-ment de prévenir toute réaction, de ne laisser per-sécuter personne pour ses opinions, de regarder le domaine de la pensée comme hors de la puis-sance des magistrats, et de ne jamais oublier que l'indulgence, le support mutuel, sont des devoirs communs, dont les fonctionnaires publics doivent donner l'exemple, et qui contribuent puissamment à la paix et à l'harmonie intérieure, qui sont le plus grand des biens.

Les recommandations que nous a faites M. le ministre Carnot ont été celles d'un sage, supérieur aux passions, et indépendant des circonstances.

Monsieur le procureur-général, en finissant notre interrogatoire, vous avez laissé tomber ces mots : « Ce sera à vous à prouver que l'ordon-« nance du 24 juillet ne peut vous atteindre. »

C'est donc cette ordonnance qu'on veut nous appliquer.

Cette ordonnance est une loi à effet rétroactif.

Le roi a publié l'ordonnance du 24 et les tables fatales ont été aperçues ; mais il a donné sa parole royale que là s'arrêteraient ces actes inconstitutionnels. Et le ministre de la police générale, dans sa lettre du 27, explique ainsi la volonté du roi sur ces actes législatifs de circonstance, transitoires de leur essence, que le magistrat ne doit appliquer qu'avec défiance, et dont il ne peut sans crime dépasser les dispositions.

Voilà les lois qui nous régissent, même en dehors de la charte constitutionnelle : elles prononcent que nulle de leurs dispositions pénales ne peut nous atteindre.

Ainsi, et comme nous l'avons dit, monsieur le procureur - général, c'est à la force que nous avons cédé, quand nous avons répondu à vos interrogatoires, et nous vous l'avons déclaré; ce n'est que par déférence pour vous que l'un de nous s'est arrêté après avoir écrit plus qu'à moitié notre protestation au bas de sa signature, et ne l'a pas complétée.

Elle est étrange, M. le procureur-général, la position où nous nous trouvons avec vous !

Officiers-généraux en non activité, retirés du service par ordre du roi, nous sommes arrachés de nos foyers et mis dans les prisons par des actes de votre substitut, le procureur du roi à la Réole. De ces prisons nous sommes jetés dans les prisons des prévenus, dans le bagne des condamnés à mort, à Bordeaux, par une ordonnance de vous, non motivée.

Nous sommes interrogés par vous, premier magistrat judiciaire, pour connaître de quel tribunal ressort le crime dont nous pouvons être prévenus.

Mais quel est ce crime? où est le corps du délit? vous ne pouvez pas le préciser, vous ne faites pas de questions directes, vous demandez quelles sont nos opinions.....

Voilà les suspects.

Mais il faut une nouvelle loi des suspects. L'ancienne est abolie.

En attendant qu'il en vienne une, on cherche à y suppléer par l'ordonnance du 24 juillet.

Mais l'ordonnance du 24, et la volonté du roi expliquée par son ministre le 27, lui ôte ce dernier caractère révolutionnaire; et par surabondance, nous allons vous prouver qu'elle ne peut pas nous atteindre.

Nous avons pris du service.

Nous n'avons pris du service que le 19 juin à Bordeaux. A cette époque , le département de la Gironde servait l'empereur dans toutes les parties du gouvernement. Nous avons pris des fonctions militaires ; il est de principe que la force armée est essentiellement obéissante, elle ne doit jamais délibérer : la force armée délibérante serait un gouvernement de mameluks : voyez seulement la garde royale délibérante!... (1).

Si nous avions pu hésiter à obéir à cet ordre militaire, donné au nom d'un prince à qui la France entière obéissait en ce moment, nous aurions été rassurés par la conduite des magistrats de Bordeaux. Les deux premiers fonctionnaires, et dans l'ordre judiciaire, c'est M. le procureur - général et M. le premier président ; le corps judiciaire n'est pas essentiellement obéissant comme le corps militaire ; le corps judiciaire est par essence conservateur de l'ordre et des lois : dans un cataclysme qui frapperait les têtes précieuses, c'est le corps judiciaire qui donnerait les ordres à la force armée, et elle obéirait... Le parlement l'a prouvé et éprouvé..... Eh bien! après la révolution de mars 1815, si vous, M. le procureur-général, si

(1) Il ne faut pas oublier que l'on parle ici des volontaires royaux de Bordeaux.

vous avez refusé de servir Napoléon , M. le baron
Brezets, premier président de la Cour royale, lui a
fait serment et l'a servi ; M. Desèze, frère du défenseur de Louis XVI, frère du premier président
de la Cour suprême; M. Desèze lui a fait serment et
l'a servi : ainsi des autres ; et vos fonctions ont été
confiées à votre prédécesseur et collègue , à M. le
procureur - général Buhan , qui a fait serment à
Napoléon, et l'a servi. Et M. Buhan a votre estime
particulière : par vous , il a été nommé bâtonnier
des avocats, par affection singulière, et non par le
vœu des avocats qui y avaient appelé le regretta-
ble M. Ferrière. On a pu penser que des scrupules
personnels vous éloignaient de cette place, quand
on y a vu porter l'homme du choix de votre cœur ;
quand on a vu M. le premier président et les autres
magistrats conserver leurs places , quand on a vu
tous les fonctionnaires publics de Bordeaux conserver les leur, si on a voulu les leur laisser.

En arrivant à la Réole, nous voyons le sous-
préfet qui avait été nommé par le roi , ayant fait
serment à Napoléon, toutes les autorités de l'arrondissement ayant suivi son exemple : ainsi avaient
fait le président et les juges du tribunal; votre
substitut lui-même, J. J. Dumoulin. N'oubliez pas,
M. le procureur-général, que votre substitut n'est
pas soldat; il n'est pas tenu à une obéissance passive;
dans son libre arbitre, et par choix, il a fait serment à Napoléon et l'a servi...... Eh bien ! vous
le conservez votre substitut; il est le rédacteur
peut-être des étranges interrogats que vous nous

adressez. Vous ne pouvez donc pas nous reprocher devant la Cour royale de Bordeaux, devant les magistrats de Bordeaux, d'avoir servi militairement Napoléon depuis le 19 juin, quand ils nous donnaient tous cet exemple à cette époque. Vous ne le pouvez pas, surtout devant la garde nationale bordelaise, qui, la veille que nous avons pris du service, le 18 juin, dans sa grande revue au jardin public, poussait jusqu'au ciel, en notre présence, les cris mille fois répétés : *vive l'Empereur!*

Sans vouloir regarder de trop haut cette question de la légitimité, au moins sommes-nous forcés de l'examiner dans les caractères qui doivent la manifester à la raison des peuples. La nation française s'est renouvelée à peu près tout entière..... Depuis vingt-cinq ans elle a vu ses premiers magistrats recevoir les tributs des peuples et les hommages des rois, et ses frontières reculées à leurs dépens. Bientôt l'une des chaises curules, plus particulièrement chargée des palmes de la victoire, s'éleva d'une marche, et le prince du peuple, au nom de la république, prit rang parmi les potentats. Le plus grand nombre brigua son alliance ou même son appui. Ce n'était jusque-là que la seule majesté du peuple qui revêtait le premier consul; il ne parlait encore qu'au nom du peuple français. De nouveaux trophées augmentent ses prétentions: il ceint le diadème. La nation s'émeut : les têtes couronnées appuient l'entreprise du prince; et comme si ce n'était pas assez de la séduction de la gloire pour entraîner tous les suffrages, la religion se

charge d'y ajouter l'assentiment des consciences les
plus timorées. Le souverain pontife quitte Rome,
vient à Paris, fait couler l'huile sainte sur le front
de l'élu, et le pape présente Napoléon à l'univers
catholique comme l'oint du Seigneur. Dès-lors
tous les trônes s'humilient devant lui. Il prend sur
le plus élevé la mère de son fils, que l'Europe sa-
lue du nom de prince héréditaire. On voit à sa cour
les ambassadeurs de Madrid et de Stockholm, de
Naples et de Berlin, de Vienne et de Pétersbourg,
et la barrette d'un cardinal *à latere* à côté de la
mitre persane et du turban de Constantinople. Si
l'Angleterre ne reconnaît pas encore *l'Empereur*,
parce qu'il lui refuse Anvers, elle avait reconnu le
premier consul. Ainsi l'unanimité des votes de la
république des princes étant acquise au chef de la
nation française, elle dut croire que, reconnu par
eux, il siégeait sans contestation au congrès du
monde civilisé.

Les Montmorenci, les Rohan, les Talleyrand,
les la Trémoille, ces preux de la monarchie, que
Charlemagne compta parmi ses barons, reparais-
sent au conseil-d'état de Napoléon, et donnent à sa
prise de possession la sanction qu'ils avaient donnée
aux usurpations de Pepin-le-Bref et d'Hugues-Capet.
Le sacerdoce, la magistrature, l'administration et
l'armée se décorent dans tous leurs rangs des noms
les plus illustres. Les d'Aguesseau, les Molé, les La-
moignon, les Colbert, les Duras, les Montesquiou,
les Lévi, etc., se présentent parmi les candidats
quand ils ne sont pas au nombre des titulaires. La
nation marche sur les pas de ces guides. Les vertus

et les talens sont mis en lumière, et vous montez
sur le haut siége où le roi vous a maintenu, et où
vous nous interrogez dans ce moment.

. . . .

Dira-t-on que l'appui donné au gouvernement
de Napoléon par l'action des fonctions publiques,
n'est répréhensible que depuis le 1er *mars* 1815?
mais ce serait reconnaître que les droits de
Louis XVIII au trône ne remontent qu'au mois
d'*avril* 1814. Et d'après les principes établis aujourd'hui, ces raisonneurs se constitueraient par-
là en véritable félonie, car le monarque qui nous
régit date ses actes de la vingtième année de son
règne. Or, s'il n'est pas permis de contester que
Louis règne depuis *vingt ans*, toute autorité régis-
sant la France durant ces vingt ans, a été une autorité usurpatrice; et tout fonctionnaire institué
durant l'usurpation est complice de l'usurpateur.

Je m'arrête; je ne veux pas presser le raisonne-
ment, je ne veux pas même l'ordonner : j'abandonne
cette pensée comme les autres pensées jetées en
cette lettre dans le *rudis indigesta moles* de la
première conception. Si nous poussions le raison-
nement jusque dans ses formules les plus élevées ;
si nous poursuivions ces pensées jusque dans leur
dernier résultat; si nous les forcions de déposer
tout ce qu'elles contiennent, peut-être serions-
nous embarrassés nous-mêmes de tout ce qu'elles
nous donneraient.

Venons à une de vos questions, si étrangement
combinée pour trouver un crime jusque dans notre
repos.

« Le 22 juillet, des nègres et un détachement
« du 41° régiment passaient de grand matin dans
« un bateau sur la rivière, allant de Toulouse à
« Bordeaux : ils s'arrêtèrent à la Réole, insul-
« tèrent le sous - préfet et le curé ; puis ils abat-
« tirent et brûlèrent les drapeaux blancs.

« N'est-ce pas vous qui les y avez excités?

« Si , au lieu de faire arborer les drapeaux
« blancs avant le jour , vous les aviez promenés
« avec pompe, le peuple aurait été averti et aurait
« pu les défendre.

« Ces mêmes militaires se sont portés à des excès,
« en pillant chez M. Verduzan, à la campagne.
« N'est-ce pas vous qui les y avez excités ?

« Et si ce n'est pas vous , pourquoi , à l'aide de
« votre grande influence, n'êtes-vous pas allés au
« milieu de ces militaires, les calmer chez le sous-
« préfet, chez le curé , arrêter le mal qu'ils fai-
« saient chez M. Verduzan?... »

Voilà, Monsieur le procureur-général , la question qu'on nous adresse par votre bouche ; elle
nous a pénétrés d'une si vive indignation, que
vous avez trouvé tout naturel qu'elle ait débordé
d'une manière peu mesurée en votre présence.

Nous allons faire ressortir toute l'indignité de
ces rapprochemens par des impossibilités physiques ; et il est heureux pour nous de le prouver,
monsieur le procureur-général ; car toute autre
preuve serait rejetée en présence d'une réaction
assez perverse et assez éhontée, pour oser dicter au premier magistrat chargé de l'ordre public
un interrogat ainsi.

Les soldats qui, dans la dissolution de l'armée des Hautes-Pyrénées et Pyrénées Orientales, se rendaient, déserteurs à la débandade, de Toulouse à Bordeaux, s'embarquaient dans des bateaux qui ne s'arrêtaient que pour manger ; ils allaient nuit et jour, parce que c'étaient les nuits les plus courtes de l'année, et les eaux étant fortes, ils allaient vite.

Ainsi, monsieur le procureur-général, personne ne pouvait savoir qu'il passerait à la Réole, de bien bonne heure, le 22 juillet, des soldats qui désertaient sur le premier bateau venu, et qui allait fort vite par la rapidité du courant....

Ainsi tombe sur le calomniateur, aussi odieux que méprisable, l'odieux de cette question. Vous nous avez dit, monsieur le procureur - général, que nos lois le cachaient sous votre toge, où il nous était défendu de le frapper....., et qu'à cet abri-là il pouvait, avec impunité, nous déshonorer. Mais, monsieur le procureur-général, ce n'est pas la voix publique qui combine des scélératesses aussi absurdes ; et nos premiers regards dans le champ des probabilités se portent nécessairement sur des hommes...... que les fonctions publiques ne sauvent ni du. . . . . Et si les réacteurs étaient seuls à mordre; si nous ne devions obéissance à l'ordre que vous nous avez donné de ne pas les frapper, couverts qu'ils sont de votre toge, nous montrerions à la risée publique le

sieur P...y (1).. . . . . . . J.-J. Dumoulin,.....
fonctionnaires publics de Napoléon en 1813, puis
de Louis XVIII en 1814, puis de Bonaparte en
1815, encore de Louis XVIII en ce moment; toujours.........., poursuivant en réacteurs le lendemain, ceux dont ils partageaient les opinions la
veille. Et un sieur V......... an du point du jour.

Monsieur le procureur-général, vous ne désignez
pas quel est le sieur Verduzan auquel a rapport
votre interrogat, et il y a plus d'un Verduzan : Ce
qui prouve sans réplique que c'est oubli de votre
part, c'est que, bien qu'il n'y ait qu'un sieur Albert à la Réole, vous l'avez cependant désigné par
une qualité qu'il avait momentanément eue il y a
plus de vingt ans. D'après les principes avoués par
vous, lors de notre observation relative au sieur
Albert, nous allons suppléer à votre oubli relatif
au sieur Verduzan. Il est deux Verduzan : l'un
loyal, brave.... nous ne présumons pas que ce soit
celui dont vous parlez.

Ne serait-ce pas l'autre Verduzan, que les malins
accusent de chercher un brevet de royalisme
pour . . . .
nous ne savons pas lire dans ses intentions, mais
nous avons vu . . . .

Mais terminons la réponse à votre étrange interrogat.

_____

(1) On croirait peut-être que M. Thomas P...y a toujours
été leur ennemi : ou se tromperait, il ne le devint qu'en
avril 1814.

Nous pouvons répéter la réponse péremptoire que nous vous avons faite aux questions secondaires de cet article.

Les drapeaux blancs ont été élevés au point du jour, et il en a été ainsi à Bordeaux, sous vos yeux, et dans toutes les parties du département de la Gironde.

Nous avions cessé nos fonctions militaires le 21, et le dernier acte de nos fonctions civiles avait été l'érection des drapeaux blancs....

Simples citoyens, sans fonctions d'aucune espèce, de quel droit serions-nous allés nous adjoindre aux fonctionnaires publics qui ne nous demandaient pas? Et comment aurions-nous pu aller au milieu des perturbateurs? Et vous, monsieur le procureur-général, de quel poids accablant ne tomberiez-vous pas sur nous? Notre seule présence en ces lieux n'aurait-elle pas été un crime pour vous, qui nous faites un crime d'avoir demeuré paisibles sur nos foyers, en nous conformant aux ordres du roi? Ainsi, vous cherchez une intention de crime dans notre repos, parce qu'il manque l'occasion heureuse de nous montrer criminels par notre présence seule au milieu des mouvemens.

Et pourquoi ne le dirions-nous pas? qu'est-ce donc que ce trouble, ces militaires qui font trembler les premiers fonctionnaires à la Réole, qui les jettent dans l'épouvante? ce sont quelques malheureux nègres en maraude, qu'un adjoint au maire de Marmande, aidé de quelques particuliers, fait arrêter et mettre aux fers.

. . . .

(1) Vous nous parlez avec un ton de reproche de
notre grande influence dans notre pays; mais n'a-
t-elle pas toujours été utile? Qu'on cite un acte de
nos concitoyens, depuis 25 ans, qui n'ait pas été
digne d'éloges. Aimant la patrie et la liberté, ils ont
donné l'exemple de l'obéissance aux lois, même les
plus dures à supporter pour eux; et certes ils en
ont donné une preuve irréfragable, le 1er auguste,
quand vingt-cinq gendarmes et des officiers espagnols, envoyés dans la ville contre nous. . . . .

. . . .

Nous reconnaissons comme vous que nous sommes fort aimés, fort considérés dans notre pays,
que nous y avons une grande influence; et nous
l'avouons avec orgueil, parce que nous la devons
aux vertus de nos pères, à une longue suite d'actions louables. Il était difficile qu'au milieu de
cette population nombreuse qui nous appartient
par le cœur, on pût nous assassiner impunément.
On ne le pouvait qu'à l'aide de mains étrangères,
et il fallait encore enchaîner les mains généreuses
de nos concitoyens.

. . . .

Eh quoi! c'est nous qui, après plus d'un demi-
siècle de vie honorable, sommes forcés, par des

---

(1) Ce paragraphe et les suivans étaient sur des minutes,
sans aucun renvoi pour indiquer où ils doivent être placés.
La note pour l'arrangement des réponses porte la réaction
providentielle à la fin de la lettre.

magistrats judiciaires, à nous défendre contre des préventions de crime!... et quel mal avons-nous fait ou médité? Nous avons été avec constance fidèlement dévoués à la patrie, sans plier jamais sous les caprices des puissans, dans les diverses périodes de la révolution. Et voilà le grand crime auprès de ces réacteurs qui, à genoux devant tout dépositaire du pouvoir, montrent du courage, de la rage, contre les hommes sans défense.

. . . .

Devons-nous, pouvons-nous être innocentés par vous, ou par la chambre d'accusation?

Quelle sera la marche?... Enfin, quand c'est sur des délits politiques qu'on nous accuse, *en dépit des ordonnances*, comment est-ce le premier magistrat de l'ordre régulier qui nous interroge, alors que les formes sont révolutionnaires?

Devons-nous regarder comme éteinte l'accusation de la Réole pour armée et arsenal...? ou la garde-t-on en réserve pour prolonger la détention et les déboires?

. . . .

Il est une réaction providentielle, si l'on peut s'exprimer ainsi; réaction qu'une justice, supérieure à nos frèles institutions, a établie comme l'armée de réserve de l'opprimé. Cette réaction est celle qui résulte de l'abus du pouvoir, de cet aveuglement féroce, qui fait tenter tout ce que peuvent les fonctions dont on est revêtu, aidées des formes légales, de manière à demeurer intangible, non pas à l'opinion du peuple, dont on se moque, mais intangible à l'action vengeresse des lois. Cette réaction, pour être quelquefois un peu lente, n'en est pas moins sûre; et de quelque couleur que se parent les coupables, quelque honorés que les rendent ostensiblement leurs places, le mépris, le souverain mépris les attend; et alors que le calme est revenu, car enfin les crises sont d'une durée d'autant plus courte, qu'elles sont plus violentes; alors enfin l'indignation publique les poursuit sur les gradins plus ou moins élevés, où ils peuvent s'asseoir encore, et proclame leur infamie en ces mots : « Voilà celui qui, se parant d'une apparente vertu, et qui, tirant parti d'une circonstance heureuse de sa vie, dont le hasard lui a donné le mérite, était l'esclave du parti dominant, le lâche valet des sicaires; voilà le tigre qui cachait sa férocité sous une feinte douceur; voilà l'infâme Baal qui profana le temple de la justice. »

Ainsi sont poursuivis et punis par la Toute-Puissance vengeresse les oppresseurs du faible; dans tous les degrés de la hiérarchie sociale.

Nous sommes, etc.

Cᵣ FAUCHER, Cᵉ FAUCHER.

Des cachots du fort du Hâ,
le 16 août 1815.

Suite du journal.

On a essayé encore un moyen d'assassinat.

Des hommes armés, revêtus d'uniformes, mais non pas d'uniformes de la ligne, rôdaient la nuit

autour du fort du Hâ. Le concierge adjoint, accompagné de ses guichetiers, étant sorti une nuit
pour faire la ronde extérieure, fut assailli de coups
de fusil, et on lui dit qu'on était instruit qu'il voulait nous faire évader.

Des méchans répandent que ce bruit et ces mouvemens avaient lieu pour servir de prétexte à un
grand mouvement qui aurait porté la nuit la
tourbe dans le fort, afin de vérifier si nous n'é-
tions pas évadés, et donner ainsi les moyens de
nous égorger.

Le bruit de notre évasion se répandit tellement,
que M. le préfet vint nous voir pour s'assurer de la
vérité. Et le guichetier Maurice nous dit que, sur
le bruit accrédité qu'il avait reçu 40,000 francs de
nous, sa femme n'avait pas osé aller au marché,
de peur d'être lapidée.

On a fait la remarque d'un fait bien étrange.
M. T...ot, commis aux vivres à l'armée d'Espagne, il y a deux ans, et actuellement revêtu
d'un uniforme qui dénote un grade supérieur
dans les gardes royaux à cheval; M. T...ot, connu
par une exaltation telle, qu'elle lui a fait passer
une épée et la casser dans la cuisse d'un officier
désarmé; M. T...ot qui, ces jours-ci, accompagné
de huit gardes royaux, vient, sur la place du fort
du Hâ, de hacher à coups de sabre un citoyen qui
n'en avait pas, et qui était seul; M. T...ot est venu
dans notre cour des condamnés, et l'aide-concierge l'a introduit jusque dans notre intérieur,
sous la clef qui nous ferme dans notre chambre.

Et il est d'ordre que jamais personne ne soit introduit dans cette cour des condamnés : le magistrat seul peut être admis, accompagné du concierge. Le père ne peut pas venir voir son fils, le fils ne peut pas venir voir son père, fût-il mourant...... M. T...ot y a été introduit !... Le cri de plusieurs annonce que c'était pour bien reconnaître notre chambre.

Les 8 et 9 auguste, nous avions subi interrogatoire devant le procureur-général de la Cour royale.

Nous n'avions plus entendu parler de rien, et nous étions au secret au milieu des condamnés.

Le ....

Le 20 (dimanche), un adjoint-général et un major, suivis du concierge du fort du Hâ et de son adjoint, sont venus nous demander si nous avions à nous plaindre du concierge : sur notre réponse négative, ils sont sortis. Un moment après, l'adjoint du concierge est revenu, et nous a dit qu'il avait ordre de nous transférer dans une autre partie de la maison. Nous l'avons suivi, et il nous a menés dans *la tour* exclusivement destinée aux forçats condamnés aux fers. La chambre supérieure où il nous a déposés a des latrines dont le trou est sans fermeture, et donne des exhalaisons insupportables. Le concierge adjoint nous avait prévenus de porter une bouteille de vinaigre, pour rendre cette atmosphère tolérable.

On nous a donné deux bottes de paille et une cruche d'eau. Par grâce on nous a accordé un matelas et une couverture. On nous a enlevé nos fourchettes et nos couteaux. On nous a refusé banc et chaises, on nous a refusé notre malle pour nous y asseoir. On nous a déclaré que nous n'aurions ni feu ni lumière, et que nous n'aurions de communication avec personne au monde, qu'avec un guichetier qui viendrait trois fois par jour.

Cinquante-cinq ans, vingt-huit blessures, et les douleurs, suite de tout cela, nous empêchent de nous tenir long-temps debout. Il faut alors s'asseoir sur le matelas, par terre, car il n'est pas permis d'avoir de bois de lit. Mais nos blessures et nos douleurs ne nous permettant pas de pouvoir être assis aussi bas, nous sommes obligés de nous coucher.

Nous sommes forcés de nous relever bientôt après, parce que l'air infect des latrines, plus épais, plus pesant, couvre plus que la hauteur de nos têtes quand nous sommes couchés; et nous nous levons pour respirer l'air moins dangereux que nous donnent deux ouvertures faites dans nos murs de huit pieds d'épaisseur. Ces ouvertures, dont la base est élevée, ne nous permettent pas de voir l'extérieur, mais laissent entrer l'air constamment, parce qu'elles ne reçoivent ni châssis, ni contrevents, et qu'elles ne sont fermées que par de fortes barres de fer. Dès qu'on est debout on a de l'air.

Nous nous tenons le plus éloignés que nous le pouvons de ce trou infect des latrines; et pour nous en approcher le moins possible, nous avons voulu faire entrer un pot de chambre de terre de huit sous : on nous l'a refusé.

Dix-sept forçats sont sortis naguère de cette chambre-cachot pour aller dans les bagnes de Rochefort ou autres, et ont laissé ici de la vermine de toute espèce et de toutes couleurs, en telle quantité, que notre corps, au bout de quelques heures, a l'air d'être couvert d'une seule plaie.

« Je vous ai déposés ici par ordre supérieur, » nous a dit l'aide-concierge.

Le 21 (lundi), cet aide-concierge est entré dans notre cachot avec un officier (capitaine), portant la décoration du lis. Ce capitaine était accompagné d'un jeune homme âgé de moins de trente ans, de cinq pieds environ, teint blafard, cheveux blonds, ayant la figure telle que serait celle de l'enfant d'un père vieux. Il avait les deux décorations du brassard et du lis. En entrant, le concierge adjoint dit : « Voilà M. l'officier de ronde. » Celui-ci nous a dit qu'il était officier de l'état-major. Ces messieurs trouvèrent l'odeur infecte ; mais ils dirent que les lieux d'aisance étaient toujours ainsi dans les prisons. Ils furent surpris de l'énorme quantité de vermine qui nous dévorait ; mais ils dirent que ce ne pouvait être autrement dans les prisons ; que nous ne pouvions pas avoir de chaises, parce qu'en les cassant, on peut s'en faire des armes. Nous ne fîmes à ces messieurs que la simple observation que ces armes ne pourraient pas être bien redoutables pour les geôliers et concierge, qui entrent dans le cachot, armés de pistolets, de sabres nus, et accompagnés

d'au moins quatre militaires armés. Ces messieurs
dirent qu'on pouvait nous permettre de lire le journal ; et comme celui du jour annonçait qu'on marchait dans le sang à Nîmes, à Uzès.... le capitaine
dit : « Les honnêtes gens voyant que les lois sont
insuffisantes, prennent le soin de leur vengeance.
Ils avaient commencé en l'an 5, et cela dura trop
peu ; ils cessèrent trop tôt ; ils continuent en ce
moment. Si le mouvement d'avril, mai et juin,
avait duré jusqu'ici, on aurait vu des noyades, des
fusillades comme à Nantes, en 1793. Les honnêtes
gens prennent leur revanche. » Après ces propos,
ces messieurs se retirèrent. Ce capitaine nous a dit
qu'il était Franc-Comtois. La naïveté franc-com-
toise nous répond qu'il a exprimé moins son opinion que celle des personnes dont il est l'écho.

Le mardi 22, nous n'avons vu personne.

Le mercredi 23, M. Roustaing, commissaire
de police, vint nous visiter avec l'officier de garde,
le concierge-adjoint, des gardes, etc..... Ils nous
trouvèrent suant, à la suite d'un violent accès de
fièvre. Nous lui demandâmes un balai pour net-
toyer notre chambre, deux chaises, et notre pot
de chambre : l'aide-concierge nous répond *qu'il
a reçu l'ordre de nous priver de tout ce qui pouvait
nous être agréable*, et qu'il donnera ce qu'un ordre *par écrit* prescrira de nous donner. On vous
a donc ordonné de nous faire souffrir, dîmes-
nous au concierge-adjoint ? — « Messieurs, on ne
m'a point donné l'ordre par écrit, mais on me l'a
donné à entendre. »

Et comme il n'y a qu'une double grille de fer, à trois pieds de distance l'une de l'autre, pour fermer nos ouvertures dans les murs de huit pieds, il demande qu'on en mette une troisième, qui sera placée dans l'intérieur de la chambre-cachot où nous sommes. Le commissaire de police a dit qu'il ferait son rapport au maire.

Une heure après, le colonel, prince de Santa-Croce, est venu, accompagné d'un officier, de la part du comte de Vioménil, gouverneur, nous demander quelle était notre qualité, pour déterminer la formation du conseil de guerre. Nous lui avons répondu que, faits généraux de brigade sur le champ de bataille, le 11 octobre 1793, nous avions été employés en cette qualité à l'armée du Rhin-et-Moselle, sous le général Pichegru, etc.; mais que nous étions citoyens français, et que nous devions être jugés sous ce titre honorable, le seul que nous ayons habituellement pris dans nos actes, bien que l'empereur nous eût conservé celui de généraux de brigade dans les actes du gouvernement, notamment en nommant l'un de nous sous-préfet de la Réole, et l'autre membre du conseil-général du département de la Gironde, et que nous avions toujours regardé que les titres cessaient avec les fonctions. Ces messieurs nous ont dit que le régime des prisons ne les regardait point, que le concierge était le maître, que c'était à lui à savoir s'il devait donner deux chaises, un pot de chambre, etc. Enfin, ils nous ont autorisés à écrire au gouverneur. Ces messieurs nous dirent que l'officier qui était venu avant-hier avait eu tort de nous parler de réaction, et que pour parer à de pareils inconvéniens cet officier ne reviendrait plus.

Le moment d'après, on est venu nous prendre nos rasoirs, en nous disant que nous n'aurions pas la faculté de nous raser, mais que le perruquier de la maison nous raserait.

Le 24, le barbier des prisons est entré avec les guichetiers et le concierge, et celui-ci nous dit : « Vous ne verrez plus même le commissaire des prisons ; je dois ne laisser entrer personne ici, et si le préfet lui-même se présentait, je ne lui permettrais pas d'entrer. Je n'ai qu'un ordre verbal ; je demande un ordre par écrit pour ma responsabilité ; mais en attendant, j'obéis. »

Le 29 août, le concierge n'a encore reçu nul ordre écrit. Il ne connaît encore que la lettre de cachet du procureur général, en date du 2 août. « Je demande bien des ordres écrits, nous dit le concierge ; mais personne ne veut m'en donner. Vous êtes ici par l'ordre du procureur-général : il m'a dit, il y a quinze jours, que votre existence ne le regardait plus ; que vous dépendiez de l'autorité militaire, et l'autorité militaire ne m'envoie nul écrit. »

Ainsi, une lettre de cachet nous met simplement à la disposition du procureur-général, et il n'y a pas pour nous d'ordre écrit ; et *successivement*, on nous transfère des prisons dans les cachots, successivement on nous prive de couteaux, de fourchettes, de rasoirs, de chaises, de feu, de lu-

mière; on nous séquestre hors de la vue du commissaire de police lui-même; et devant lui, on
déclare qu'on a donné à entendre qu'il fallait nous
faire souffrir.

Voilà notre position; séparés de l'univers entier, n'ayant de rapport qu'avec l'homme à qui
on a donné à entendre qu'il fallait nous faire souffrir.

Là finit le journal. Leur vie de prison était affreuse. Constantin a fait connaître une partie de
leurs ennuis dans celle de ses lettres à Anaïs Faucher, que nous allons transcrire ici.

CONSTANTIN *à Mademoiselle Anaïs* FAUCHER.

« Ma chère Anaïs, nous vous écrivons moins
souvent que nous ne ferions, parce que nous sommes vieux, et qu'obligés de nous soutenir les reins
l'un l'autre quand il faut écrire , cette attitude est
dure à cinquante-cinq ans.— Nous sommes au secret entre quatre murailles. Deux bottes de paille
avec un matelas forment notre mobilier. Dans la
visite quotidienne qu'on nous fait, le concierge,
sabre nu et les pistolets à la ceinture, des guichetiers , aussi sabre nu à la main , quatre soldats du
poste armés de toutes pièces , nous trouvent seul ,
après avoir ouvert dix portes de fer. Nous avons
demandé *deux* chaises de bois pour pouvoir nous
asseoir et appuyer nos reins. On nous a refusé ces
deux chaises, parce que, a-t-on dit, en les cassant

vous auriez un bâton, et qu'un bâton est une arme;
et puisqu'une mâchoire d'âne a pu détruire dix
mille Philistins, deux barreaux de chaise pourraient
bien tuer ces dix hommes, ouvrir les dix portes,
détruire le poste de soldats qui est dans le corps-de-
garde au bas de la tour, et enfin renverser la double enceinte du fort du Hâ . . . . . . Nous avons
demandé un pot de chambre de terre de huit sous;
on nous l'a refusé. N'oubliez pas que notre chambre a des murs de huit pieds d'épaisseur, qu'elle
est à une grande hauteur, et que les deux ouvertures qui nous donnent jour et air ne sont fermées
que par de très-fortes barres de fer qui se lient et
se croisent, qu'il n'y a en ce moment que deux fortes grilles éloignées de trois pieds à chaque ouverture : il est vrai que bientôt il y aura une troisième
grille de fortes barres de fer; de sorte que l'air et
le jour arriveront moins librement encore ici :
peut-être alors permettra-t-on un pot de chambre.
Mais un pot de chambre est dangereux dans l'état
actuel des choses. Nous autres anciens, disent cer-
taines gens, nous ne savons pas tout ce que peuvent les amis des idées nouvelles. Il est une école
diabolique à Paris, où des gens nés de l'enfer en-
seignent à faire de l'eau avec de l'air, à faire de
l'air avec de l'eau. Ils coupent la tête, les épaules
à une grenouille qu'ils écorchent; ils jettent le reste
dans l'eau, et ce reste n'en nage que mieux. Avec
de la terre, ils font un métal. Cela posé, les verres
de lunettes, le soleil, la terre du pot de chambre
et son vernis vert, ne sont pas choses sans impor-

tance. Certainement on ne peut pas hasarder ainsi un pot de chambre de terre, et une bonne police voudrait peut-être que nous ôtassions leurs lunettes aux amis des idées nouvelles. C'est puissamment raisonné, ai-je dit; car ces raisonneurs-là ont la puissance; mais nous leur crions au travers de nos grilles : Hommes puissans, écoutez-nous. *Primo*, d'abord nous n'avons rien de commun avec cette école polytechnique diabolique qui mérite toute votre animadversion; car elle se moque du porc de saint Antoine et du chien de saint Roch. Nous n'aimons point les idées nouvelles; nous envoyons même au diable de grand cœur les auteurs des formes nouvelles qui, au mépris de la charte et des lois françaises et des lois de tous les pays, nous tiennent dans les fers sans dénonciation, sans accusation portée, mais dans l'attente d'une accusation à venir. Nous détestons bien franchement les hommes à idées nouvelles, qui ne sortent pourtant pas de l'école polytechnique, qui défendent de nous donner deux chaises de paille, qui puissent reposer cinquante-cinq ans et vingt-huit blessures reçues à la défense de la patrie, qui ordonnent de nous *faire souffrir*, en attendant qu'on trouve un moyen de nous faire périr. Hommes de bien, nous sommes ignorans aussi, nous autres, et avec nos lunettes et un pot de chambre nous ne pourrons point enlever ou dissoudre des barres de fer, puis en faire des cordes pour descendre à cent pieds; car il faut tout cela pour sortir d'ici. Il est vrai que nous avons un grand reproche à nous faire : nous avons montré devant nos gardiens un si profond savoir, de si hautes connaissances, qu'on a tout pu craindre de nous. Nous avons mis de l'eau savonneuse dans deux petits bols propres à prendre une mignonette de chocolat, et peu désireux de tuer des puces, nous les jetons dans cette eau savonneuse. — Pourquoi pas dans de l'eau pure ? a dit une voix. — Parce que ce savon bouchant les trous par où respirent les puces, etc., tout meurt asphyxié…. De grands yeux, de grandes bouches nous ont prouvé qu'*asphyxié* était un mot étranger à l'argot des prisons : tout ce qui se dit ici est rapporté, et de telles gens ont pu croire que c'était un mot de l'argot des idées nouvelles. A quoi tient la vie des hommes ! ce sera peut-être un des titres de notre acte d'accusation, le motif de notre arrêt de mort.

« On s'instruit dans les prisons. Quand nous étions assez heureux pour n'être encore qu'avec les condamnés, j'étais appuyé contre la porte qui sépare cette cour, et je rêvassais;

Car que faire en ce gîte, à moins que l'on n'y songe.

« Un vieux guichetier, nommé Laporte, dit dans la cour voisine : Vous me renvoyez toujours de Ponce à Pilate. Une voix nasillarde et hautaine lui crie : Laporte, vous êtes un ignorant : sachez que Pontius-Pilatus était un gouverneur romain, et que ce ne sont point deux noms. — Laporte, qui se souvient encore de son métier de marin; Laporte brave homme, mais qui n'a pas à son usage les for-

mules polies d'un damoiseau, lui répondit avec son
juron d'usage. Vire de bord ! c'est que Ponce-Pilate était un même homme, un seul homme que je
parle ainsi. Voyez, par exemple, les deux frères
jumeaux qui sont dans l'autre cour. S'il faut leur
rendre la vie dure, tous peuvent donner des ordres, tous sont, et doivent être obéis. Monsieur le
procureur-général ordonne, et il est obéi; monsieur le commissaire de quartier ordonne, et il est
obéi; M. le maire ou son adjoint ordonne, et il est
obéi; un officier d'état-major, un officier de garde,
un caporal ordonne, et l'ordre sera exécuté contre
les deux frères : mais si ces deux frères demandent
un adoucissement, depuis le procureur-général
jusqu'au caporal, personne ne veut plus donner
d'ordre : *cela ne me regarde pas*, dit chacun
d'eux, Ponce-Pilate a bien donné un ordre ; c'est
Ponce-Pilate qui doit le lever ou le modifier : chacun de ceux qui ont donné des ordres renvoie à
Ponce-Pilate ; mais Ponce-Pilate qui veut ne dé-
plaire à personne, pas même à un caporal, car un
caporal a une autorité, Ponce-Pilate distingue, divise ses attributions en séparant son nom en deux,
et de Ponce il vous renvoie à Pilate, moyen certain
pour que vous n'ayez jamais raison. Vire de bord !
depuis onze ans que je suis ici, je n'ai pas vu un
prisonnier avoir raison contre un homme libre. —
Ce vieux Laporte s'en fut. Je rentrai pour m'asseoir, car alors je pouvais m'asseoir.

« Adieu, bonne Anaïs. J'embrasse Bruno. »

L'époque du jugement approchait, et il fallait

un défenseur aux deux frères, car M. Ravez s'était excusé. Ils recoururent à quelques autres avocats, mais sans succès. Ce fut donc à la hâte et sans conseil qu'ils rédigèrent une liste de témoins à décharge, et qu'ils préparèrent leur défense.

Le premier conseil de guerre permanent de la onzième division militaire, convoqué par le comte de Vioménil, lieutenant-général, s'assembla le 22 septembre 1815, au château Trompette. Il était composé de MM. le chevalier de Gombault, colonel de cavalerie, *président;* Bontemps-Dubray, chef d'escadron; Boisson, capitaine, commandant le château Trompette; Montureux, capitaine adjoint à l'état-major; Collas, lieutenant au 10ᵉ régiment de ligne; Moulinié, sous-lieutenant d'infanterie de ligne; Favre, sergent-major de la *garde nationale d'élite, juges;* Dupuy, capitaine au 10ᵉ régiment de ligne, faisant les fonctions de *commissaire du roi;* de la Bouterie, chef d'escadron, adjoint à l'état-major, *rapporteur,* nommé par le lieutenant-général commandant la division, en remplacement de M. de Ricaumont, légitimement empêché, assisté de M. Auguste Lamarque, *greffier,* nommé par le rapporteur.

La populace qui était à la porte du fort du Hâ, s'opposa à ce que les accusés fussent conduits en voiture, et exigea qu'ils allassent à pied. *Les furies de la guillotine* firent entendre les mêmes imprécations qu'elles adressaient aux victimes de 93.

L'acte d'accusation, lu par le greffier du conseil, déclare César et Constantin Faucher prévenus :

1°. d'avoir retenu, contre la volonté du gouvernement, le commandement qui leur avait été retiré; 2°. d'avoir commis un attentat dont le but était d'exciter la guerre civile et d'armer les citoyens les uns contre les autres, en réunissant dans leur domicile des gens armés qui y faisaient un service militaire, et qui criaient *qui vive* sur les patrouilles de la garde nationale; 3°. d'avoir comprimé, par la force des armes et par la violence, l'élan de fidélité des sujets de S. M.; 4°. d'avoir embauché pour les rebelles, et détourné les soldats du roi, en les engageant à joindre la bande d'un chef de partisans nommé Florian.

Le président ayant fait apporter par le greffier et déposer devant lui, sur le bureau, un exemplaire de la loi du 13 brumaire an 5, a demandé au rapporteur la lecture du procès-verbal d'information, et de toutes les pièces, tant à charge qu'à décharge, envers les accusés.

Cette lecture terminée, le président ordonna à la garde d'amener les accusés, lesquels furent introduits libres et sans fers devant le conseil; ils n'étaient point accompagnés d'un défenseur officieux.

Celui qu'ils avaient choisi dans leurs interrogatoires des 18 et 19, n'ayant point voulu se charger de leur défense, ils avaient désigné, pour le remplacer, M. Gergerès; mais le refus ou l'absence de ce dernier obligea le rapporteur de nommer d'office, sur la demande des frères Faucher, MM. Emérigon et Desgranges Bonnet, qui refusèrent, comme M. Gergerès, de prendre communication des pièces.

Le conseil, considérant que le refus de ces trois défenseurs, et l'impossibilité d'en trouver un avant sa réunion, ne pouvait retarder la convocation ni la tenue de sa séance, en conformité de l'article 20 de la loi du 11 brumaire an 5, qui veut que dans aucun cas le défenseur ne puisse retarder la convocation du conseil de guerre, il fut procédé ainsi qu'il suit à l'interrogatoire des accusés :

Interrogés de leurs nom, prénoms, âge, profession, lieu de naissance et domicile,

Le premier répondit : Je m'appelle César Faucher, âgé de 56 ans, citoyen français, natif et domicilié de la Réole, ne renonçant point au bénéfice légitime résultant des grades et qualités que m'ont valu mes services et mes blessures reçues pour la défense de la patrie, mais déclarant que je prends habituellement le titre de citoyen français, ne regardant les autres que comme désignation des fonctions dont on quitte les décorations dès qu'on cesse de les exercer.

Le second accusé répondit : Je me nomme Constantin Faucher, âgé de 56 ans, ajoutant, comme son frère César, qu'il prend le titre de citoyen français, etc.

L'audition des témoins a duré depuis le vendredi 22 au matin jusqu'au samedi 23 à sept heures du soir.

Le nombre des témoins à charge était de quarante ; ceux à décharge au nombre de treize. Tous se sont accordés dans les dépositions qu'ils avaient faites précédemment dans leurs interrogations particulières. Les accusés se sont défendus eux-mêmes, et ont montré, dans le cours des débats, une grande facilité à s'exprimer, et une présence d'esprit bien remarquable.

Le conseil délibérant à huis-clos, seulement en présence du commissaire du roi, les questions suivantes ont été posées par le président :

1°. Le nommé César Faucher, qualifié ci-dessus, accusé d'avoir retenu contre la volonté du gouvernement le commandement qui lui avait été retiré, est-il coupable?

2°. Le nommé César Faucher, accusé d'avoir commis un attentat dont le but était d'exciter la guerre civile et d'armer les citoyens les uns contre les autres, en réunissant dans son domicile des gens armés qui y faisaient un service militaire, et qui criaient *qui vive* sur les patrouilles de la garde nationale, est-il coupable?

3°. Le nommé César Faucher, accusé d'avoir comprimé, par la force des armes et par la violence, l'élan de fidélité des sujets de S. M., est-il coupable?

4°. Le nommé César Faucher, accusé d'avoir embauché pour les rebelles, et détourné de leurs drapeaux des soldats du roi, en les engageant à joindre la bande de Florian, est-il coupable?

Les mêmes questions s'appliquent à Constantin Faucher.

Les voix recueillies, en commençant par le grade
inférieur, le président ayant émis son opinion le
dernier, le conseil déclare à l'unanimité, que le
nommé César Faucher, accusé d'avoir retenu,
contre la volonté du gouvernement, le commandement qui lui avait été retiré, est coupable.

A l'unanimité, que le nommé César Faucher,
accusé d'avoir commis un attentat dont le but était
d'exciter la guerre civile, et d'armer les citoyens
les uns contre les autres, en réunissant dans son
domicile des gens armés qui y faisaient un service
militaire, et qui criaient *qui vive* ur les patrouilles
de la garde nationale, est coupable.

A l'unanimité, que le nommé César Faucher,
accusé d'avoir comprimé, par la force des armes et
la violence, l'élan de fidélité des sujets de S. M., est
coupable.

A l'unanimité, que le nommé César Faucher,
accusé d'avoir embauché pour les rebelles, et détourné de leurs drapeaux les soldats du roi, en les
engageant à joindre la bande de Florian, n'est pas
coupable.

A l'unanimité, que le nommé Constantin Faucher, qualifié ci-dessus, accusé d'avoir retenu, contre la volonté du gouvernement, un commandement militaire qui lui avait été retiré, est coupable.

A l'unanimité, que le nommé Constantin Faucher, accusé d'avoir commis un attentat dont le but
était d'exciter la guerre civile, et d'armer les citoyens les uns contre les autres, en réunissant

dans son domicile des gens armés qui y faisaient un service militaire, et qui criaient *quivive* sur les patrouilles de la garde nationale, est coupable.

A l'unanimité, que le nommé Constantin Faucher, accusé d'avoir comprimé par la force des armes et par la violence l'élan de fidélité des sujets du roi, est coupable.

A l'unanimité, que le nommé Constantin Faucher, accusé d'avoir embauché pour les rebelles, et détourné de leurs drapeaux les soldats du roi, en les engageant à se joindre à la bande de Florian, n'est pas coupable.

Sur quoi, le commissaire du roi a fait son réquisitoire pour l'application de la peine, les voix recueillies de nouveau par le président dans la forme indiquée ci-dessus :

Le conseil de guerre permanent, faisant droit sur le réquisitoire du commissaire du roi, condamne à l'unanimité le nommé César Faucher, se disant maréchal-de-camp, commandant militaire, chargé d'une mission particulière à la Réole, *à la peine de mort*, conformément aux articles 91 et 93 de Code pénal, ainsi conçus :

Art. 91. « L'attentat ou le complot dont le but sera d'exciter la guerre civile, en armant ou en portant les citoyens ou habitans à s'armer les uns contre les autres, soit de porter la dévastation, le massacre ou le pillage dans une ou plusieurs communes, seront punis de la peine de mort.

Art. 93. « Ceux qui, sans droit ou motif légitime, auront pris le commandement d'un corps d'armée, d'une troupe, d'une flotte, d'une escadre, d'un port, d'une ville;

» Ceux qui auront retenu, contre l'ordre du gouvernement, un commadement militaire quelconque, seront punis de la peine de mort. »

Condamne également à l'unanimité le nommé Constantin Faucher, se disant maréchal-de-camp, commandant militaire des arrondissemens de la Réole et de Bazas, *à la peine de mort*, conformément aux articles 91 et 95 du Code pénal ci-dessus cités.

Condamne en outre lesdits César et Constantin Faucher, conjointement et solidairement, aux frais du procès.

Pendant les débats, César et Constantin avaient montré beaucoup de présence d'esprit, d'éloquence, d'habileté dans leurs moyens de défense, d'assurance et de fermeté. Ce qui avait surpris singulièrement les auditeurs, c'était cette facilité avec laquelle chacun suivait les idées de celui qui cessait de parler. On crut même pendant quelques instans que c'était toujours le même qui parlait.

Les deux frères éprouvèrent un sentiment pénible en voyant parmi les témoins à charge M. Peyrusse, maire de la Réole. Il existait entre eux des relations d'amitié et une certaine intimité. Madame Peyrusse leur avait dû sa mise en liberté, après le 9 thermidor, et madame Lavaissière-Loubens, sa mère, la conservation de ses biens; M. Peyrusse lui-même leur avait dû, avec la conservation de ses biens, sa radiation de la liste des émigrés.

On leur lut leur jugement le 24, à deux heures du matin, en leur déclarant que la loi leur accordait un délai de vingt-quatre heures pour se pourvoir en révision. Cette lecture leur fut faite en présence de la garde assemblée sous les armes.

Cédant aux instances de mademoiselle Anaïs Faucher, César et Constantin se pourvurent en révision. Ces deux frères mis aux fers ne pouvaient être présens au jugement. Il fallut de nouveau chercher des avocats pour faire valoir les moyens de nullité que présentait la procédure; la première demande fut faite à M. Roullet, avocat consultant. Ce jurisconsulte était au moment de partir pour la campagne; il répondit qu'il ne refuserait pas ses conseils à César et à Constantin, et se rendit de suite auprès d'eux, il leur dit qu'il était prêt à les défendre, mais que son peu d'habitude de plaider, lui faisait désirer, dans l'intérêt des deux frères, la demande d'un conseil formé des lumières du barreau. M. Denucé, bâtonnier des avocats, désigna pour former ce conseil dont il faisait partie, MM. Albespi, Emérigon et Gergerès. Ces deux derniers devaient porter la parole.

César et Constantin rédigèrent plusieurs notes sur les moyens de nullité que présentait le jugement. Nous allons donner celles qui nous sont parvenues.

— Relire les quatorze notes (1).

_____

(1) Ces quatorze notes de la feuille ne se sont pas trouvées.

— Relire surtout la feuille qui contient d'autres notes, entre autres, sur M. de Puységur. On y verra les moyens à employer pour constater que le conseil de guerre a été renouvelé depuis le 31 juillet, jour de notre arrestation. Et la loi prononce qu'en ce cas il ne pouvait pas s'occuper de notre affaire.

— Cette longue note contient d'excellentes observations, et indique les moyens légaux de parvenir à constater des faits importans.

— Les conseils de guerre n'emploient, dit-on, que des moyens rapides, et les membres de ceux de Bordeaux comptent les heures pour hâter, brusquer notre défense.... Ils citent la loi du 13 brumaire. Mais elle est appliquée avec cette rigueur aveugle contre le prévenu ; elle doit aussi avoir servi de règle pour l'information, etc. L'article 12 de cette loi ordonne de procéder à l'information *sur-le-champ....* Arrêtés le 31 juillet, nous avons été entendus les 8 et 9 août, et remis à l'autorité militaire. Le comte La Porterie, le major La Bouterie, etc..., sont venus le 20 août au fort du Hà, ordonner de nous mettre au cachot......, et ce n'est que le 7 septembre qu'on a entendu le premier témoin..... Donc la disposition de la loi a été violée : elle voulait que l'information eût lieu *sur-le-champ.*

— Les témoins entendus et ceux à entendre doivent être tenus séparés et sans communication.

— Nous offrons de prouver que les témoins se sont retirés pêle - mêle, dans la nuit du 22 au 23 septembre ; que des témoins entendus , et que des témoins qu'on ne devait entendre que le lendemain, ont été coucher dans la même maison, dans la même chambre , dans le même lit.

— L'information, ni aucun acte quelconque, n'indique ni n'annonce que César Faucher ait fait un acte quelconque de général depuis le 21 juillet. Constantin Faucher est seul prévenu de cette faute. Et cependant on condamne César Faucher sur ce point qui lui est étranger dans toute la procédure.

— (Toutefois, on ne perdra pas de vue, en faisant valoir ce moyen, que s'il ne devait amener la cassation du jugement qu'en faveur de César, on doit l'abandonner, parce qu'il veut partager le sort de son frère. (1)

— Art. 6 de la loi du 15 brumaire an 6. « Si le « jugement est annulé par le conseil de révision, « les prévenus et les pièces doivent être renvoyés « devant le conseil de guerre *le plus à portée* « d'entendre les témoins et de vérifier les faits. »

— La Réole est juste à égale distance de Bordeaux et d'Agen ; Bazas, par la route d'usage, est plus près d'Agen que de Bordeaux ; et comme nous abandonnons tous les témoins à décharge entendus, et que nous en appelons de Marmande , etc., dès-lors le conseil de guerre *le plus à portée* n'est pas le 2e conseil de Bordeaux , mais le conseil de guerre d'Agen.

----

(1) Ceci est de la main de César.

— Contre la rapidité voulue par les chefs, pour la tenue du conseil de révision (1).

— Loi du 15 brumaire an 5.

— Préambule du conseil des anciens..... « Les délais prescrits par la constitution pour les cas ordinaires, pourraient compromettre le salut et la gloire de l'Etat. »

— C'est pour les cas d'urgence qu'elle prescrit des mesures promptes.

— Le 1er conseil de guerre n'a pas trouvé que nous fussions hors les cas ordinaires.

— L'article 12 ordonne de faire *sur-le-champ* l'information, etc., etc.... toujours *sur-le-champ*.

— Arrêtés le 31 juillet, nous avons été interrogés les 8 et 9 août, par le procureur-général. Dès-lors, nous avons été mis à la disposition de l'autorité militaire. Le 20 août, l'autorité militaire nous a fait mettre au cachot.

— Elle devait *sur-le-champ*, dès le 9 ou le 10 août, faire l'information, entendre les témoins *sur-le-champ*..... Elle les a entendus le 7 septembre. Elle ne nous a interrogés que les 18 et 19.... nous tenant toujours au secret; et elle précipite le jugement, de sorte à nous priver de tout moyen de défense, après nous avoir privés de défenseurs.

---

(1) Cette séance avait été fixée au 27 septembre; mais par une disposition dont nous ignorons les motifs, elle eut lieu le 26.

L'autorité militaire a pensé que nous étions dans *les cas ordinaires* dont parle le préambule, puisqu'elle n'a pas agi *sur-le-champ* pour l'information, etc. etc.

— L'autorité militaire ne peut pas précipiter le jugement comme pour les cas *extraordinaires.*

Le conseil de révision, dans sa séance du 26 septembre, confirma le jugement à la majorité absolue. Il était composé de MM. le maréchal-de-camp comte de Puységur, *président*; le colonel adjudant-commandant prince de Santa-Croce; le chef de bataillon d'artillerie Lacoste; le chevalier de Bois-Saint-Lis, capitaine adjoint à l'état-major de la place; le vicomte de Fumel, capitaine adjoint à l'état-major de la place, *juges*, tous cinq nommés par le lieutenant-général comte de Vioménil, commandant la 11e division militaire, assistés du sieur Pilloy André, *greffier*, nommé par le président, et Lucot d'Hauterive, commissaire-ordonnateur, faisant fonctions de *commissaire du roi*, d'après la nomination du même général.

Nous allons donner les passages des discours de MM. Emérigon, avocat, et Lucot d'Hauterive commissaire du roi, publiés par le *Mémorial bordelais.*

Écoutons M. Emerigon, l'un des défenseurs, expliquer la décision de ce corps respectable en présence du conseil de révision :

« Les frères Faucher ont demandé à l'ordre des « avocats de leur donner des défenseurs. Cet or- « dre, qui place la défense des accusés au nombre

« de ses devoirs les plus impérieux et les plus sa-
« crés, ne pouvait, sans déshonneur, repousser la
« demande qui lui en était faite en la personne de
« son chef; il a même voulu que l'ordre tout en-
« tier participât, en quelque sorte à cette défense :
« c'est pour cela qu'il a chargé l'ex-bâtonnier (1),
« le bâtonnier en exercice (2), le bâtonnier déjà
« nommé pour la prochaine année du Palais (3),
« et le plus ancien membre de son conseil de dis-
« pline (4).

« Nous ne pouvons croire que cette conduite,
« que ce pénible dévouement, soient critiqués ou
« blâmés par aucun de ceux dont nous sommes
« jaloux de conserver l'estime (5).

« Ils ont assez hautement éclaté, dans les temps
» affreux que nous venons de traverser, les nobles
« sentimens qui animent les avocats du barreau de
« Bordeaux. Tous, nous avons constamment re-
« fusé de participer à des jugemens ou à des arrêts
« rendus au nom de l'usurpateur. Cet honorable
« silence, qui n'a été rompu que pour la défense
« des accusés, ne sera pas oublié par nos conci-
« toyens.

« Eh bien ! le motif qui nous portait alors à sa-

(1) M. Albespy. — (2) M. Dénucé.
(3) M. Émérigon. — (4) M. Gergerès.
(5) Des avocats qui chaque jour s'honorent de défendre,
à la Cour d'assises, les hommes accusés des plus grands crimes,
s'excusent d'exercer leur ministère en faveur d'hommes
poursuivis pour délits politiques!

« crifier jusqu'à notre vie, s'il le fallait, pour con-
« server l'honneur; ce motif est encore celui qui
« nous dirige en ce moment. Il nous était impos-
« sible de repousser la voix suppliante de deux
« hommes frappés par une condamnation capi-
« tale, et sur la tête desquels la mort a déjà levé sa
« faux menaçante (1).

« Chargés plus particulièrement, avec M. De-
« nucé, chef actuel de l'ordre des avocats, de la
« défense de César Faucher, nous ne devons
« nous occuper, ni de ses opinions, ni de sa con-
« duite, ni même des délits qui lui sont impu-
« tés (2). Notre ministère se borne à examiner la
« procédure instruite contre lui, le jugement rendu
« le 25 de ce mois, et à présenter au conseil de ré-
« vision les moyens que nous croyons suffisans
« pour faire annuler le jugement du conseil de
« guerre : nous sommes donc ici les avocats de la
« loi, plutôt que les défenseurs des accusés (3). »

---

(1) Comment un avocat pouvait-il prouver aux juges que
la loi avait été violée ou mal appliquée, lorsqu'il refusait
de connaître les délits imputés à celui qu'il défendait? Il
nous semble qu'avec de tels principes un innocent serait
traîné à l'échafaud, si son premier jugement n'avait aucun
défaut de formes. Cet inconvénient nous paraît trop grave
pour ne pas désirer que notre jurisprudence en soit affran-
chie.

(2) Quelle censure de la conduite des avocats qui ont
refusé de les défendre devant le premier conseil de guerre!
M. Emérigon lui-même était de ce nombre.

(3) Nous connaissions assez César et Constantin pour affir-

A la suite de cet exorde, M. Émérigon, assisté de M. Denucé, et M. Gergerès, assisté de M. Albespy, ont fait successivement valoir, dans leurs discours improvisés, *six moyens* contre la composition du conseil de guerre et contre le jugement qu'il avait rendu.

Lorsque MM. les avocats eurent cessé de parler, le commissaire-ordonnateur, Luçot d'Hauterive, remplissant les fonctions de commissaire du roi, prit la parole, et s'exprima en ces termes :

« Messieurs ,

» La magistrature suprême dont vous êtes inves-
« tis par la loi, confie à vos consciences et à votre
« honneur le dernier espoir des condamnés. Quel
« que soit le rang des hommes, quelle que soit la
« peine que leur inflige la loi, vous veillez religieu-
« sement, sans doute, *à ce que les accusés n'aient été*
« *privés d'aucuns des moyens protecteurs qui leur*
« *étaient accordés ;* mais votre scrupuleuse équité
« doit plus spécialement encore s'éclairer du flam-
« beau de la vérité, *dans une affaire où le glaive*
« *de la justice, suspendu sur deux têtes, les frappera*
« *quand vous aurez irrévocablement prononcé* (1).

---

mer qu'ils ne se seraient pas pourvus en révision s'ils avaient cru être ainsi défendus.

(1) L'orateur ne met pas même en doute que la sentence que le tribunal va prononcer ne soit fatale. La mort des deux victimes était-elle donc décidée avant l'émission de l'arrêt ?

« La destruction si rapide de deux êtres, vi-
« vant, pensant, agissant, espérant encore, com-
« mande de douloureuses méditations, et vous
« impose une tâche qui serait trop pénible, si
« elle n'était impérieusement commandée par la
« loi dont vous êtes les organes impassibles.

« Appelé par un ministère rigoureux à por-
« ter la parole dans une affaire aussi grave, je ne
« saurais me défendre d'une sorte d'émotion ; les
« êtres sur le sort desquels vous allez prononcer
« sont des hommes que leur naissance, leur édu-
« cation et leurs lumières *eussent peut-être rendus*
« *recommandables dans un siècle moins prodigue*
« *de crimes.* Mon embarras redouble, Messieurs,
« en me voyant dans la nécessité de répondre à
« des jurisconsultes aussi célèbres qu'éloquens ;
« les principes et le noble courage du barreau *de*
« *la ville fidèle* ne se sont point démentis sous
« l'oppression de l'interrègne, et le ministère que
« quatre de ses membres les plus distingués rem-
« plissent d'office en ce moment, est l'hommage le
« plus honorable rendu au malheur, et leur ac-
« quiert de nouveaux titres à l'estime publique.

« Deux frères, se glorifiant *d'une horrible soli-*
« *darité,* placés sous l'égide de la clémence royale,
« osaient lever audacieusement leur tête *hideuse*
« *d'un demi-siècle de crimes.* Après vingt-cinq ans
« d'absence, assise sur le trône des rois ses aïeux,
« sa majesté avait défendu aux lois, avait défendu
» aux tombeaux d'accuser les dévastateurs de la
« France. Les tombeaux restaient silencieux ! Les pa-

« rens des victimes laissaient vivre leurs bourreaux
« *Les frères Faucher existaient à la Réole* (1)!

« *Avides de nouveaux crimes*, ils accoururent
« à Paris, quand l'ennemi du monde y apparut de
« nouveau (2), menaçant la France des jours de
« deuil de 1793. Exécuteurs de ses ordres, minis-
« tres de ses vengeances (3), les frères Faucher fu-
« rent envoyés au *nommé* Clauzel, si digne de tels
« agens (4). Ils furent tous deux chargés par lui de
« missions particulières, et d'un commandement
« supérieur dans les arrondissemens de la Réole et
« de Bazas, déclarés en état de siège (5). César, élu
« membre *du club patriotique*, connu sous le nom

---

(1) Les parens des victimes de la révolution française
peuvent accuser leurs bourreaux ; leurs plaintes ne s'adres-
seront jamais ni à César ni à Constantin Faucher.

(2) César et Constantin étaient à Paris depuis le mois de
décembre 1814.

(3) Quelles vengeances ont-ils exercées au nom du gouvernement impérial ? Quelles personnes ont été poursuivies
au nom de Napoléon dans les arrondissemens de la Réole et
de Bazas? Aucune.

(4) Le comte Clauzel est un officier général trop distin-
gué, sous tous les rapports, pour que nous ayons besoin de
faire son éloge. Ses camarades d'armes et les pays ennemis
témoins de sa valeur, attesteront à jamais qu'il fut exempt
de reproches. Les habitans des 11e et 20e divisions, dont il
était gouverneur pendant les cent jours, lui doivent des
remercimens, et non des injures pour sa conduite à cette
époque.

(5) Le général Clauzel ne leur a donné aucune mission
particulière.

« de chambre des représentans, fut jugé, *par la*
« *bande*, propre à remplacer dans ces belles con-
« trées les proconsuls régicides dont Bordeaux
« n'a point encore perdu le souvenir (1). Cons-
« tantin se fit élire maire de la Réole. Dès-lors la
« révolte, la dévastation, le pillage, les concus-
« sions, la guerre civile, furent organisés dans les
« deux arrondissemens *livrés à la fureur des*
« *frères Faucher* (2).

---

(1) Personne n'ignore que la chambre des représentans
n'a envoyé aucun de ses membres en mission extraordinaire
dans les départemens.

(2) Des calomnies aussi atroces, aussi absurdes, ne méri-
teraient sans doute aucune réponse. Le département fut
déclaré en état de siége le 7 juillet. Dès que les désastres de
la bataille de Waterloo y furent connus, on insulta tout ce
qui portait l'uniforme militaire. Des provocations eurent
journellement lieu. Les soldats, aigris par la conduite des
habitans, dont l'exaltation était extrême, conservèrent cependant dans ces temps difficiles une attitude qui en imposa,
malgré leur faiblesse numérique. Ils ne se servirent de leurs
armes que pour repousser les attaques dirigées contre eux à
Bordeaux. Leurs chefs n'employèrent leur influence et leur
autorité qu'à maintenir la discipline. Si des soldats se portèrent partiellement à quelques excès, ils furent punis, ou
sévèrement réprimandés. Encore ces excès, que nous sommes
bien loin d'excuser, se bornent à quelques clameurs. Il ne
fut jamais attenté à la vie ni à la liberté d'aucun citoyen.
Les propriétés ne furent ni dévastées ni pillées. Seulement,
à Bazas, un faible détachement de troupes s'y étant rendu
pour rétablir l'ordre, un soldat entra dans une maison, et y
prit une montre. Constantin, à son arrivée, en ayant été
instruit, ordonna la recherche dans les sacs, en offrant le

« Cependant les nobles alliés du meilleur des
« rois le ramènent dans sa capitale; le 8 juillet
« sa majesté y répandit de nouveau les trésors
« d'une clémence inépuisable : elle pardonna de
« nouveau aux traîtres si récemment comblés de
« ses faveurs.

« C'est plus spécialement depuis cette époque
« que les frères Faucher se sont rendus coupables
« des crimes qui les ont fait traduire par-devant le
« premier conseil de guerre, et je dois me hâter
« de le dire, Messieurs, ces crimes n'appartien-
« nent ni aux opinions politiques, ni aux cir-
« constances : ce sont des crimes contre la société
« tout entière, des crimes prévus par le Code
« pénal de toutes les nations civilisées; c'est la
« guerre civile, laissant après elle tous les maux
« qui l'accompagnent, proclamée, organisée, et
« dirigée par les frères Faucher; c'est la rébellion
« à main armée contre l'autorité légitime recon-
« nue (1); c'est la violence et la force des armes

pardon si le coupable restituait la montre sur-le-champ : elle
fut rendue à celui à qui elle appartenait. Le calme revint
dans tout le département dès qu'on fut convaincu que le
drapeau blanc n'y serait arboré qu'en vertu d'ordres supérieurs.

(1) L'ordonnateur Lucot d'Hauterive a voulu réunir dans
son discours, même des invraisemblances. Le roi est entré
à Paris le 8 juillet; mais ce même 8 juillet le drapeau blanc
n'a pas pu flotter dans toute la France, par l'éloignement
de plusieurs départemens : celui de la Gironde était du
nombre. Le ministre de la guerre n'a pas considéré, le 16 juillet, à Paris, que les généraux César et Constantin Faucher

« employées afin de comprimer l'élan du peuple
« dans la manifestation de ses sentimens de fidé-
« lité pour cette autorité légitime reconnue; ce
« sont des taxes arbitraires, des réquisitions de
« toute espèce frappées par les frères Faucher,
« qui les rangent dans la classe des justiciables des
« conseils de guerre (1). »

L'orateur a ensuite discuté avec sa verbosité
calculée les raisons de nullité opposées par les
défenseurs des frères Faucher; et après avoir
cherché à démontrer que les formes voulues par
la loi avaient été rigoureusement observées, et que
rien ne devait plus retarder l'exécution du jugement, il a ajouté :

« Que le supplice des frères Faucher, comman-
« dé par loi, apprenne aux conspirateurs subalter-
« nes, aux complices des rebelles, quels que soient

---

fussent en révolte, puisqu'il leur ordonnait de rester sur leurs
foyers. Cet ordre n'a été connu et n'a pu être connu à la
Réole que le 21 dans la nuit, et le 22 ils étaient sans fonctions.
Où est la rébellion?

(1) L'ordonnateur Lucot d'Hauterive s'est rappelé que
lorsqu'il était à l'armée française, en Allemagne, les taxes
arbitraires, les réquisitions illégales étaient du ressort des
conseils de guerre. Puisqu'il lui plaisait d'accuser César et
Constantin de ces nouveaux crimes, il aurait dû au moins les
faire connaître, s'ils étaient vrais. Pourquoi le premier
conseil de guerre avait-il gardé le silence sur des faits aussi
graves? on ne l'accusera pas d'indulgence. Il n'a été frappé
aucune contribution ni taxe par César et Constantin
Faucher.

« leur rang et leur fortune, que la persévérance
« dans le crime fatigue la clémence, et que la so-
« ciété, lasse d'une trop longue impunité, solli-
« cite et obtient de la loi vengeance des attentats
« commis contre la société! Puisse cet exemple
« contenir dans l'obéissance ces hommes qui, se
« confiant en leur obscure complicité, méditaient
« peut-être de nouveaux crimes! qu'ils s'efforcent
« de jouir en paix de cette impunité que veut bien
« leur accorder le roi qu'ils ont trahi au mépris
« des sermens les plus solennels ; qu'ils aillent,
« loin de la société qu'ils ont outragée, cacher leurs
« honneurs et leurs dignités flétries, et ces déco-
« rations royales obtenues par un sacrilége : heu-
« reux s'ils peuvent un jour ne pas jouir sans
« remords de ces biens honteux qu'ils ne doivent
« qu'à la dépouille des nations et à la généreuse
« bonté du roi ! »

Me Emérigon a répliqué dans l'intérêt commun
des deux frères; voici ses dernières paroles :

« Tel est, Messieurs, le résumé rapide des
« moyens que chacun de nous a fait valoir : c'est à
« vous à les peser dans votre conscience. Quant à
« nous, notre ministère est fini, et notre parole va
« cesser. Le devoir que nous venons de remplir n'a
« *pas été le moins pénible de ceux que notre*
« *profession nous impose.* Mais l'homme coura-
« geux n'hésite jamais, quand il s'agit de remplir
« un devoir. D'ailleurs, nous trouverons dans no-
« tre cœur, et dans celui de tous les gens de bien,
« le *dédommagement* le plus consolant et le plus

« doux, le seul que nous ayons jamais ambi-
« tionné. »

Nous voulons bien croire que le devoir des avocats se bornait, dans cette circonstance, à faire
valoir les moyens de nullité du premier jugement,
sans pouvoir entrer dans la discussion des chefs
de culpabilité énoncés dans l'arrêt. Mais il nous
semble que cette restriction devait être soumise à
cette condition rigoureuse, que le commissaire
se bornât, de son côté, à prouver que toutes
les formes avaient été religieusement observées,
sans entrer dans aucun des motifs du jugement.
Si ce commissaire se permettait de les reproduire,
et même de créer de nouvelles accusations, et de
les présenter sous les couleurs les plus propres à
réveiller les préventions que l'esprit de parti et
toutes les passions haineuses n'avaient dans ce moment que trop soulevées, les avocats n'avaient-ils
pas, dans ce cas, le droit de répliquer, et par conséquent de démontrer la fausseté de ces imputations? Tâche bien facile pour eux à remplir. S'ils
en avaient le droit, n'était-ce pas un devoir de le
faire? Mais ils se sont tus,...... Ils confessent, par
l'organe de Mᵉ Émérigon, que le devoir qu'ils viennent de remplir n'a pas été *le moins pénible de
ceux que leur profession leur impose.* Quoi! défendre des prévenus, les arracher à la mort sus-
pendue sur leur tête, est-ce un devoir pénible à
remplir? Et n'est-ce pas ce qui honore le plus votre profession? Votre gloire repose-t-elle seulement dans la défense de quelques misérables inté-

rêts? Et que sont ces vils intérêts, auprès de la vie
d'un citoyen? Quel est celui qui, parmi vous, ne
sort pas du barreau et ne rentre pas dans le silence
de son cœur et de sa maison, mille fois plus satis-
fait, après avoir enlevé à l'échafaud un accusé, que
lorsqu'il a maintenu par son éloquence un avide
plaideur dans une possession souvent injuste? Par-
donnez-nous donc si, malgré notre respect pour
votre profession, nous nous étonnons que, lorsque le commissaire du roi, sortant des bornes que
lui fixait sa mission, dépeignait, dans ce moment
d'exaltation de tous les esprits, ces deux frères in-
fortunés sous les traits les plus capables d'exciter
contre eux l'indignation du public et des juges,
lorsqu'enfin il entrait dans la discussion des chefs
d'accusation, vous ayez gardé le silence.

César et Constantin entendirent avec fermeté la
confirmation de leur jugement. Ils passèrent la nuit
du 26 et la matinée du 27 septembre à écrire. Toutes
leurs lettres sont écrites avec cette même facilité,
cette même présence d'esprit que dans des temps
heureux. Pas une ne se ressent de leur triste position.
Ils parlent du jugement qui les prive de l'existence,
comme s'il leur était étranger. La dernière lettre
contient ces mots : « *Dans une heure, mon frère
et moi ne serons plus ; nous allons marcher au devant du peloton qui doit nous fusiller. L'officier qui
commande nous fait prévenir qu'on nous attend.* »

Une personne qui se trouvait près d'eux, leur
témoignant le regret qu'elle éprouvait de les voir
condamnés à mort, César lui répondit : « Le temps

ordinaire de la vie est de soixante ans, nous en avons cinquante-six : ainsi, ce n'est que quatre ans qu'on nous vole. »

L'autorité militaire avait, depuis leur mise en jugement, déployé des mesures extraordinaires. Des pièces de canon et un piquet de troupes étaient jour et nuit sur la place du fort du Hâ. Le 27, la garde nationale fut convoquée ; les gardes royaux à cheval, la légion de Marie-Thérèse, étaient sous les armes. César et Constantin portaient, par habitude, des habits pareils. Le jour de leur exécution, ils avaient des polonaises et des pantalons blancs en molleton, le col de la chemise rabattu. Les deux frères s'embrassèrent avant de sortir de prison, craignant qu'au dernier moment leur sensibilité n'affaiblît leur courage. Ils allèrent à pied, en se donnant le bras, jusqu'à une prairie désignée pour le lieu du supplice, en face de la Chartreuse, cimetière de Bordeaux. Pendant ce trajet, qui fut au moins d'une heure, ils conservèrent le même sang-froid, la même fermeté. Ils saluaient, en souriant, les personnes de leur connaissance qui s'étaient mises aux croisées pour les voir passer. Ils refusèrent de se laisser bander les yeux et de se mettre à genoux. César commanda le feu, et tous deux tombèrent sous les balles. Une même mort réunit ceux qu'aucune circonstance de la vie n'avait séparés, et qui l'avaient parcourue comme s'ils n'avaient eu qu'une seule âme : existence vraiment extraordinaire, dont on ne trouve d'exemples que dans des fictions poétiques. Ils regardèrent la mort comme un bienfait, puisqu'ils la recevaient tous les deux au même instant. Un attachement aussi vif et aussi long suppose d'autres vertus.

Oh! qu'il appartient bien à la royauté, après de pareils crimes, d'invoquer le souvenir des excès de notre grande révolution !

FIN DU PREMIER VOLUME DE LA 3ᵉ SÉRIE.

TABLE DES MATIÈRES.

Pages.

Dautun et Girouard................................ 1

Ladédoyère 45

Ney... 116

Les frères Faucher.............................. 272

FIN DE LA TABLE.

www.ingramcontent.com/pod-product-compliance
Lightning Source LLC
Chambersburg PA
CBHW060948220326
41599CB00023B/3636